일본의 지역복지

정책 및 방법

히라노 타카유키(平野隆之) 저
김영종 · 박유미 공역

학지사

地域福祉推進の理論と方法

平野隆之 著

| 역자 서문 |

현재 우리나라에서는 지역복지에 대한 관심이 커지고 있다. 사회복지 환경의 변화에 따라 기존의 중앙정부 주도 사회복지 수행 방식이 한계를 드러내고, 지역복지는 이에 따른 일종의 대안적 혹은 보완적 접근으로 간주되고 있다. 점차 복잡해지고 다선화되는 사회복지 수행체계에서 실천 현장 중심의 서비스 통합에 대한 요구가 높아지는 점이 지역복지의 필요성을 부각시켜 왔다. 사회복지 공급에서 지역사회 공동체의 참여 및 자발성 가치를 추구하고, 대인적 사회복지서비스의 사회적 관계망 접근을 구사하기 위해서도 지역복지 패러다임은 필연적인 것이 되어 왔다.

이처럼 증대된 지역복지의 관심에도 불구하고, 현재 우리는 이에 관한 지식 체계가 아직까지 부족한 형편에 있다. 대학에서는 '지역사회복지론'이라는 과목명하에 지역복지에 관한 이론과 실천을 다루고 있으나, 대체로 사회사업실천론의 한 유형에서 비롯된 한계를 벗어나지 못하고 있다. 현재와 같이 새롭게 대두되는 지역복지의 필요성과 실천 방법에 대한 요구를 수용하기에는 기존 지역사회복지론의 지식 범주로는 충분치 않다. 제도적 사회복지와 지역사회복지와의 관계, 지역사회의 다양한 주체들 간 거버넌스, 지역복지 프로그래밍을 포함하는 새로운 지역복지의 추진 기제 등을 이해하기 위해서는, 지역복지를 둘러싼 지식 체계가 현재보다 크게 확대될 필요가 있다.

현재 우리 사회에 요구되는 새로운 지역복지의 지식 체계를 구하는 노력에서 일본의 경험은 중요하다. 일본은 2000년에 기존 「사회복지사업법」을 「사회복지법」으로 개정하는 전후 과정에서, 지역복지의 필요성에 대한 인식을 반영하려 노력했다. 현재도 일본에서 지역복지는 사회복지의 지식 체계에서 중요하게 다루어지고 있으며, 일본 사회복지의 고유한 부분으로 간주하는 경향까지도 있다. 일본의 지역복지가 그 나라의 독특한 국가 및 지역사회 발달 과정을 반영하므로, 우리 사회에 그대로 전이될 수 없다는 한계는 뚜렷하게 있다. 그럼에도 일본의 지역복지 전개 과정에서 도출되었던 다양한 경험은 우리가 참고할 만한 중요한 지식 근거가 될 수 있다고 본다.

이 책은 일본복지대학의 히라노 타카유키(平野隆之) 교수가 『지역복지 추진의 이론과 방법』이라는 제명으로 2008년 일본에서 출간한 것이다. 히라노 교수는 현재 일본 지역복지학계에서 가장 왕성하게 연구와 집필을 하는 학자다. 일본 전역의 지역복지 실천 현장들과 밀접하게 연결되어 있으면서, 한편으로는 지역복지에 관한 중앙 및 지방정부의 정책에도 다양하게 관여하고 있다. 그런 경력을 바탕으로 히라노 교수가 쓴 이 책은 실천 방법에만 초점을 두어 왔던 전통적인 일본 지역복지 연구의 범주를 뛰어넘는다. 그는 지역복지를 국가, 지방자치단체의 정책과 연관된 부분으로 다루어 설명한다. 그래서 책 제목도 지역복지를 '추진(推進)' 하는 것에 관한 이론과 방법이라고 한 것이다.

이 책을 번역해 보고 싶다는 생각은 히라노 교수와의 몇 차례 연구 모임을 통해 생겨났다. 히라노 교수와 함께 '한·일지역복지연구회'를 공동으로 구성하고, 일본의 지역복지 현장에 대한 참여관찰 연구를 수행하던 중에, 일본 지역복지를 마이크로 차원이 아닌 매크로 혹은 메조 차원에서 설명해 볼 필요성을 느끼게 되었다. 사회복지 수행 체계에 관한 문제를 오랫동안 연구해 왔던 내게는 일본의 지역복지에 대한 이해도 수행 체계 차원에서 접근해 보고 싶은 생각이 있었다. 마침 히라노 교수의 관심도 일본의 지역복지 연구 지평을 그 방향으로 넓히는 것이었고, 그가 쓴 이 책도 그러한 관심에서 비롯된 것이었다. 나로서는 적절한 안내서를 발견하게 된 것이고, 더 나아가 이를 번역해서 우리나라에 소개하고 싶은 생각까지 들었던 것이다.

이 책의 일본어판 원서인 『지역복지 추진의 이론과 방법』은 머리말(はしがき)로 시작해서, 서장(책 구성 안내), 본 내용을 담은 2부 6장, 종장(정리 및 전망)으로 구성되어 있다. 나는 이 가운데서 서장과 종장을 제외한 2부 6장의 내용을 주로 번역서에 담았다. 서장과 종장 내용의 대부분은 이 책이 일본 지역복지학 연구의 계보로부터 어떤 위치를 점유하는지, 저자의 관점은 어떠한지에 대한 설명으로 되어 있다. 일본의 지역복지 수행 체계에 대한 소개서 정도로 번역을 의도했던 나로서는 굳이 이 부분을 포함시킬 필요를 느끼지 못했다. 일본 지역복지 연구의 계보 정도에까지 이해가 이르는 독자는 번역서보다는 원서를 필요로 할 것으로도 생각했다.

번역서의 주 내용은 번역본을 위해 히라노 교수가 새롭게 쓴 서장(일본 지역복지 연구의 새로운 전개)과 함께, 〈1부: 지역복지 추진의 이론적 틀〉 안에 제1장(정책으로서의 지역복지), 제2장(상향식 지역복지 추진), 제3장(지역복지 축적을 위한 공간구조)이 있고, 〈2부: 지역복지 추진의 방법〉 안에 제4장(커뮤니티워크와 지역복지 추진장치), 제5장(지역복지계획과 조건정비 프로그램), 제6장(지역케어 프로그래밍과 복지의 지역력)을 담았다. 이 부분은 원서의 내용을 거의 그대로 옮겼다. 일부 용어상의 문제, 예를 들어 일본어에서 독특하게 표현하는 방식이나 단어 등이 우리말의 용법과 차이가 있는 부분 등에 대한 역자의 일부 개작을 제외하고는, 원문의 내용을 가능한 충실히 옮기려고 노력했다.

번역을 하는 전반적 과정에서는 독자의 편의성을 위해 미미한 수준의 첨언, 가급적 상세한 역자주(註)를 선택했다. 원저자가 일본의 상황을 당연시해서 설명해 놓은 부분을 번역서를 읽는 독자가 제대로 이해하지 못할 것으로 판단되는 문맥에서는 약간의 첨언(예: "일본의 경우" 등)을 한 경우가 있다. 역자주는 일본의 사회 체제와 제도를 설명하거나(예: "도도부현(都道府県)이란 우리나라의 경우 시도(市道)와 같은 광역지방자치 단위를 의미"), 역자가 판단해서 한국의 상황과 대비해서 설명이 필요한 경우 등에 주로 사용했다. 그러다 보니 이 번역서의 앞 부분에서 이러한 역자주가 많이 나타난다.

이 책의 번역을 끝내고 나서 드는 생각은 '이 번역서가 얼마나 우리나라 지역(사회)복지의 연구와 실천에 도움이 될까?'라는 것이다. 많은 사회과학 서적들이 특정 나라의 환경에 국한된 이론과 실천을 다루는 까닭에, 그것을 단순히 번역했을 경우 내용 전달이 쉽지 않은 경우가 많다. 특히 사회복지 실천과 관련해서는, 원서의 내용들이 그 사회의 고유한 맥락과 지나치게 밀접히 맞닿아 있기 때문에 그러한 부분의 설명이 쉽게 전달되기 힘들다. 그런 점에서 과연 이 번역서가 일본 지역복지의 맥락을 이해하지 못하는 독자(일본의 학생이라면 자연스레 이해할 수 있지만, 우리나라 학생은 그것이 전제되지 않으므로)에게 적절히 소화될 수 있을까에 대한 우려가 있다. 비록 역자주를 사용해서 일부 보완 설명을 시도하려 했으나 근본적인 어려움은 여전히 남아 있을 것으로 본다.

이러한 한계에도 불구하고, 이 번역서는 일본의 지역복지를 일종의 '체계'적 관점에서 파악하고 싶은 독자들에게 도움을 줄 수 있다고 본다. 지역복지를 단순히 실천 방법으로만 간주하는 한계에서 벗어나, 정책과 실천을 아우르는 통합적 관점에서 조망할 수 있게 해 준다는 점에서 유용하다. 이러한 접근은 우리나라의 지역복지를 조망하는 관점과 방법론으로도 원용이 가능할 것이다. 이러한 새로운 접근 방식을 통해 일본의 지역복지를 이해할 수 있을 뿐만 아니라, 한국의 지역복지에 대한 새로운 지식 체계의 구축에도 기여할 수 있을 것이다.

이 번역서는 Japan Foundation 국제교류기금 2010년 펠로우십과 日本福祉大学 ASIA福祉社会開發研究센터의 지원으로 이루어졌다. 센터장 호사카(穂板光彦) 교수의 도움에 감사한다. 번역 과정에서의 온갖 요청을 흔쾌히 받아준 히라노(平野) 교수에게도 고마움을 표한다. 경성대학교 대학원 김선희 양은 수차례에 걸친 지난한 교정 작업을 성심으로 도왔다. 편집과 출판의 모든 과정은 학지사 김선영 과장님이 세심하게 챙겨 주었다. 번역본을 낼 수 있게 동의해 준 일본 유배각(有斐閣) 출판사 측에 감사하고, 출간을 허락해 준 학지사의 김진환 사장님에게도 고마움을 표한다.

2012. 4.

역자 김영종·박유미

| 저자 인사말 |

한국에서 『지역복지추진 이론과 방법』이 번역되는 것은 필자인 나에게 두 가지 의미에서 큰 기쁨이다. 하나는 일본 지역복지 연구의 국제화를 지향하며 2006년부터 실시한 '한·일지역복지공동연구'의 오랜 기간에 걸친 연구 교류의 증거물로서 이 책이 제공될 수 있게 되었다는 것이다. 역자인 경성대학교 김영종 교수와 일본복지대학 박유미 연구원은 공동연구회의 중요한 멤버로 활동하였으며, 이 분들에 의해 번역본이 출간되었다는 점이 기쁘다. 또 하나의 기쁨은 번역 과정에서 일본 문맥을 독자들이 잘 이해하도록 세심한 해설이 더해져, 최대한 알기 쉬운 표현으로 출간되었다는 점이다. (일본어로 쓰인 이 책이 난해하다는 평가를 받고 있다는 점을 고려한다면) 이러한 점은 더욱 특별한 의미를 가지며, 역자들에게 감사드린다. 물론 내용면에서 미비한 부분에 대한 책임은 필자인 나에게 있다. 그리고 독자가 이 책을 읽고서 자극을 받았다면, 그것은 역자의 공헌이 크다는 점을 미리 밝혀 두고도 싶다.

이 책의 번역본이 갖는 의미도 크지만, 이 책 자체에 이미 한·일 지역복지 공동연구의 성과가 반영되어 있다는 점도 상기시키고 싶다. 김영종 교수의 관심 연구 분야인 사회복지행정론의 관점은 이 책 구성에 의미 있는 영향을 주었다. 일본 고유의 발전을 이루어 온 지역복지의 실체에 대해 구체적인 실천 사례 소개와 이론적·구조적 해설을 한·일공동연구회의 장에서 설명하는 과정을 통해, 이 책의 체계적인 구상이 이루어졌던 것이다. 특히 진지한 토론의 파트너로 항상 솔직한 조언을 아끼지 않았던 김영종 교수에게 진심으로 감사하는 바이다. 그의 적절한 제안이 없었다면 본서가 출간될 수 없었음을 밝혀 두고 싶다.

이외에도 한·일 공동연구 등을 통해 한국의 많은 연구자들이 이 책의 출간에 기여해 주셨다. 한·일 공동연구회 멤버인 인제대학교 박정란 교수는 한국의 지역복지 연구자로, 필자가 2010년에 작성한 일본 방송대학 TV과목 〈지역복지의 전개〉 '제14장 일본 지역복지의 독자성—한국과의 비교'에도 출연해 주었다. 한국 지역복지를 소개함과 동시에 지역복지 연구자와 현장의 관계를 한·일 비교의 관점에서 설명해 주었다. 또 다른 역자인 박유미 연구원의 조력도 중요했다. 한·일 공동연구의 코디네이터를 담당한 박 연구원은 필자의 이론을 이해해 주는 좋은 연구 파트너로, 이 역서의 출간을 비롯한 제반 측면에서 많은 도움을 주었다.

앞으로 한·일 지역복지 연구의 교류가 이 책을 통해 더욱더 확대될 것을 기대한다. 또한 독자들로부터의 솔직한 비판을 연구 교류의 소재로 발전시켜 나갈 수 있기를 기대해 본다.

히라노 타카유키(平野隆之)
일본복지대학 교수

| 차례 |

번역본 서장
일본 지역복지 연구의 새로운 전개•

平野隆之(히라노 타카유키)

역자주

• 이 번역본 서장은 원서에 없는 내용이다. 역자의 요청에 따라 히라노 교수가 한국 독자를 위해 일본의 지역복지 연구의 전개를 설명하면서, 이 책이 일본의 지역복지 연구에서 지향하는 바(정책으로서의 지역복지)를 밝히고 있다.

일본의 지역복지는 제2차 세계대전 후 서구로부터 유입된 이론의 영향을 받았으며, 그러면서도 일본 고유의 독자적인 방법으로서의 복지 영역을 개척해 왔다. 고유한 지역복지의 영역을 형성할 수 있었던 것은 '실천으로서의 지역복지'가 보여 준 성과 때문이다. 그러한 실천 경험들을 토대로 지역복지의 체계화가 이루어질 수 있었다. 일본 지역복지의 동향에서 이 책이 지니는 의의는, 실천으로서의 지역복지에 그치지 않고 '정책으로서의 지역복지'를 전면적으로 다룬다는 점에 있다.

1. 일본의 고유한 지역복지

일본의 지역복지에는 서구로부터 유입된 두 가지 이론이 포함되어 있다. 미국의 지역사회 조직(Community Organization: CO) 이론과 영국의 지역사회케어(커뮤니티케어, Community Care) 이론이다.

첫째, CO 이론은 일본에서 지역복지 추진 단체로 법정화되고 있던 사회복지협의회(사협)라는 조직의 실천 이론으로 채용되었다. 일본의 사협은 제2차 세계대전 후 민간 사회사업 조직이 재편성되면서 조직되었던 것이다. 사협은 CO 이론을 도입하고, 그 기본 요강(1962)에 '주민 주체의 원칙'을 제시했다. 그리고 시구정촌(市区町村) 기초자치단체의 사협 조직화와 함께 지역 조직화 활동을 전개한다.● 그 결과 이른바 '지역복지 = 사회복지협의회의 실천'이라는 도식화가 성립하게 된다.

둘째, 영국의 지역사회케어 이론의 영향이다. 일본은 1970년대 초부터 주민의 복지 욕구가 증가하고 다양화되기 시작했다. 그런 가운데 복지서비스의 공급 방법으로 시설 입소가 아닌 재가 생활을 중시하는 정책적 움직임이 나타났다. 1970년대 후반에는 '커뮤니티케어'라는 용어가 '재택복지'라는 새로운 용어로 정책화된다. 그에 따라 '지역복지 = 재택복지'라는 측면이 강조된다.●●

이상과 같은 유입 이론의 영향 맥락과 함께, 일본은 1980년대에 노인복지를 중심으로 사회복지의 보편화가 진행되는 시대에 접어들게 된다. 그러면서 지역주민의 주체화보다는 재가서비스 공급 조직의 다원적 전개라는 맥락 속에서 지역복지 방식이 강조된다. 1980년대의 '주민참가형 재가복지서비스'라는 용어에서 볼 수 있듯이, 당시의 주민 참여는 재가복지서비스 제공자로서의 의미가 중시되었다. 전통적인 CO를 전개했던 사협도 복지서비스의 다원화가 강조되는 가운데, 직접 서비스를 제공하는 사업 조직으로 재가복지서비스를 담당하도록 자리매김되었다. 이러한 전개 과정에서 1990년대에는 일본 지역복지 고유의 이론화는 정체기를 겪는다.

한편, 일본 지역복지의 본격적인 이론 체계화는 오카무라(岡村 重夫)를 중심으로 1970년대에 이루어진다. 오카무라는 유입 이론인 CO

역자주

● 시구정촌(市/区/町/村) 은 일본의 기초자치단체 단위로서, 우리나라 시·군·구(市/郡/區) 차원의 기초자치단체와 같은 뜻으로 보면 된다. 광역자치단체를 일본은 도도부현(都/道/府/県)으로 나누고, 우리나라는 광역시·도(市/道)로 나눈다.

●● 우리나라에서는 재택복지를 재가복지라는 용어로 사용한다.

와 커뮤니티케어를 지역복지의 하위 개념으로 통합하고, 지역복지를 이론적으로 체계화하였다. 오카무라의 지역복지 체계화에서는, 일반적인 사회복지가 서비스 공급자들에 의해 이루어지는 것이라면, 지역복지는 지역사회에 의해 이루어지는 것으로 지역주민이 주체자임을 강조하였다. 1980년대에 들어, 종단적인 대상별 복지 제도를 극복하려는 관점이 새롭게 부각되면서 지역복지에 대한 기대가 높아진다. 그러나 지역복지의 이론화·체계화는 실천 차원에서의 개념으로 머물렀으며, 정책 개념으로까지는 발전되지 못했다. 정책적 개념화는 개호보험 제도의 시행과 더불어 2000년에 제정된 「사회복지법」이 '지역복지의 추진'을 정책 목표로 제시하면서, 비로소 실체를 갖추어 발전하게 된다.

2. 법률 체계와 시정촌 복지행정 관점의 지역복지

복지행정의 분권화와 지역복지

지역복지 추진이 정책 목표가 되었던 배경에는 분권적인 복지 제도를 운영해야 할 필요성이 있었다. 1980년대에서 90년대에 걸쳐 고령자복지 분야를 중심으로 사회복지에서 보편주의가 진행되는 가운데, 복지행정의 기본은 시정촌(市町村)주의가 되었다. 복지행정의 계획적인 추진도 도모되었는데, 이는 2000년 개호보험 제도의 도입을 통해 더욱 가속화된다.

일본에서는 시정촌을 개호보험의 보험자로 하였다. 그 결과 시정촌이 보험료를 결정함과 동시에 그 이용 실적에 따라 개호 비용이 배분되므로, 분권적인 재원 운영이 가능하다. 개호보험이나 장애인복지 분야에서 지역을 기반으로 한 복지서비스 제공이 강력히 제안되면서,

서비스 제공자로서 지역주민의 참여를 촉진하는 움직임도 활발해지고 있다. 그러면서 지역복지와 접목되는 영역에 대한 관심도 높아지고 있다.

일부 앞서 가는 시정촌 복지행정에서는, 지역복지가 견인적 역할을 하면서 업무 부서들 간을 횡단적으로 연결하는 추진 형태도 나타난다. 그럼에도 복지행정에 충분한 인원 배치가 불가능한 소규모 시정촌에서는 여전히 지역복지를 담당하는 독립된 부서를 두지 못하고 있다. 분권이 되었다고는 하나 지역복지행정의 고유한 전개라 할 수 있는 성과는 아직 충분하지 않다. 일본의 복지정책에서는 지역복지행정을 어떻게 추진할 것인가, 정책으로서의 지역복지를 어떻게 간주할 것인가가 중요한 과제가 되고 있다. 이 책은 이러한 과제에 대해서도 다루며, 새로운 지역복지행정의 역할도 언급한다.

법률 체계와 지역복지

일본에서는 현재 지역복지 영역만의 독자적인 법률은 존재하지 않는다. 〈표 1〉에서 보듯이, 고령자(개호보험)나 장애인복지 영역에서의 독자적인 법적 정비와 비교하면, 지역복지는 「사회복지법」 속의 한 부분으로 규정되고 있을 뿐이다.

〈표 1〉을 참고로 2000년대의 '조치에서 계약으로' 라는 구조적 변화를 살펴보자. 일본에서는 개호보험 제도를 도입하면서, 사회복지 제도와 행정이 '조치' 방식에서 '계약' 방식으로 크게 변화한다. 장애인자립지원 제도 역시 마찬가지로, 재원은 세금이지만 개호보험과 같은 방식으로 변화된다. 또한 이들 제도에서는 정부의 제도 운용을 시정촌에 침투시키기기 위해 계획 수립을 촉구하는 방법을 도입하고 있다.

한편, 「사회복지법」은 사회복지의 기반정비를 위해 계약 관계에서

〈표 1〉 세 가지 제도의 비교

		A 개호보험 2000. 4. 개정 2006. 4.	B 장애인복지 2006. 10.	C 지역복지 2000. 4. 계획 시행 2003. 4.
1. 시정촌 행정 조직과 재원 (시정촌으로 서비스 일원화)		• 개호보험행정(보험자 운영+개호 행정) • 개호보험재정(세금-정부 25%, 도도부현 12.5%, 시정촌 12.5%, 보험료 50%)	• 장애인복지행정 • 국고에서 사업별 부담금·보조금(정부 50%, 도도부현 25%, 시정촌 25%)	• 지역복지행정(미확립된 지자체 존재) • 독자 재원(도도부현의 유도적 보조금)
2. 서비스 전달 조직과 재원		• 사회복지법인에서 영리법인까지(도도부현·시정촌 지정) • 개호수가 1할의 응익(応益) 부담	• 사회복지법인에서 비영리법인까지(도도부현의 지정) • 급부수가(세금) 1할의 응익(応益) 부담	• 사회복지법인에서 주민조직까지 • 위탁비 또는 자원봉사
3. 계획적 추진		개호보험사업계획(중앙정부 가이드라인, 중앙정부의 목표 지표-2011년 폐지)	장애인계획·장애인복지계획(중앙정부 가이드라인)	지역복지계획(중앙의 수립 지침·도도부현의 가이드라인)
4. 평가	(1) 질 확보	① 조건정비: 감사(도도부현·시정촌), 정보공표(의무-2011년 폐지) ② 질의 향상: 제3자 평가(도도부현)	① 조건정비: 감사(도도부현)	
	(2) 실적 평가	중앙정부가 계획의 목표로서 지표 제시(2011년 폐지)		

의 이용자 이익 보호 구조를 제시한다. '제3자 평가'나 '고충 처리' 등의 구조가 이에 해당한다. 또한 「사회복지법」 제4조에서는 사회복지의 기반으로서 '지역복지 추진'을 강조했다. 여기서는 "복지서비스를 필요로 하는 지역주민이 지역사회를 구성하는 일원으로서 일상생활을 영위하고, 사회, 경제, 문화 그 외 모든 분야의 활동에 참여하는 기회를 얻을 수 있도록 한다."라는 사회적 포섭(social inclusion)을 명시하고, "지역주민, 사회복지를 목적으로 하는 사업을 경영하는 자 및 사회복지에 관한 활동을 행하는 자는 상호 협력하고…… 지역복지 추진에 힘써야 한다."는 조항에서처럼 주민 등이 주체가 되어 실천하는 복지

라는 지역복지의 성격을 명확히 제시하였다.

지역복지에도 다른 두 복지 영역과 같은 양상으로 계획 수립이라는 정책 도구로서의 지역복지계획이 제시되고 있다. 하지만 지역복지계획은 주민 참여를 통한 계획 수립의 과정을 중시하는 정도로만 제시되고 있으며, 정부의 지역복지정책 유도와 같은 명확한 정책 구조를 가진 것은 아니다. 체계적인 법률 정비라는 점에서 본다면 지역복지의 위상은 아직까지도 그리 높지 않다.

3. 정책으로서의 지역복지가 의미하는 것

'정책으로서의 지역복지'를 어떻게 구상하고, 지금까지의 '실천으로서의 지역복지'와 어떻게 융합할 것인가? 여기서 정책화는 정부가 견인하는 정책만을 의미하는 것이 아니다. 분권화의 문맥에서 상향식(하의상달식) 방법에 의한 지역 차원의 정책화를 구상한다는 뜻이다. 왜냐하면 지역복지는 지역산(産)이어야 하며, 지역이 저마다 시행착오를 경험하면서 정책화를 진행하는 과정 없이는 보급될 수 없기 때문이다. 지역복지는 이러한 과정적 경험을 중시하는 복지행정으로 형성된다. 그렇기 때문에 그 과정에 주민 참여가 가능하고 이를 중시하는 것이다.

정책으로서의 지역복지에 대한 네 가지 기대와 의의는 다음과 같이 정리된다.

첫째, 종단적 복지행정 구조를 '종합화'하는 정책적인 역할에 대한 기대이다. 단순히 각종 복지행정을 통합하는 조직을 만들면 된다는 것이 아니다. 그러한 것은 단지 종합복지가 될 뿐, 실질적인 종합화는 아니다. 제도의 사각지대와 같은 과제를 해결하기 위해 종합화에 접근하는 방법으로 지역복지가 요구된다.

둘째, 복지서비스를 지역에서 '통합화'한다는 공간적 운영의 정책 관점에 대한 기대이다. 일본에서는 시설과 재가서비스의 중간 영역에서 서비스를 제공하는 다양한 형태의 지역케어서비스가 있다. 개호보험 제도에서 보면, 지역밀착형 서비스라는 범주에 포함된 그룹홈이나 소규모 다기능 서비스가 이에 해당된다. 이러한 서비스의 유효성이 인식되는 가운데 지역복지의 실체화가 이루어진다.

셋째, 주민의 복지행정 참여를 통해 '복지'에서부터 '자치'로 이행되어 추진된다는 기대이다. 앞서 두 가지 역할을 수행함에 있어 주민 참여는 불가결하다. 제도의 사각지대를 해소하기 위해 문제를 조기 발견하는 것, 지역에 밀착된 서비스를 행하기 위해 운영에 참여해야 한다는 것 등에서 주민의 역할 수행이 중요시된다. 도시 행정에서 각각의 다양한 욕구에 대응하는 것은 매우 어려운 일이다. 따라서 소지역 단위에서 주민이 다양하게 운영에 협력하는 새로운 민관 협동 방식이 필요하다. 그리고 어떤 복지행정 방식이 좋은지, 어떤 서비스 제공 방법이 좋은지 등을 선택하는 기회가 주어지면, 이는 자연스레 주민 자치로 이어진다. 서비스 자체에 대한 이용자 입장에서의 선택도 중요하지만 운영 방식, 서비스 형태 등에 대한 선택도 중요하다. 그렇지 않으면 주민은 항상 서비스의 수동적 대상자 입장에만 놓이게 된다.

넷째, 인구 감소나 지역경제 쇠퇴 등에 대응하는 '지역 활성화 혹은 지역 재생'과 같은 정책에 대한 지역복지의 공헌이다. 이것은 너무 지나친 기대일 수도 있다. 하지만 지역복지사업이 지역의 커뮤니티 비즈니스로 되어 지역사회에 일할 기회를 제공하는 것도 중요하다. 예를 들어, 2011년 3월 11일의 동일본 대지진의 부흥을 위해서도 지역공동체 재생은 자율적인 지역사회 형성에 필수적이었다. 부흥 계획의 복지 부분이 복지시설 배치 계획에 그쳐서는 안 되고, 지역공동체의 자율적인 재생 과정 형성을 위해 주민의 운영 참여와 고용 기회의 확보를 최대한 고려하는 등의 지역밀착형 서비스 배치를 구상해야 한다는 견해가 제시되었다.

일본의 지역복지는 계속적으로 발전하는 과정 속에 있다. 실천적으로나 학문적으로 일본 사회만의 독특한 실천 방법론 체계라는 인식에서 벗어나, 일반화된 사회복지의 방법론으로 정착시키려는 노력이 전개되고 있다. 이 책에서 의도하고 있는 '정책으로서의 지역복지' 역시 이러한 노력의 하나로서, 지역복지를 이해하는 관점을 실천적 측면에 국한시키지 않고, 정책적 관점으로 지평을 확대해서 보자는 것이다. 이것은 일본의 지역복지를 한국을 비롯한 여타 사회들에 보다 쉽게 이해될 수 있도록 하자는 취지와도 일치한다.

제1부

지역복지 추진의 이론적 틀

제 1 장

정책으로서의 지역복지

제1절 지역복지를 위한 추진 정책

제2절 정책으로서의 지역복지 추진

제3절 지역복지 추진 정책과 협동

제1장
정책으로서의 지역복지

지금까지 지역복지 연구에서 '지역복지 추진'은 주로 실천적인 개념으로 다루어져 왔다. 지역복지 추진은 지역복지 실천의 주체 또는 전개 과정에 초점을 두어 왔으며, 정책 개념으로서의 지역복지 추진에 대한 논의는 적절히 이루어지지 못했다. 지역복지 추진의 이론과 방법을 다루는 이 책의 1장을 정책으로서의 지역복지로 시작하는 것은 그러한 이유 때문이다.

정책으로서 지역복지를 다루어야 하는 이유는 첫째, 지역복지 추진의 이론 및 방법의 체계화에서 주요한 요소인 정책 변화와 지역복지 추진 실천이나 지역복지계획과 같은 다른 구성 요소들과의 관련성을 분명히 할 필요가 있기 때문이다. 둘째 이유는, 좁은 의미의 지역복지 추진 정책만이 아니라, 대상별 복지 제도에서 채용하고 있는 지역케어 추진 정책도 지역복지 추진의 이론과 방법 체계 속에 포함하기 위함이다.

역자주

● 후생노동성은 2001년 일본 정부기구 개편에 의해 후생성(우리나라의 보건복지부에 해당)과 노동성이 통합된 정부기구다. 통합으로 인해 의료, 건강, 복지, 연금 및 노동, 고용 등의 방대한 업무를 관장하고 있다.

먼저 제1절에서는 지역복지 추진의 정부 정책 구조를 살펴본다. 현재 후생노동성● 사회원호국 지역복지과가 주관하고 있는 정책 범위에 한정해 보면, 지역복지 추진 정책은 '국고보조사업'과 '지역복지계획'의 양대 사업으로 나타난다. 지역복지과 이외 부서가 주관하고 있는 대상별 복지 제도에서도 지역복지 추진은 정책 과제로서 나타나고 있다. 지역케어 추진을 위한 정책은 제2절의 지역복지 추진 방법론에서 다룬다. 이 부분에서 지역케어는 지역복지의 구성 요소인 커뮤니티케어로, 특히 고령자나 장애인복지 분야의 지역케어 추진 정책이 그 대상이 된다.

제3절에서는 지역복지 추진과 지역케어 제도가 협동적인 관계에 있는 정책으로서의 지역복지 추진 구조를 설정한다. 이 부분에서는 다양한 정책을 포함하는 개념으로 지역복지 개념을 확대하자는 논의도 소개하고 있으나, 이 책의 지역복지 추진 정책에서는 제도복지와의 협동적 관계 형성을 중시한다.

제1절 | 지역복지를 위한 추진 정책

1. 지역복지 추진의 정책 구조

지역복지 추진의 정책 수단

2000년 「사회복지법」 이후 정부의 지역복지 추진 정책을 나타내 보면, [그림 1-1]과 같다. 정부의 지역복지 추진 정책은 A 축의 지역복지

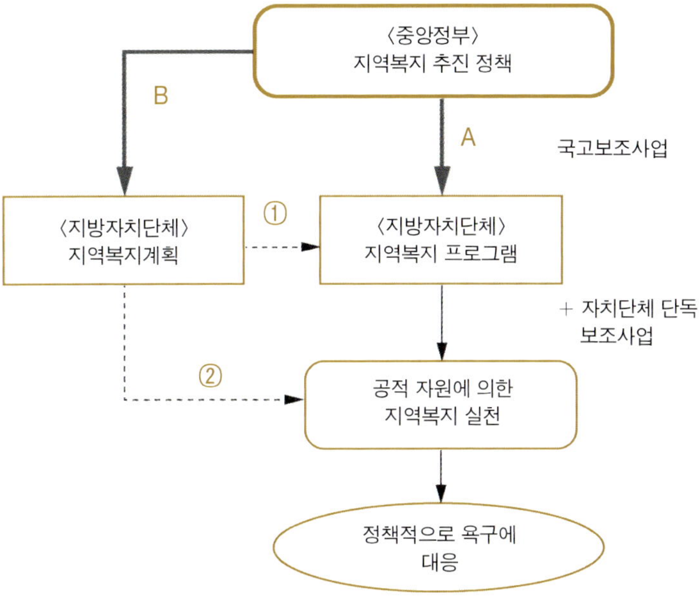

그림 1-1 지역복지 추진의 정책 구조

추진과 관련된 국고보조사업, B 축의 지역복지계획(엄밀하게는 지역복지계획 수립 유도)으로 나뉜다. 여기에서 정책 주체는 후생노동성 사회원호국 지역복지과로 한정한다.

A 축의 국고보조사업을 통한 지역복지 추진은 2000년의 지역복지계획 도입 이전부터 존재하였다. 국고보조사업의 주요 내용으로는 80년대에 실시된 사회복지협의회의 기반 강화, 1991년에 도입된 지역복지 프로그램 '후레아이마을만들기(ふれあいのまちづくり)사업'• 이 있다. 그 이듬해인 1992년에 후생노동성에 지역복지과가 설치된다(생활과에서 명칭 변경). 2001년부터 '지역복지추진사업'이라는 명칭으로 국고보조사업이 포괄화되면서 '후레아이마을만들기사업'은 종료된다. 이와 같은 3단계(① 사회복지협의회 기반 강화, ② '후레아이마을만들기사업'의

역자주

• 1991년에 도입된 '후레아이마을만들기(ふれあいのまちづくり)사업'은 시정촌(市町村) 사회복지협의회가 실시하는 국고보조사업으로, 지역복지추진사업의 하나다. 후레아이(ふれあい)는 상호 접하고 이해한다는 의미를 가진 단어로 '서로 이해하고 돕는 복지 커뮤니티 만들기'라는 의미를 내포하고 있다. 2005년부터는 실시 주체가 시정촌 행정으로 바뀌게 되면서, 명칭도 '지역복지네트워크사업'으로 변경된다. 이 사업에 대한 구체적인 내용은 이 책의 29쪽 등에서 소개되고 있다.

프로그램 개발, ③ 「사회복지법」 이후의 보조사업 포괄화)를 거쳐 오늘날 지역복지 추진 국고보조사업 정책에 이르고 있다.

B 축의 지역복지계획은 2000년 개정된 「사회복지법」에 의해 지역복지 추진의 수단으로 등장하게 된다(동법 107조, 2003년 시행). 정부는 '지역복지계획 수립 지침'을 마련하여 시정촌*의 계획 수립을 유도하였다. 그 내용은 시정촌이 지역복지계획 수립의 장을 통해 지역복지 추진 주체인 지역주민, 사업자, 자원봉사자 단체 등의 참여를 확보하고, 각각의 역할들로 협의한 내용을 계획화하여 각 실천 주체가 지역복지를 추진하는 것이었다. 도도부현은 시정촌이 지역복지를 계획적으로 추진하는 것을 지원하는 지역복지지원계획을 수립하게 된다.**

한편, 시정촌 행정은 독자적인 사업을 통해 지역복지를 추진할 수 있다(지방자치단체 단독사업). 그것이 B-①의 경로이다. 시정촌 행정이 사업을 예산화하는 등 지역복지계획 수립의 장을 독자적인 지역복지 프로그램 개발의 장으로 활용하는 것이다. B-②의 경로는 지역의 주민 조직이나 사회복지협의회와 같은 전문기관이 실시해 온 자주적 사업이 사회적 승인의 기회를 얻는 과정이다. 이 ②의 경로가 중시되는 것이 대상자별 복지계획과는 다른 지역복지계획의 특징이다.

지역복지 국고보조사업의 변천

A 축의 국고보조사업에서 지역복지 추진 정책을 살펴본다. 국고보조사업이 본격적으로 전개되는 1990년대 이전에는 ① 사회복지협의회 사무국 직원 인건비, ② 민생위원*** 활동비, ③ 자원봉사센터 지원이 지역복지 추진의 주요 보조금사업이었다. 이 시기는 지역복지 추진 주체의 기반정비 단계로, 사회복지협의회나 민생위원·아동위원

역자주

* 시정촌(市町村)은 우리나라의 시군구에 해당하는 일본의 기초지방자치단체 단위이며, 광역지방자치단체의 단위로는 도도부현(都道府県)이 있다. 시정촌주의는 지방분권적 발상을 표현하는 용어로, 본문에서는 중앙정부 중심에서 벗어나 각 시정촌이 복지서비스 전달 시스템의 책임 주체라는 의미에서 사용되고 있다.

** 일본 사회복지법상의 지역복지계획은 광역행정인 도도부현(광역지방자치단체)의 지역복지지원계획과 시정촌(기초지방자치단체)의 지역복지계획으로 나뉘어서 규정되고 있다. 의무계획이 아닌 관계로, 수립된 시정촌의 계획을 총합하는 다른 광역의 대상자별 복지계획과 달리, 지역복지지원계획의 경우, 시정촌이 지역복지를 계획적으로 추진하도록 선도하고 유도하는 형태를 취하고 있다.

*** 일본의 민생위원(民生委員)은 지역에서 활동하는 공공 자원봉사자로서, 「민생위원법」에 의거해서 후생노동대신(우리나라의 보건복지부, 노동부 통합 부처 장관)이 위촉한다. 현재 일본 전국에 약 23만 명가량이 활동하고 있으며, 고령자의 상담이나 지켜보기, 아동학대의 방지, 조기 발견, 재택서비스 등에 관여한다. '주민의 입장에서 있는 상담·지원자'로서 지역주민과 지역사회 기관들을 연계하는 역할을 수행한다. 한편 일본의 「아동복지법」에서는 '아동위원'을 민생위원이 담당하도록 규정되어 있으므로 '민생위원·아동위원'이라고도 한다.

협의회의 강화가 시도되었다.

지역복지 프로그램 개발을 지원하는 보조는 1991년의 '후레아이마을만들기사업'을 통해 전개된다. 이 사업은 시정촌 사회복지협의회가 실시 주체가 되고, 정부·도도부현·시정촌이 3분의 1씩 재정을 부담하는 보조금사업이다. 주민의 다양한 복지 욕구를 상담하고, 자원봉사자 등 지역주민이 참여하는 복지서비스를 창출하는 사업으로, 사업 지정을 받게 되면 5년에 걸쳐 6가지 주요 사업(① 코디네이터 배치, ② 마을만들기 추진회 설치, ③ 후레아이복지센터 설치, ④ 지역생활지원사업, ⑤ 주민 참여의 지역복지사업, ⑥ 복지시설협동사업)이 실시된다. 이 사업은 지역복지 추진 기반인 사협을 강화하여 지역주민을 포함한 지역복지 추진 주체를 육성하는 프로그램으로, 그 성공적 수행을 위해 지역복지(활동)계획의 활용 또한 제안되었다. 2001년까지 계속된 이 사업에는 총 125억 엔이 투입되었다. 5년간의 사업 기간이 끝난 이후에도 도도부현과 시정촌이 인건비를 보조하면서 사협의 지역복지 추진 기반 확보를 지원하고 있다(平野隆之, 2008d).

「사회복지법」 개정으로 '지역복지의 추진'이 법률상 명시되면서, 2001년부터는 '지역복지추진사업'이라는 명칭으로 개별 국고보조사업들이 포괄화되었다. 그에 따라 '후레아이마을만들기사업'과 같은 보편적인 지역복지 프로그램 개발은 시도되지 않고 있다. 이것은 A 축과 같이 중앙정부 차원에서 지역복지 추진 프로그램을 전국 단위로 개발하는 것이 쉽지 않음을 나타낸다. 단, 2007년 이후 새로운 지역복지 재구축이라는 움직임 속에서 '지역복지활성화사업'(2008년도)이 신규 프로그램으로 등장하고 있다.

제도적 근거와 지역복지계획의 역할

사회보장심의회-복지부회의 '시정촌 지역복지계획 및 도도부현 지역복지지원계획 수립 지침'(2002)에 따르면, 지역복지계획이란 '지방공공단체가 지역복지를 종합적 또는 계획적으로 추진하여 「사회복지법」에 제시된 새로운 사회복지 이념을 달성하는 방책'이다. 「사회복지법」에 제시된 새로운 사회복지 이념 중 하나가 제4조 '지역복지의 추진'이다. 지역복지 추진이라는 정책적 목적을 달성하기 위한 수단으로는 '시정촌 지역복지계획'(제107조)이 있다. 지역복지계획 수립이 시정촌 기초지방자치단체의 강제 의무는 아니다. 하지만 제6조의 '복지서비스 제공체제 확보 등에 관한 정부 및 지방공공단체의 책무'에서 공공행정의 계획적인 실시를 규정하고 있기 때문에 지역복지계획 수립은 시정촌 행정의 중요한 책무가 되고 있다.

2000년의 「사회복지법」이 지역복지 추진의 정책 형성에 중요한 의미를 지니는 것은 지역복지 추진을 법적으로 규정하여 지역복지정책의 근거를 제시하고 있기 때문이다. 「사회복지법」 제1장 제1조 '법의 목적'에서 이용자 이익 보호와 함께 지역복지 추진을 규정하고, 제4조에서 그 구체적 내용을 명시하고 있다. 제10장에서는 그 추진 방법으로 지역복지계획·사회복지협의회·공동모금을 제시하고 있다. 특히 제4조 '지역복지의 추진'에서는 "지역주민, 사회복지를 목적으로 하는 사업을 경영하는 자 또는 사회복지에 관한 활동을 하는 자는 상호 협력하여 복지서비스가 필요한 지역주민이 지역사회를 구성하는 일원으로서 일상생활을 영위하고, 사회, 경제, 문화 그 외 모든 분야의 활동에 참여하는 기회를 얻을 수 있도록 지역복지의 추진에 힘쓰지 않으면 안 된다."라고 하여, 지역복지가 실현해야 할 내용과 그 추진 주체를 명시하고 있다. 「사회복지법」에 제시된 '지역복지 추진'의 규정은 ① 합목적적인 규정: 지역사회 일원으로서 참여 기회 보장, ② 주체의 규정: 지역주민, 사업자, 자원봉사자, ③ 수단의 규정: 지방자치단체가 수립하는 지역복지계획과 민간 조직인 사협이나 공동모금회를 활용한 조건정비로 정리된다.

이러한 지역복지 추진 규정은 [그림 1-1]의 A, B 축의 정책 전개 속에서 확인된다. 지방자치단체의 지역복지행정은 직접적인 지역복지 추진 주체로 규정되지 않는다. 지역복지는 제도를 바탕으로 지역주민에게 서비스를 받을 권리를 인정하는 복지가 아니다. 대상자별 복지와 달리 복지 급여라는 측면에서 공공행정의 책임을 묻기는 어렵다. 시정촌 행정의 조직기구 내에 '지역복지과'나 '지역복지계'가 설치되는 경우는 그리 많지 않으며, 지역복지계획의 수립률 또한 결코 높지 않다.[1] 이와 같은 측면에서 「사회복지법」이 규정하는 '지역복지 추진'의 정책적 추진 주체가 시정촌 행정이라고 단정할 수 없게 되므로, B-①의 독자적 사업의 계획화와 예산화의 부분도 애매하게 된다. 현재 제2차 지역복지계획 수립 시기에 접어들면서,• 지역복지계획의 실시 책임 등 계획의 필요성이 새롭게 문제시되고 있다.

A 축의 경우, 지역복지 추진의 기반인 사협의 조건정비가 주요 내용이었다. 사협의 지역복지 실천과 공공행정의 지역복지계획 사이의 불명확한 관련성이 지역복지 추진 정책에서 A 축과 B 축이 융합될 수 없는 원인이 되고 있다. 앞서 말한 ③ 수단의 규정에서는 지방자치단체의 지역복지계획 수립이라는 수단과 함께, 민간 조직인 사협이나 공동모금회를 활용한 지역복지 추진의 조건정비를 제시하였다. 그 조건정비를 위한 프로그램화나 예산화를 지역복지계획에서 검토할 필요가 있다.

역자주

• 2003년도부터 본격적으로 시행된 일본의 지역복지계획은 계획 수립이 지방자치단체의 자율적 판단에 맡겨져 있어, 계획 수립 기간 및 계획 기간이 일률적이지 않고 지방자치단체별로 다르다. 2003년부터 계획을 수립하고, 계획 기간을 5년으로 본다면, 2008년부터 제2기'계획 시기에 접어든다고 볼 수 있다. 2010년 3월 현재 일본의 1,750 시정촌 중 지역복지계획을 수립한 지역은 850곳(48.5%)이며, 제2기 계획을 수립한 곳은 194곳(11.1%)으로 파악되고 있다(후생노동성 지역복지계획 홈페이지 http://www.mhlw.go.jp/topics/bukyoku/syakai/c-fukushi/).

2. 정책 추진상의 논점과 지역복지 재구축

지역복지 추진의 예산 규모

이제까지의 복지계획에서 국고보조사업은 계획된 프로그램의 시행을 위한 재정 지원이었다. 그러나 프로그램의 표준화가 불가능한 지역복지계획에서는 국고보조와 같은 대응책은 마련되지 않았다. 보조금을 통해 지역복지 프로그램을 유도하기 위해 지역복지계획을 연동시키는 정책은 이루어지지 않고 있다.

지역복지는 원래 지역복지 이용자의 권리성을 바탕으로 공공행정에 그 의무를 부과하는 제도적 복지가 아니다. 정책 이념이나 실천 개념으로 지역복지가 존재했지만, 명확한 제도적 규정은 없었다. 지역복지 관련 예산은 권리나 의무 관계에서 확보되는 것이 아니므로, 후생노동성 지역복지과가 지역복지 프로그램의 보조금을 확보하기는 쉽지 않다.

지역복지 관련 예산에는 ① 지역복지 조건정비 보조(사협, 민생위원 등), ② 지역복지 추진을 목적으로 한 보조사업(지역복지추진사업), ③ 생활복지자금 대부사업(대부금 포함), ④ 지방 개선 대책, ⑤ 노숙자 대책 등이 포함되고 있다. 이 책에서는 ①과 ②의 합계를 지역복지 추진 정책 예산으로 다룬다. 일본에서는 동화지역(同和地域)* 에서의 ④ 지방 개선 대책과 ⑤ 노숙자 대책과 같은 사회적 차별이나 배제 문제도 오래도록 중요한 지역복지정책 과제이지만(平野隆之, 2008a), 이 책의 지역복지 추진 정책에서는 다루지 않는다.

실제 예산액(2003년도)을 보면, 지역복지추진사업인 ① 지역복지 조건정비 보조(사협·민생위원 등)와 ② 지역복지추진사업 보조는 41억

역자주

* 동화지역이란, 일본의 차별 문제를 대표하는 용어다. 예전의 백정과 같은 천민계급의 사람들이 사는 피차별부락으로, 1969년부터 2002년까지 일본 정부는 이 지역의 환경 개선 및 차별 해소를 위해 동화대책사업을 실시하게 된다. 그 대상이 되었던 지역이 동화지역이다.

엔 규모에 그치고 있다. 이 금액은 신규로 시작된 ⑤ 노숙자대책사업 18억 엔의 2배 이상이나, ④ 지방개선대책사업비 61억 엔보다는 낮은 수준이다. 이처럼 지역복지 관련 국고보조사업의 2003년도 예산 규모는 결코 크지 않으며, 국고보조사업에 의한 지역복지 추진 정책의 유도 효과 또한 크지 않다.

그렇다면 국고보조사업을 마련하고 지역복지계획 수립을 통해 지역복지 프로그램을 보급하는 방식이 지역복지 추진에 유효한 것일까. 이 점은 이 책 전체를 통해 생각해야 할 중요한 과제다. 미리 가설적으로 해답을 제시해 보면, 국고보조사업을 통한 유도는 하향식(top-down) 지역복지 추진 정책이므로 지역복지 추진의 근간인 자발성을 제약할 수 있다. 그보다는 지방자치단체(도도부현이나 시정촌)가 지역복지계획 수립의 장을 독자적인 지역복지 프로그램 개발의 기회로 활용하는 것이 중요하다. 즉, 국고보조와 다른 [그림 1-1]의 B-①과 같은 독자적인 프로그램을 추진해야 한다. 실제 도도부현의 광역지방자치단체 차원에서 독자적 사업, 이른바 시정촌 기초지방자치단체 지원 및 직접적인 활동 주체 지원과 같은 프로그램을 개발하는 것이 중요하다. 이러한 일을 담당할 지역복지과의 설치 등 조직적인 기반도 서서히 형성되고 있으며, 광역자치단체장이 사명감을 가지고 적극적으로 지역복지 추진을 도입하는 경우도 나타난다(平野隆之·榊原美樹 편, 2009).

한편, 지방자치단체들의 재원 문제도 간과할 수 없는 현실적 과제다. 국고보조사업이 미흡한 가운데, 2008년도에 지역주민 상호 간의 지원을 촉진하기 위한 커뮤니티 소셜워커 배치사업이 '지역복지활성화사업'이라는 명칭으로 새롭게 도입되었다. 또한 생활보호를 받을 수 없는 차상위 계층에 대해서는 각 시정촌에 자립지원상담원을 배치하여 지원하는 '지역일상생활자립지원사업'이 창설되었다. 지역복지활성화사업은 명칭 그대로 지역복지 추진을 활성화하는 목적을 지닌 국고보조사업으로, 추진 방법은 '후레아이마을만들기사업'과 유사하며 기본적으로 소지역의 복지 활성화를 추진하는 사업이다.

그러나 커뮤니티 소셜워커를 시정촌에 배치하는 지역복지활성화사업에 대한 지방자치단체의 신청은 극히 적은 실정이다. 지방이 2분의 1을 부담해야 하는 조건이 도도부현이나 시정촌의 사업 신청을 망설이게 하고 있다. 또한 2년이라는 한정된 기간의 인건비 보조 방식이기 때문에 보조기간이 끝난 후 예산을 어떻게 확보할 것인가라는 점 또한 지방자치단체의 사업 신청을 더욱 어렵게 한다.

새로운 지역복지 구축을 위한 연구회: 주민과 공공행정의 협동에 의한 새로운 복지

기초구조개혁(1997년 시행)에서 지역복지가 논의된 지 10년이 지난 가운데, 2007년 지역복지의 재구축에 대한 논의가 시작되었다. 후생노동성 사회원호국장의 사적인 연구회로 시작된 '새로운 지역복지 구축에 관한 연구회'•(이하, 연구회로 표기)는 '지역에서의 새로운 상호 지원을 지향하며: 주민과 공공행정의 협동에 의한 새로운 복지'라는 보고서를 제출한다.

연구회는 지역주민이 지원을 필요로 하는 지역사회 구성원에게 관심을 기울이면서 상호 지원하는 지역주민 간 상호 지원 체제 구축 방안을 검토하기 위해 설치된 것으로, 좁은 의미의 지역복지에 초점을 맞추어 기존 시책의 구체적 개선 방안을 논의하였다. 이 연구회의 입장은 [그림 1-2]에서 제시된다. 지역복지와 다른 정책 과제의 관련성

역자주

• 2007년 당시 후생노동성 사회원호국장 나카무라(中村秀一)의 사적 연구회로 시작된 이 연구회는 오하시(大橋謙策)를 위원장으로 하여, 2008년 3월 31일, '지역에서의 새로운 상호 지원을 지향하며: 주민과 공공행정의 협동에 의한 새로운 복지'라는 보고서를 제출하였다.

1. 범죄, 방재, 교육, 문화, 주택, 마을만들기 등 폭넓은 분야와의 연계를 꾀한다.

2. 지역복지의 관점에서 공적 복지서비스 제도나 운용의 유연화 및 개선을 꾀한다.

3. 「사회복지법」이나 「민생위원법」 등에 규정하는 지역복지 시책들에 대해 새로운 지역복지 추진과의 정합성을 갖추도록 개선한다.

개선의 초점

- ○ 주민 주체를 추진한다.
- ○ '새로운 지원'의 개념을 도입한다.
- ○ 이상적인 지역복지 추진 조건에 부합한다.

그림 1-2 기존 지역복지 시책의 개선 영역과 초점

을 계층적으로 정리하면서, 「사회복지법」 등에서 규정된 현행 지역복지 시책에 대한 개선점을 명시하고 있다. 이 점에 대해 좀 더 살펴보면, 지역복지를 대상별 복지 제도의 기반으로 파악했던 기초구조개혁과 달리, 대상별 복지 제도의 '새로운 공조(共助) 시스템'으로 지역복지가 제시되고 있다. 기초구조개혁에서 지역복지와 대상자별 복지의 관계를 기반 구조와 그 위에서 기능하는 제도로 정리하였다면, 연구회는 대상자별 복지 제도가 제대로 기능하지 못하는 문제에 대응하는 것이 지역복지라고 정리한다.

이처럼 정책적 성과를 지닌 사업으로 평가되지 않았던 지역복지추진사업을 대상별 복지 제도로 해결할 수 없는 생활과제의 대응책으로 명시하고, 그 책임 주체를 시정촌 행정 중심으로 제시한 점이 연구회의 성과로 평가될 수 있다. 또한 연구회가 중학교구역이나 초등학교구역이라는 소지역●에서 새로운 상호 지원 시스템을 구축하기 위한

역자주

● 주민의 주체적, 자발적 복지 활동을 중시하는 일본의 지역복지는 사회복지협의회를 중심으로 초등학교구역이나 중학교구역과 같은 소지역 단위에서 주민 활동 조직화를 전개해 오고 있다. 지역에 따라 학교구역의 크기는 다양하나, 2007년의 후생노동성의 '새로운 지역복지 구축에 관한 연구회'에서는 중학교구역의 단위로 인구 11,623명을 제시하고 있다. 이 중학교구역보다 더 작은 단위의 소지역이 초등학교구역이 되는 것이다.

기반정비를 시정촌 행정의 과제로 하고, 이들 정책의 유도책으로 지역복지계획 수립의 강화, 소지역 단위에서의 계획 수립 등을 도입한 점은 타당한 정책적 검토로 여겨진다.

다만, 공공행정과 주민의 파트너십에 중점을 둔 결과, '2. 지역복지적 관점에서 공적인 복지서비스 제도나 운용의 유연화 및 그 개선 방안' 개발에 대한 논의는 충분히 이루어지지 못했다. 파트너십 관계에서 전문직들의 역할을 위한 조건이 확보되지 못한 것이다. 이 점은 기반 구조로서 지역복지의 조건과도 관련된다. 「사회복지법」의 목적에서 규정하고 있는 '이용자 이익의 보호'를 계기로, 전문직의 지역복지 추진 역할과 책임이라는 논리를 정책상에서 제시할 필요가 있다. 이를 위해 제도나 운용의 유연화 및 개선을 꾀하는 방향으로 권리 옹호나 고충 처리, 나아가 자기 평가나 제3자 평가와 같은 기반 구조 활용이 요구된다.

제2절 정책으로서의 지역복지 추진

지역복지 추진에 영향을 주는 정책 환경

제2절에서는 후생노동성 내 지역복지과 이외의 부서가 담당하는 지역복지 추진 관련 정책들을 살펴본다. 앞서 소개한 연구회에서 직접적으로 검토되지 못했던 '2. 지역복지적 관점에서 공적인 복지서비스 제도나 운용의 유연화 및 그 개선을 꾀하는' 정책(그림 1-2)에 대해 지역복지 추진 정책의 관점에서 생각해 보는 것이다.

연구회는 고령자복지나 장애인복지에 관련된 지역케어에 대해서도 문제의식을 느끼고, 공적인 복지서비스만으로 충분한 대응이 불가능한 생활과제에 대해 지역생활지원 정책을 통한 지역복지적 시도를 검토하였다. 이외에도, 소수자나 저소득층의 문제와 같은 사회적 배제 문제 등이 지적되었다. 2000년 후생성에서는 이러한 문제들에 대해 노숙자 문제를 중심으로 지역복지 추진과 관련지어 논의한 바 있다. 2000년 7월, 후생성 사회원호국에 설치된 '사회적 지원이 필요한 사람들에 대한 사회복지 검토회'는 사회적 배제를 정식으로 문제 삼은 정부 최초의 위원회라고 할 수 있다. 검토회에서는 사회복지 제도가 내실화되고 있음에도 사회(복지)의 손길이 사회적 지원을 필요로 하는 사람들에게 미치지 못하는 문제에 대해서, 사회복지의 새로운 대응 방식을 제시하고자 하였다. 여기에서 지역사회 안전망으로 지역복지에 대한 논의가 이루어졌지만, 명확한 지역복지 추진 정책으로 제시되지는 못했다.

검토회의 성과는 노숙자 대책을 가속화시켜 2006년 '지역복지추진사업' 등을 포괄하는 '사회적 안전망 지원대책사업'이라는 지역사회 안전망 기능 강화로 이어진다. 그러나 포괄화된 국고보조사업은 지역사회 안전망 기능을 강화했다기보다, 지방자치단체의 자유 재량을 증대시킨 포괄화된 보조금 정도로만 이해된다.

이러한 논점 제기와 더불어, 이 절에서는 지역복지 추진에 영향을 준 '지역케어 추진'과 '지역사회 안전망'이라는 정책 환경에 대해 다룬다. [그림 1-3]은 지역복지 추진의 정책 환경을 정리한 것이다. 지역케어 추진과 지역사회 안전망 정책은 고령자, 장애인과 같은 대상별 복지 제도나 저소득층 복지 제도의 제도적(institutional) 설계 사상이나 운용을 배경으로 하고 있으므로, 그러한 제도적 특성에 종속되어 이루

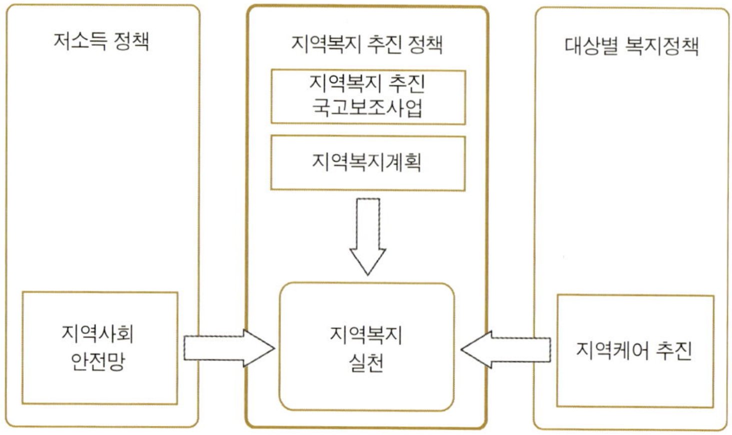

그림 1-3 지역복지 추진의 정책 환경

어지기도 한다. 예를 들면, 지역사회 안전망 기능의 강화책으로 기존의 지역복지 추진 관련 사업 활용 부분과, 노숙자 상담 활동이나 자립 지원사업의 지역밀착형 부분(지역주민의 운영협의회 참여 촉진 등)으로 나뉜다. 2절의 문맥상 지역사회 안전망 정책의 영향을 다루어야 하나, 아직 충분한 실적이 없는 단계이므로 이에 관한 상세한 검토는 다음 기회로 미룬다. 대신에 어느 정도 성과가 있는 지역케어 추진 정책과 지역복지 실천의 관련성을 구체적으로 살펴본다.

지역케어 추진 정책과 지역복지

지역케어 추진은 「개호보험법」 개정과 「장애자자립지원법」 제정이라는 두 가지 제도에서 '정책으로서의 지역복지'로 본다. 이 두 제도는 지역 지향의 정책 전환을 추진한 것으로, 서비스 이용자가 지역사회에서 가능한 지속적으로 생활한다는 지역케어의 가치를 강하게 표출한다. 2005년의 「개호보험법」 개정은 보험자 기능 강화를 포함해 지역밀착형 서비스·지역지원사업·지역포괄지원센터와 같은 '지역'을 키워드로 한 새로운 서비스 체제를 도입하여, 일상생활 권역 단위에서의 포괄적 서비스 전개를 추진하였다(平野隆之 외, 2007). 그것을 실현하기 위해 '제3기 개호보험사업계획'● 에서는 지역 전체가 고령자를 지원하는 지역생활지원(지역케어) 체제의 구축이 제기되었다. 전문직만이 아니라 지역주민의 주체적인 자발적 활동, 자원봉사 활동, NPO법인 등, 민간 비영리 활동의 중요성에 주목하고 있으며, 이러한 점에서 지역복지계획과의 연계도 명시되었다.

2005년 제정된 「장애자자립지원법」에서도 시설에서 지역생활로의 이행이 중요한 정책목표로 설정되면서, 서비스 체계 전체가 지역생활지원이라는 관점에서 재편된다. 통합적 운영을 지향하는 시정촌의 경우 장애인의 사회 참여 등 지역성을 지닌 사업은 '지역생활지원사업'으로 실시하고, 목표수치 설정은 장애인복지계획에서 행하고 있다. 또한 개호보험사업계획과 마찬가지로 지역복지계획과의 연계가 명시되고 있다. 게다가 「장애자자립지원법」 제1조에서는 이념 차원이지만, "장애 유무에 관계없이 국민 상호가 인격과 개성을 존중하며 안심하고 생활할 수 있는 지역사회 실현에 이바지하는 것을 목적으로 한다."라고 규정하여 말 그대로 지역복지 그 자체를 목적으로 하였다.

지역케어 운영의 특성으로 시정촌의 권한 강화를 들 수 있다. 지역밀착형 서비스의 지정·감사 권한이 시정촌에 이관되었으며, 또한 지역생활지원사업에 대해서는 시정촌이 지역 특성을 반영하여 유연하게 사업을 전개하도록 하였다. 지역케어 추진은 지방분권, 지방자치와 깊이 관련되어 있으며, 지역복지와의 연계 또한 중시되고 있다.

지역케어 추진 정책은 「개호보험법」「장애자자립지원법」과 같은 제도에 포함된 일부분이다. 이러한 제도에서 지역케어 정책이 왜 선택

역자주

● 2000년부터 실시된 개호보험사업계획은 3년마다 수정, 개선하게 되어 있어서 2006년부터 2008년까지가 제3기 계획이 되고 있다. 제3기 계획 수립은 2005년에 이루어진 대폭적인 개호보험제도 개혁을 시정촌에 침투시키는 계획이었다. 즉, 2005년의 지역밀착형 서비스의 도입 등 대폭적인 제도 개혁을 통해 지역복지와 밀접한 관련을 가지는 계획 내용으로 바뀌게 되는 것이다.

되었는가. 제도상에 자리매김하면서 지역케어는 지역복지에 무엇을 요구하고 있는가. 이를 통해 대상별 복지 제도는 어떤 유용한 영향을 받게 되는가. 그 결과, 지역케어 재원을 이용한 지역복지 실천으로의재정적 지원이 가능한가. 이러한 구조를 해명하는 것이 오늘날의 새로운 과제다.

지역케어 추진과 지역복지 상호작용

이상과 같은 문제의식을 가지고 지역케어 추진과 지역복지의 상호작용적 순환을 도식화한 것이 [그림 1-4]이다. 우선 (A)의 지역케어 정책이 나오게 된 배경에는 대상별 케어에서 지역생활지원 케어로의 전환 및 이행 요구가 있었다. 재원 문제라는 점에서도 지역케어 정책

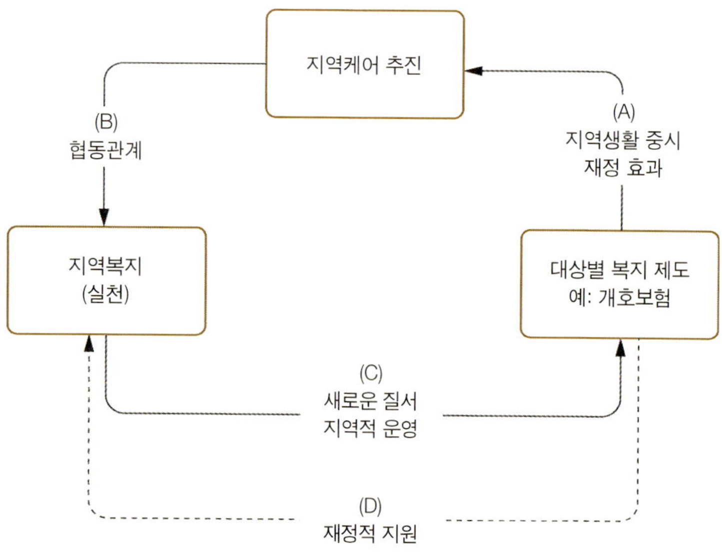

그림 1-4 지역케어 추진과 지역복지의 상호작용

이 시설케어로의 압력을 완화할 것으로 기대되었다. 지역케어나 지역생활 지원은 요개호 상태에 있거나 장애가 있더라도, 익숙한 지역생활 속에서 개개인이 자신의 삶을 영위할 수 있도록 마련된 프로그램이다. '지역밀착'이나 '지역생활'과 같은 표현에서 알 수 있듯이, 프로그램 내용은 일상생활상의 어려움 지원 및 폭넓은 사회 참여를 통한 지역생활의 질 향상이다. 즉, 「사회복지법」 제4조 '지역복지의 추진'에서 규정하는 '지역사회를 구성하는 일원으로서 일상생활을 영위하고, 사회, 경제, 문화 그 외 모든 분야의 활동에 참여하는 기회를 얻을 수 있도록' 하기 위한 것이다. 이러한 사업이 성공하기 위해서는 지역주민의 참여가 필요하며, 그런 의미에서 지역복지 프로그램이 된다. 이들 서비스 운영에 있어서도 지역주민 참여가 지향되는 점에서 지역복지와의 연계가 필요하며, (B)의 협동을 통해 그러한 연계가 이루어진다.

이상과 같이 지역케어는 지역생활을 중시하기 위함일 뿐만 아니라, 제도의 지속성이라는 재정적 절약을 위한 정책으로 추진되기도 한다. 지역케어가 시설 입소를 억제하여 재정 절약 효과를 낸다는 것이다. 정부가 재원을 충당하는 개별 급여와 달리 지역케어의 일부 재원은 시정촌이 확보해야 하므로 정부 재정을 절약하는 효과가 있다. 지역케어사업의 경비 경감책으로 지역복지가 기대되고 있는 것이다.

지역복지를 활용하여 재정 절약을 꾀하는 방식은 예전부터 존재해 온 과제로, 정책적 논의에 있어 비판적으로 다루어졌던 지역복지의 보충적·대체적 부분이다. 그러한 논의 속에서 지역복지정책은 사회복지 제도의 충실성을 저해하는 것으로 간주되었으며 지역복지정책 연구 또한 등한시되었다. 이 책에서는 지역복지 추진을 둘러싼 정책 환경의 양면성(지역생활 중시와 재정 절약)을 인식하면서, 지역케어 추진에서 대상별 복지 제도의 정책 환경 변화를 적극적으로 다룬다.

제도복지에 대한 지역복지의 피드백

지역복지 실천은 보충적·대체적 위치에 그치지 않는다. 지역케어와의 협동에 따라서는 시정촌 및 일상생활 권역에서 대상별 복지 제도의 지역밀착형 운영 방식의 구축을 기대할 수 있다. 이러한 가능성을 [그림 1-4]의 (C)의 화살표로 나타낸다. 개호보험 제도의 새로운 운영 방식을 보면, 권역 단위의 지역밀착형 서비스가 중심이 되는 지역복지 전개, 예를 들면 지역지원사업의 개호예방 프로그램, 요개호고령자의 지역생활의 질을 높이는 지역주민과의 관계 고려 등이 있다. 소규모 다기능 거택개호가 지역밀착형으로 기능하도록, 정부는 일상생활권역의 설정과 같은 공간적 정비를 개호보험사업계획에 요구하고 있다. 권역마다 지역밀착형 서비스를 정비하여 권역 내에서 수요과 공급을 이루는 자기완결 시스템이 지향되고 있는 것이다.

이러한 '공간' 계획 방식은 정부의 공간정비에 따른 비용 교부라는 유도책으로 추진된다. '지역개호·복지공간정비' 교부금은 권역별로 지역밀착형 서비스 등의 정비 계획을 세운 시정촌(보험자)에 우선적으로 배분된다. 정부는 시정촌 간 경쟁적 자금 배분이라는 정책 환경을 창출하여 지역 분권적 지역케어를 추진하고 있다(平野隆之, 2006b).

지역복지와 협동한 지역케어에는 주민 참여뿐 아니라 사업의 지속성도 기대된다. 그런 의미에서 (D)에 나타낸 지역복지 실천에 대한 재정 지원이 필요하다. 예를 들면, 개호보험의 지역지원사업이나 장애인복지 분야의 지역생활지원사업에 할당된 재원이 지역복지 활동과의 협동을 통해 지역복지 재원으로 활용될 가능성이 있다(제6장 3절에서 구체적인 내용을 소개한다). 지역생활지원사업의 재원은 정부 예산에서 재량적 경비에 해당하므로, 사업 실적 전부가 보전받게 되는 것은 아니다. 무원칙적인 사업 규모의 확대는 시정촌의 재정 압박으로 이어지게 된다. 지역생활지원사업은 독자적인 서비스 개발을 통해 복지자원의 지역 격차를 해소하고 지역 특성을 중시하는 정책 수단이므로, 지역복지와 협동을 모색할 필요가 있다.

사회복지협의회의 위치에서 보면

지금까지 보아 온 '정책으로서의 지역복지 추진'을 현실감 있게 검토하기 위해, 「사회복지법」에서 지역복지 추진 전문 단체로 규정한 사회복지협의회를 중심으로 살펴본다.

[그림 1-4]의 지역케어 추진을 매개로 한 대상별 복지 제도와 지역복지의 협동은 사협 조직의 현실적 과제로 등장하고 있다. 1980~1990년대의 좁은 의미의 지역복지 추진 정책(국고보조사업)의 대상은 사협이었다. 이후 사협 직원의 인건비 부분이 보조금에서 교부금으로 바뀌고, '후레아이마을만들기사업'과 같은 지역복지 추진 프로그램이 사협 강화를 위해 실시되었다. 2000년 「사회복지법」 개정 후 지역복지 권리옹호사업이 사협의 기반정비 프로그램으로 도입되었으나, 앞서 말한 것처럼 정부 차원의 새로운 지역복지 추진 프로그램은 제시되지 않고 있다.

한편, 개호보험 제도의 도입 준비 기간인 1990년대 후반에는 재가복지서비스 공급 조직 육성을 위해 보조금을 통한 '사업형 사협'으로 전환이 유도된다. 개호보험 제도의 개시 이후, 사협의 조직 환경은 크게 변하여 사협 사무국 직원의 대부분을 개호보험사업의 직원이 차지하고 있다. 사협의 개호보험사업 경영에 따른 재정 안정화는 지역복지 추진의 재원 확보라는 선순환을 형성하였으나, 지역복지 추진과 개호보험사업 간 협동관계 내실화는 이루어지지 않고 있다. 2005년 개호보험 제도의 개정으로 도입된 지역밀착형 서비스나 지역지원사업과 같은 지역케어에 사협이 참여하여 지역복지와 연계를 강화할 수 있는 환경이 마련되었지만, 전반적으로 개호 수가가 절하되어 협동관계와 재정 확보의 양립적 순환은 어려운 상황이다.

또한 지역복지 추진 정책의 일환인 공공행정의 지역복지계획이 사협의 역할에 큰 영향을 주고 있다. 이전에는 지역복지계획 수립에서 사협이 주도적 역할을 하였지만, 공공행정의 지역복지계획이 등장한 이후 시정촌에 따라서는 사협이 역할을 발휘할 수 없는 상황이 발생하기도 한다. 이러한 가운데 지역복지 재구축의 논의에서 소지역 내의 '상호 지원' 체제를 위한 사협 강화의 필요성이 제시되고 있다.

사협의 경영상 문제로 지역케어 추진과 지역복지 활성화가 균형을 이루는 것에는 한계가 있다. 그러므로 (D)의 재정적 지원 가능성에 대한 모색이 중요하다. 실제로 사협은 정책으로서의 지역복지 추진과 관련한 여러 문제에 직면하고 있다. 이러한 현실적 문제를 어떻게 풀어갈 것인가에 대해서는 뒤에 언급한다.

제3절 지역복지 추진 정책과 협동

1. 지역복지 추진에 있어서 제도복지와 지역복지의 협동

협동화와 종합화의 차이

「사회복지법」은 제도로서의 사회복지와 지역복지 간의 관계를 충분히 설명하지 않고 있다. 「사회복지법」 제1조의 '지역복지=지역에서의 사회복지'라는 규정에서 보면 지역복지는 대상별 종적 복지 제도가 지역을 기반으로 종합화되는 것이며, 그것이 진행되는 것이 지역복지 추진이다. 그에 따라 대상별 복지 제도와 지역복지의 연결이 지역을 기반으로 한 '종합화'로 이해되었고, 그 구체적 방법으로 지역복지 계획이 제시되었다.

그러나 제1절과 제2절의 정책 구조 분석에서 드러난 것처럼, 지역복지의 추진 정책은 지역복지에 의한 종합화라는 정책 목표를 달성하지 못하고 있다. 따라서 필자는 이와 같은 지역을 기반으로 한 종합화를 지역복지 추진의 목적 개념으로 인정하면서도, 방법상의 개념으로는 사용하지 않는다. '사회복지'보다 좁은 개념인 '사회복지 제도'(법률에 의한 사회복지)를 사용하고, 자발적인 사회복지를 지역복지로 한정하여[2] '지역에서의 사회복지=대상별 복지 제도의 지역 보급+지역복지' 라는 관계로 파악한다. 대상별 복지 제도의 지역 보급은 사회복지 제도가 구체적인 지역 공간에서 프로그램으로 운용되어 보급됨을 의미한다. 지역마다 다른 논리로 등장하는 지역복지가 지역에서 보급되는 제도를 보완한다는 것이다. 지역복지가 대상별 복지 제도와의 관계에서 단순히 병렬적이거나, 보완적 관계에 그치는 것은 아니다. 새로운 협동관계 형성이라는 것은 더하기(+)보다 곱하기(×)의 의미로 해석될 필요가 있다.

지역복지 개념은 사회복지 제도와 상대적 비교가 가능하다. 사회복지와 상대적인 관점에서 지역복지의 독자적 영역이나 사회복지와의 협동적 위치 관계가 명확히 제시될 수 있다. 단, 사회복지와의 상대성은 사회복지 제도적 측면에 한정한다.

지역복지는 사회복지와 대립한다기보다 사회복지 안에 존재한다.

사회복지가 제도화의 길을 추진해 왔다면, 지역복지는 제도화와 다른 새로운 복지의 길을 개척해 왔다. 이 점에서 참고가 되는 것이 『사회복지법 해설』(중앙법규)의 편집 대표자인 후루이치(古都賢一)의 지역복지 시스템(그림 1-5)이다.

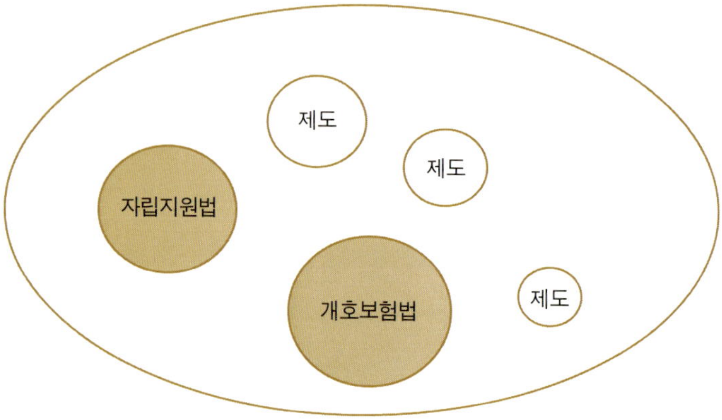

그림 1-5 지역복지의 시스템

자료: 후루이치(古都賢一) 작성

지역복지 시스템 안에는 다양한 사회복지 제도가 운용되고 있는데, 각각의 제도 사이에 존재하는 문제(제도의 사각지대에 놓인 문제)에 대응하는 것이 지역복지이다. 타원이 하나의 지역 공간을 나타낸다고 한다면, 제도의 각 원은 제도가 운용되어 형성된 자원으로 간주할 수 있다. 그 제도적 자원과 지역복지 사이의 영역에서 어떤 일이 일어나는가? 앞 절에서 언급한 협동적 관계의 내용을 가정해 보면, 제도적 자원과 지역복지 사이에서 일어나는 협동도 하나의 자원을 형성하게 되고, 그러한 자원이 지역복지 시스템 안에 축적되게 된다.

지역에서의 문제 해결 방법 또는 문제 해결을 위한 프로그램 방식에서 사회복지 제도와 지역복지의 대조적 관계를 후루이치는 다음과 같이 정리한다.[3] 첫째, 사회복지 제도보다 지역복지는 창의적 요소가 강해 행동이나 사고방식에 구애받지 않는 자유로운 문제 해결이 가능하다. 반면에 시간이 걸리는 등 효율성은 높지 않다. 둘째, 사회복지 제도의 '산출 기능' 주도형 문제 해결과 비교하면, 지역복지는 '투입 기능' 주도형의 문제 해결 방식을 취한다. 그런 점에서 지역복지의 참여 주체인 주민에게 문제 해결에 참여했다는 달성감은 중요한 동기가 된다. 이 부분은 사회복지 제도에서 전문직이 의무감을 축으로 움직이는 것과 다르다. 셋째, 전문직의 전문성 중시는 문제를 세분화하고 그에 따른 사회적 비용을 증가시키지만, 지역복지는 전문 분화가 아니라 지역에 의한 통합화 및 지속성을 추진한다.

제도복지와 지역복지의 협동관계 전제

후루이치의 정리는 사회복지 제도와 지역복지의 협동적 관계의 필요성을 나타낸다. 이 정리를 발전시킨 것이 〈표 1-1〉이다. 사회복지 제도와 지역복지의 특성을 후루이치의 3분류에 따라 조직체제, 운용방법, 기반이 되는 가치·특성으로 구분해 보면, 양자의 협동 필요성은 더욱 명확해진다.

관료제 조직하에서 사회복지 제도의 구조는 대상에 대한 급여 자격을 중시한다. 그 결과 획일적인 복지서비스가 제공될 가능성이 크다. 획일적인 복지서비스 제공은 제도에 대한 의존이나 제도적 틀에 맞춘 개인의 정체성 상실 등의 문제를 가져올 수 있다. 이러한 사회복지 제도의 구조가 만드는 문제점에 대응하고자 하는 것이, 주체의 사명감에 의한 자발적 시행을 중시하는 지역복지의 의의다. 하지만 자발성에

〈표 1-1〉 사회복지 제도와 지역복지의 특성 비교

	사회복지 제도	지역복지
조직·구조	관료 조직	커뮤니티
	시스템	미션·합의
	공공행정(집행)	참여(실천)
운용 방법	대상(자격 부여)	주체(조직화)
	성과 달성	프로세스 중시
	대상지역 大·단기적 해결	대상지역 小·장기적 해결
기반이 되는 가치·특성	전문성	자발성(의식성)
	의무감	달성감
	보편성	지역성
	안정적(획일성)	실험적(유동성)

자료: 히라노(平野隆之, 2008c) '日韓地域福祉計画における共同研究の意義と可能性'『社会福祉論集 特集日韓地域福祉の比較』日本福祉大学社会福祉学部·福祉社会開発研究所.

의한 장기적 해결을 지향하기 때문에 직접적인 문제 해결로 바로 이어지기는 어렵다. 또한 장기간 지속하는 구조의 확보는 간단하지 않기 때문에 지역복지사업은 유동성이 크다.

이 정리는 지역복지의 독자성을 강조하기보다는 사회복지 제도와 협동하면서 지역복지가 확대·발전해야 함을 주장하기 위한 것이다. 새로운 '정책으로서의 지역복지 추진'을 위해서는 양자의 대립 또는 어느 한쪽이 종합화를 추진하는 것이 아니라, 각각이 자율적으로 협동하는 관계가 이상적이다. 따라서 지역복지의 독자성을 확보하면서 사회복지 제도와의 협동 모델을 제시하는 것이 지역복지 추진의 과제다.

2. 지역복지 개념의 확장과 이 책의 입장

지역복지의 개념 확장

지역복지 추진을 둘러싼 정책 과제에 대응하기 위해 지역복지 개념이 확대되고 있다. 이것은 이전의 지역복지 개념에 무엇을 포함할 것인가라는 지역복지 구성 요소의 논의와는 다르다. 오늘날의 지역복지 개념의 확대 논의는 지역복지 그 자체에 대한 합목적적인 규정 때문이라기보다, 지역복지 추진을 둘러싼 정책 환경의 변화를 계기로 나타나고 있다.

우선 주목되는 것이 다케가와(武川正吾, 2006)가 제기하는 '지역복지의 주류화'이다. 지역복지의 주류화라는 새로운 키워드를 슬로건으로 내세워 지역복지를 통한 사회복지정책 제반의 질서 형성을 주장한다. 여기서는 지역사회에서 공공정책의 우선순위가 커뮤니티 형성에서 지역복지로 변화하는 상황을 염두에 둔 정책 개념의 확대를 강조한다. 또한 지역복지계획이라는 정책 수단은 지역 차원에서의 공공정책과 지역복지를 연결하는 것으로 평가되었다.

지역복지정책의 개념 확대를 주장하는 토치모토(栃本一三郎, 2006)는 지역에서의 복지정책이라는 성격을 강화할 것을 제안한다. 지역복지 추진의 수단인 지역복지계획은 계획 차원이나 정책 차원에서 영향력이 없다. 따라서 종래의 '지역복지'만이 아니라 고용이나 지역경제까지도 염두에 둔 정책을 전개해야 한다고 강조한다. 지역 차원에서 각종 사회보장 제도를 통합하여, 지역만이 할 수 있는 사회보장을 실현한다는 일종의 지역사회정책이라고 할 수 있다. 마찬가지로, 노구치(野口定久)는 『지역복지론-정책·실천·기술의 체계』(2008, ミネルヴァ

書房)에서 지역 분권에서 과제가 되고 있는 지역 재생을 지역복지정책의 범위 안에 넣고 있다.

이처럼 지역복지정책에 대한 기대 속에서 지역복지의 개념 확대가 논의되고 있다. 필자는 이러한 지역복지의 연구 동향을 긍정적으로 평가하면서도, 지역복지(정책)의 개념을 확대한 지역복지 추진 개념의 사용에는 금욕적인 태도를 취하고자 한다. 따라서 이 책에서의 지역복지 추진 개념은 사회복지 제도와의 협동관계에 한정하고, 지역복지의 독자적 자발성을 살린 실천의 지속을 지역복지 추진으로 중시한다.

지역복지 추진 연구에 대한 입장

제1장을 끝내면서 지역복지 추진 연구에 대한 필자의 견해를 정리해 본다. 첫째, 현행 지역복지 추진 정책 수단(국고보조에 의한 지역복지 추진과 지역복지계획)이 통합적으로 기능하지 못하는 상황에서 국고보조사업 강화와 지역복지계획의 의무화는 그 개선책이 될 수 없다. 지역복지 추진은 국가 정책에서 시작되는 것이 아니다.

둘째, '연구회'가 제시한 지역복지 추진 정책 구조의 재구축 방안에서 지역복지의 범위를 단계적으로 설정하고, 각각의 정책 과제를 단계적으로 종합하는 방법은 적절하지 않다. 연구회가 제시한 "2. 공적인 복지서비스에서도 지역복지의 관점에서 제도나 운용의 탄력화, 개선을 꾀한다."라는 정책과 "3. 현행 지역복지 시책에 새로운 지역복지 추진을 위한 정합성을 취하도록 수정한다."라는 정책에서 지역 내 상호작용을 시야에 넣은 지역복지 추진의 재구축을 꾀할 필요가 있다.

셋째, 지역케어 추진에서 지역복지의 역할이나 지역복지 추진에서의 지역케어의 역할을 명확히 하여, 지역복지 실천에서 시정촌 행정의 책임성 및 합리성을 적극적으로 제기할 필요가 있다. 대상별 지역케어 추진에서 발생하는 문제 인식을 통해 공공행정이 지역복지의 과제를 인식하는 것은 중요하다. 제도가 대응할 수 있는 문제와 대응할 수 없는 문제로 나누어, 후자를 지역복지 과제로 보고 공공행정의 책임을 명확히 한다는 논리는 적절하지 않다. 오히려 지역복지와 사회복지 제도의 협동관계라는 맥락에서 시정촌의 지역복지 추진 동기를 확인해야 한다.

넷째, 정책 과제에 대응하는 가운데 지역복지 그 자체의 개념이 확대된다고 보는 견해다. 지역복지 개념 확대의 시도는 평가하지만, 이 책에서는 개념의 확대 노선을 취하지 않는다. 또한 대상별 복지의 종합화라는 지역복지정책의 확대도 추구하지 않는다. 정책적인 규정과는 별개로 지역복지의 공간적 특성을 중시하는 뜻에서, 그 공간을 '용기'로 표현하고 용기 안에 담기는 내용으로 협동적 실천을 지향한다. 이에 대해서는 제3장의 '지역복지의 용기'에서 상세히 소개된다.

원서 후주

1 후생노동성 파악에 의하면 2010년 현재 일본 전국의 지역복지계획 수립률은 48.5%로, 1,750개 시정촌 중 850곳이 계획을 수립하고 있다. 제2기 계획의 경우 194개 시정촌(11.1%)에 그치고 있다.

2 오카무라(岡村重夫, 1983) 『社会福祉原論』(全国社会福祉協議会)는 법률에 의한 사회복지와 자발적 사회복지를 구분해서 정리하고 있는데, 여기에서는 제도적 복지와 자발적 복지로 사용한다.

3 후루이치(古都賢一)의 정리를 비공식적인 개념 수정 문맥과 관련지어 소개한다. 平野隆之(2007c) 'インフォーマルな福祉活動の現状と課題' 『月刊福祉』(全国社会福祉協議会).

제 2 장

상향식 지역복지 추진

제2장
상향식 지역복지 추진

정부의 지역복지 추진 정책 구조를 다루었던 제1장과 달리, 제2장은 지역에서 발생하는 자발적 실천으로부터 시작되는 지역복지 추진 형태를 다룬다. 이것을 상향식(bottom-up) 지역복지 추진으로 표현하고, 그 중심 개념을 지역복지 프로그래밍에서 찾는다. 이 개념은 지금까지 지역복지론에서 서비스 개발이나 자원 개발로 표현되어 온 것과 유사하나, 여기서는 상향식 지역복지 추진을 설명하는 데 초점을 둔다.

[그림 2-1]은 2장의 기본 구성 내용을 제시한다. 도식화를 통해 지역복지 추진을 가능한 가시화하여, 지역복지 추진의 역동성을 이해할 수 있도록 하였다. 상향식 지역복지 추진의 주요 개념인 지역복지 프로그래밍은 화살표로 표현하는데, 시작점과 방향성을 제시하고 힘과 크기도 나타낸다.

제1절에서는 이 지역복지 프로그래밍의 개념을 ① 자발적 실천의

해석, ② 프로그램 조립, ③ 조립 과정에서의 합의 형성 매니지먼트로 단계적으로 정리한다. 이것은 지역복지 실천, 계획화 및 사업화, 정책화의 현장에서 필자가 지금까지 관찰해 온 것을 토대로 해석하고 조립한 개념이다.

개별 실천 프로그래밍을 다루는 제2절에서는 상향식의 출발점이 되는 자발적 실천을 주체(S)와 주체가 선택하는 프로그램(P)으로 분해하여 그 순환 구조(S ⇔ P 모델)를 파악한다. 이 모델을 이용하여 실천의 파급효과 및 지역복지 추진의 누적성을 이해한다.

제3절에서는 S ⇔ P 모델이 지역에서 누적되는 과정에서 등장하는 지역복지계획을 다룬다. 지역복지계획의 계획 간에 주목하고, 그 속에서 전개되는 지역복지 프로그래밍의 메커니즘을 분석한다. 여기서 다루는 지역복지계획은 [그림 1-1]의 정책 수단으로 등장하는 지역복지계획과는 명백히 역할이 다르다. 여기에서의 지역복지계획은 상향식 지역복지 추진의 중요한 실천 방법이며, 정책 수단으로서 내재적 가능성을 지닌다. 실천과 정책을 매개하는 계획공간의 매니지먼트에 대해서도 언급하는데, 지금까지 관리나 운영이라는 용어로는 표현할 수 없었던 기능을 '매니지먼트'를 통해 제시한다.

제1절 상향식 추진과 지역복지 프로그래밍

1. 자발적 실천의 프로그래밍

보급이 아닌 개발

제1장의 지역복지 추진 정책 수단(그림 1-1)에서는, 지역복지 프로그램(국고보조사업)과 지역복지계획을 통한 정부의 지역복지 보급을 보았다. 제2장에서는 정부의 지역복지 보급과는 반대되는 방향성, 즉 지역 현장의 자발적 실천에서 시작되는 지역복지 추진을 파악한다. 이 방향성을 하향식(top-down) 보급 벡터와 구분하여, 상향식(bottom-up) 지역복지 추진을 위한 개발 벡터로 명한다. 이것을 도식화한 것이 [그림 2-1]의 지역복지 프로그래밍 순환이며, 제2장의 상향식 지역복지 추진 구조의 기본 모델이 된다. 이 기본 모델의 상세 구조가 [그림 2-2]이며, 제2절과 제3절에서도 부분적으로 이 기본 모델이 제시된다.

우선, 개발 모델은 제도 외의 욕구를 해결하려는 자발적인 실천에서 시작된다. 아무것도 없는 상황에서 지역복지 프로그램 개발이 진행되는 것은 아니다. 개발의 힌트나 모델이 자발적 실천 속에 존재하고 있다. 자발적 실천 안에 숨겨진 지역복지의 요소가 해석되어, 프로그래밍 과정을 거쳐 지역복지 프로그램으로 보급된다. 그리고 지역복지 프로그램의 기본적인 보급 모델은 제1장의 보급 백터를 통한 정책화의 흐름이 된다.

이처럼 상향식 지역복지 추진은 순환한다. 개발 벡터가 보급 벡터로 이행되고, 보급된 프로그램으로 해결되지 않는 새로운 욕구가 발생

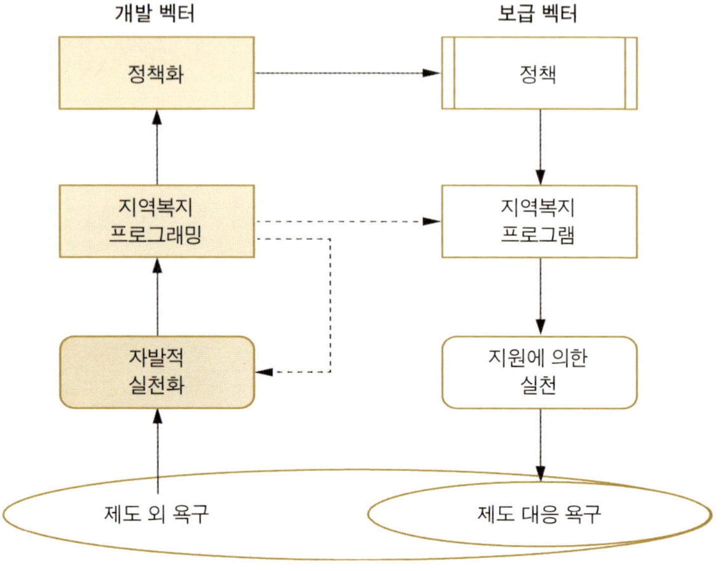

그림 2-1 지역복지 프로그래밍에 의한 순환

하면 또 다시 자발적 실천이 이루어진다. 정책화된 보급 프로그램으로 해결할 수 없는 문제나 욕구가 발생하면, 그에 대한 새로운 실천이 생성되는 것이 지역복지 추진이다.[1]

제1장에서 소개한 것처럼 지역복지 추진을 둘러싼 정책 환경은 지역복지 프로그램 보급에 강한 영향을 주고 있다. 하지만 정책 동향에만 주목하여 그 배후에 있는 상향식 지역복지 추진의 움직임을 보지 못한다면, 지역복지 추진의 본질을 잘못 파악하게 된다. 개발 벡터라는 것은 제도 외의 욕구에 대응하기 위해 자발적 실천에서 시작된 프로그래밍 과정으로, 지역복지 추진의 원동력이다. 다음에서는 상향식 지역복지 추진의 기반이 되는 지역복지 프로그래밍 기능에 주목해 본다.

자발적 실천: '주체'의 요소

순환의 출발점에 존재하는 것이 자발적 실천이다. 이것이 상향식 지역복지 추진의 전제 조건이다. 여기서 말하는 실천은 실천 주체가 문제 해결의 필요성에 따라 개발한 프로그램이다. 자발적이라는 것은 정책이나 제도에 따른 유도, 위탁이 아니라 주체에 의한 자주적인 선택을 의미한다. 지금까지 실천 주체와 그 주체가 선택한 프로그램을 명확히 구별하지 않았기 때문에 프로그래밍을 통한 자발적 실천의 보급이 경시됐다. 프로그램 보급만을 위한 목적으로 주체를 조직화해 온 지금까지의 지역복지 추진 방식은 지양될 필요가 있다.

자발적 실천이 처음부터 지역복지를 인식하고 시작되는 것은 아니다. 선택에서 시작한다는 점에서 구체적인 실천 내용에 대한 명확한 인식은 존재하지만, 지역복지 개념에 맞는 실천으로는 인식되지 않는다. 지역복지 프로그램일지라도 실천자는 자발적 실천의 지역복지 프로그램 성격에 대해 알지 못한다. 예를 들어, 지역복지계획 수립 과정에서 이러한 프로그램 성격을 해석하고, 계획화를 통해 보급한다고 하자. 그러면 이러한 과정을 거치는 가운데 실천자는 이를 지역복지 실천으로 인식하게 된다. 이처럼 자발적 실천이 공공행정의 프로그램으로 이행하는 것은, 그 실천이 제도복지에서 대응하지 못하는 문제에 대한 해결의 시도라는 것을 사회적으로 '승인'하는 것이다. 또한 자발적 실천은 지역주민에 의한 실천만이 아니다. 전문기관에 의한 자발적 실천도 존재한다. 자발적 실천이라는 점에서 양자는 동등하며 서로 영향을 주게 된다.

이 자발적 실천의 프로그램화(그림 2-1)는 자발적인 실천에서 선택된 프로그램 → 지역복지 프로그래밍 → 지역복지 프로그램이라는 단계를 거치게 된다. 프로그래밍 전에 존재하는 프로그램은 주체에 의해 자발적으로 선택된 것이며, 지역복지로 자각되지 않은 프로그램이다. 이것이 프로그래밍을 통해 지역복지 프로그램으로 재인식되는 것이다.

지역복지 프로그래밍

지금까지 지역복지 연구에서 '개발'이라는 개념은 중요한 역할을 해왔다. 특히 지역복지가 제도복지로 해결할 수 없는 문제에 대응한다는 점에서, 문제 해결을 위한 자원 개발이 지역복지의 사명으로 자리매김하여 왔다. [그림 2-1]에서 개발이라는 벡터의 명칭을 사용한 것도 그 때문이다. 다음에서는 프로그래밍이라는 개념을 이용하여 개발을 정리한다.

'지역복지 프로그래밍'은 지역복지 추진을 나타내는 중요한 개념의 하나이며, 상향식 지역복지 추진의 원동력이다. 프로그래밍은 3단계로 나눌 수 있다. 제1단계는 제도 외의 욕구에 대응하는 자발적인 실천들에 내재하는 지역복지적 요소의 '해석' 단계이다. 해석은 자발적인 실천에서 지역복지 프로그램 요소를 추출하여, 그 요소를 다른 실천자가 재현할 수 있도록 대강의 줄거리, 일종의 레시피•를 제시하는 것이다.

제2단계는 해석된 '실천의 레시피'를 바탕으로 실제 프로그램으로 '조립'하는 단계이다. 자발적인 실천을 바탕으로 한 지역복지 프로그래밍의 조립에는 세 가지 벡터가 존재한다. 이 세 가지 벡터는 프로그래밍 내용을 활용하는 주체와 실시 방법에 따라 분류된다. 정책으로 연결되는 정책화 벡터는 실천이나 지원책이 축적되는 가운데 정부(또

역자주

• 레시피(요리법, recipe)라는 표현에는 기존의 매뉴얼 제시에서 느껴지는 일종의 획일성을 배제하고자 한 필자의 의도가 담겨 있다. 같은 레시피라고 해도 요리사에 따라 다양하게 응용되는 것처럼, 실천자가 자신의 지역 상황에 맞게 다양하게 응용할 수 있다는 이미지를 부여하고자 하였다.

는 광역지방자치단체)의 정책으로 이행됨을 의미한다. 정책화된 프로그램은 보급을 촉진하는 보조금과 함께 시정촌에 하달된다. 다음은 정책화를 거치지 않고 지역복지 프로그램이 되는 벡터다. 시정촌이 계획의 장 등에서 프로그램화(사업화)하는 형태이다. 마지막으로 자발적 실천화의 벡터인데, 공공행정의 관여 없이 개별적 실천이 다른 실천자를 통해서 파급·확대되는 것을 의미한다. 이처럼 지역복지 프로그램의 조립은 ① 정책화, ② 시정촌 차원에서의 사업화, ③ 실천자 차원의 해석을 통한 프로그램 시행이라는 세 가지 다원적 경로를 지닌다.

제3단계의 프로그래밍에는 프로그램 조립 과정의 원활한 실시를 위한 주체들 간 '합의 형성'이 포함된다. 이를 위해서는 지역복지 프로그램의 조립 과정에 실천을 담당할 구성원들의 합의 형성의 장(場)이 필요하다. 또한 지역복지 프로그래밍에는 그러한 장의 조직적인 매니지먼트가 요구된다. 여기서 말하는 장과 장의 매니지먼트 개념으로 이타미(伊丹敬之, 2005)의 정의를 인용하면 "장이라는 것은 사람들이 참여하여 의식·무의식 속에서 상호 관찰하고 의사소통하며 이해하는 등, 상호작용하며 상호 간에 심리적 자극을 주는 상황의 틀이다. 이 틀은 사람들 간에 정보의 상호작용과 심리적 상호작용의 용기"다. 장의 매니지먼트는 조직 안에 다양한 장을 생성해 내고, 그 장들이 기능하도록 조직을 경영하는 것으로 정의된다.

다음에서 언급하는 지역복지계획 수립의 장은 지역복지 프로그래밍을 단번에 행할 수 있는 가장 효율적·효과적인 장이다. 공공행정의 지역복지계획이 등장하기 전에는 사회복지협의회가 지역복지활동계획이나 지역복지발전계획 등의 이름으로 그와 같은 지역복지 프로그래밍의 장을 만들어 왔다. 오늘날, 행정계획으로서 지역복지계획이 주체 간 상호작용의 장을 제공하는 사례 중에는 사협의 장 만들기에서 비롯된 경험이 영향을 준 예가 많다. 이러한 과정을 거쳐 [그림 2-2]의 벡터가 목표로 하는 것은 신규 실천으로서의 지역복지 프로그램• 이다.

역자주

• 일반적으로 '서비스'라는 용어는 서비스 형태나 내용을 규정하고, 그 제공 조직 또는 기준을 논하는 용어로 유용하지만, 이 책의 지역복지 프로그래밍과 같이 그 자체를 개발하거나, 내용을 개선하거나 하는 과정을 표현함에 있어 적절하지 않은 것으로 여겨진다. 다양한 프로그래밍 과정을 표현하기 위해서 지금까지 복지 영역에서 사용해 온 서비스라는 용어를 이 책에서는 사용하지 않는다.

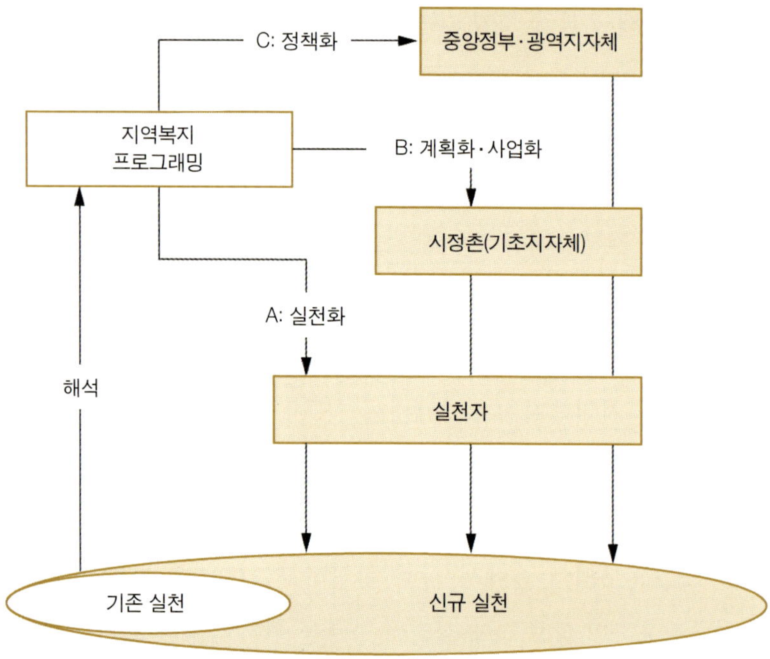

그림 2-2 지역복지 프로그래밍 방향

2. 프로그래밍에서의 해석(読み解き)과 조립(組み立て)

지역복지 프로그래밍의 세 가지 벡터

기존 실천의 '해석(読み解き)'을 거쳐 프로그램화하는 '개발 벡터'는

[그림 2-1]에서는 정책화를 지향하는 것으로 제시되었다. 그러나 [그림 2-1]의 점선에서 나타낸 것처럼 정책화를 지향하지 않는 사업화나 실천화에 의한 순환이 존재한다. 여기에서는 이 두 가지 벡터도 포함해 지역복지 프로그램 '조립(組み立て)'의 세 가지 벡터를 다룬다. [그림 2-2]에서 지역복지 프로그램의 조립을 나타내는 세 가지 벡터는 A: 실천 조직에 의한 실천화, B: 시정촌(市町村)에 의한 계획화·사업화, C: 도도부현(都道府県)이나 정부에 의한 정책화다. 이들 세 가지 벡터는 동등하게 다루어진다. 즉, 시정촌의 프로그램화보다 정책화가, 실천 조직에 의한 실천화보다 시정촌 계획화가 더 유효하고 가치 있는 방법이라고 보지 않는다.

단, A, B, C 벡터는 단계적인 관계에 있다. 일반적으로 A의 실천이 축적된 뒤 B가 형성되고, B가 축적된 뒤 C의 정책화가 진행되는 실천화 → 사업화 → 정책화의 단계적인 상향 관계로 정리된다. 이러한 지역복지 프로그램 조립의 단계성이 상향식 지역복지 추진을 구현한다. 그러나 상향식이 모든 지역복지 실천의 사업화·정책화에서 가장 우선되는 가치는 아니라는 점에 유의해야 한다.

우선, A: 실천 조직에 의한 실천화는 주민 리더의 해석에 의한 실천화나, 케어 회의 등에서의 전문가 대응을 뜻한다. 주민 차원에서는 자발적 실천을 지원하는 주민 리더 간의 정보 교환 속에서 해석이 발생한다. 전문직 차원에서는 지역케어 회의 등 대상별 사례검토 회의가 새로운 자원 개발의 중요한 정보 제공 역할을 한다. 이러한 회의에 참석하는 보건사(保健師)• 나 케어매니저 등의 전문직에 의한 프로그래밍도 적지 않다. 또한 사회복지협의회 직원도 그러한 장을 활용하여 새로운 지역복지 실천의 의의와 보급 상황을 확인할 수 있다. 실천화 벡터의 구체적인 내용에 대해서는 'S ⇔ P 모델'을 이용해 제2절에서 설명한다.

역자주

•보건사(Public Health Nurse)란 소정의 전문교육을 받고 지역에서 건강교육, 보건지도, 질병예방, 건강증진 등 공중위생 활동을 행하는 지역간호 전문가다. 일본의 시정촌 보건사는 영유아, 임신부, 성인, 고령자, 장애인 등 폭넓은 연령층을 대상으로, 시정촌보건센터나 아동가정과, 고령자복지과, 국민보험연금과 등에서 주민에게 밀접한 보건복지서비스를 담당하고 있다.

다음으로, 실천 현장 차원에서 지방자치단체 차원으로 이행하는 것에 대한 내용이다. B: 시정촌에 의한 계획화·사업화에서는 계획담당자나 기획담당자가 프로그래밍하는 것이 일반적인데, 이 경우 지역복지계획 수립의 장을 활용하는 것이 유효하다. 하지만 계획 수립의 장에서 새로운 실천의 해석을 통한 프로그램 개발이 원활히 이루어지는 것만은 아니다. 지역복지계획의 장에서 프로그래밍이 원활하게 수행되도록 하기 위해 제3절에서 'A ⇒ B ⇒ A 모델'을 제시하고, 계획담당자나 기획담당자 이외에도 많은 참여자가 관계하는 실천 프로그래밍을 위한 장의 매니지먼트 방법에 대해 논하겠다.

마지막으로, C: 도도부현이나 중앙정부의 정책화다. 이것은 이미 말한 것처럼, A나 B의 프로그래밍 실적이 축적되어야 가능하다. 도도부현이나 중앙정부 차원의 심의회나 연구위원회가 해석을 통한 정책화의 장이 된다. 광역지방자치단체인 도도부현의 위치를 시정촌과 같은 위치로 두는 방법도 있지만, 여기서는 정책화의 주체로 도도부현을 설정한다. 중앙정부와 같이 도도부현도 지역복지 추진의 정책화를 담당해야 한다고 보기 때문이다(제1장 참조). 도도부현은 시정촌 간의 비교나 지역의 독자적인 자발적 실천을 집약하기 쉽다. 이러한 부분은 중앙정부와 비교될 수 없는 해석의 호조건이다. 이에 대한 방법론상의 검토는 제6장에서 다룬다.

상향식 추진의 의미

지역복지 프로그래밍의 특성은 정책화, 지방자치단체에서의 사업화 또는 그 전 단계인 실천화의 세 가지 벡터를 모두 중요한 프로그램의 '조립'으로 평가한다는 것이다.

[그림 2-1]의 '개발 벡터'는 프로그래밍 개념에서 상향식 지역복지 추진 벡터에 해당한다. 자발적 실천에서 시작되는 '해석'이 개발 벡터의 제1단계이다. 다음 단계는 프로그래밍 단계의 조립으로, A: 실천 조직의 실천화가 제일 먼저 등장하고, 다음으로 B: 시정촌에 의한 계획화·사업화, 마지막으로 C: 도도부현 또는 중앙에 의한 정책화가 등장한다. A, B, C 각각은 다원적인 관계 속에서 독자적인 지역복지 추진의 의미를 지닌다. 그리고 각각의 조립이 시행되는 단계에서는 그것을 담당하는 실천 조직의 합의와 참여가 필요하다. 이를 위해서는 조립 과정에서 '합의 형성'이 중요하며, 그러한 절차를 위한 장의 설정이 필요하다. 이처럼 A, B, C의 상향식 지역복지 추진을 위한 방법이 ① 해석, ② 조립, ③ 합의 형성이다.

제2절 개별 실천의 프로그래밍: 주체에 의한 선택

1. 개별 실천의 순환과 파급

활동 주체와 프로그램의 S ⇔ P 모델: 자발적 실천의 구조

[그림 2-1]에서 ① 제도 외의 욕구에 대응하는 자발적 실천은 개별적인 활동 주체의 실천으로 시작된다. 이들 자발적 실천이 상향식 추진을 할 수 있는 조건은 정책에 의해 유도된 실천이 아니라 제도에 앞서 문제 해결의 실천을 지향한다는 점이다. 이 절에서는 개별적인 실천의 기본 구조를 파악하고, 이러한 실천이 어떠한 경로를 거쳐 조직

적으로 확대되는지 또는 확대되는 가운데 어떤 식으로 계획적 추진이 등장하는지 등을 설명한다. 그러한 실천이 지역적·공간적으로 축적되는 메커니즘이 지역복지 추진 프로그래밍을 실체화한다.

개별적인 자발적 실천의 구조는 활동 주체(S)와 활동 프로그램(P)(이하, 프로그램(P))의 순환 관계를 기본으로 한다(그림 2-3). 이와 같이 S와 P를 구분하고, 그 역할을 명확히 하면서 종합적으로 실천을 조립하는 것은 지금까지 없었던 발상이다. 왜냐하면 서비스 자원 개발이라는 측면에서 주민·자원봉사자를 조직화하면서 활동 주체(S)와 프로그램(P)을 일체적으로 파악해 왔다. 활동 주체 안에 프로그램이 감추어지거나, 아니면 프로그램 안에 활동 주체가 감추어졌다. 참고로, 커뮤니티워크에서(제4장 참조) 활동 주체의 조직화와 서비스 자원의 개발을 구분하고는 있지만 순환의 관점은 약하다.

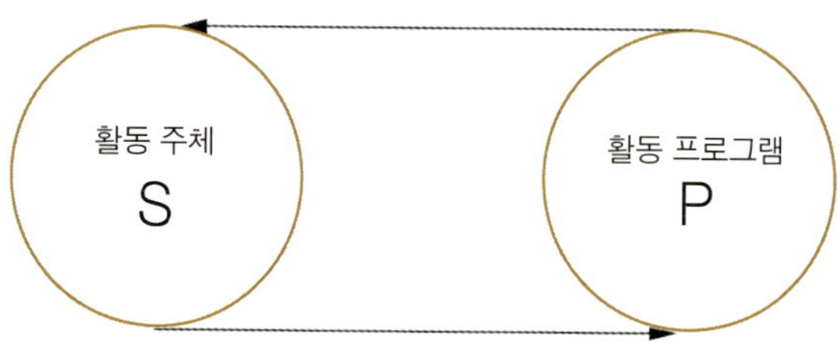

그림 2-3 개별 실천의 구조

[그림 2-3]의 모델에서는 활동 주체(S)와 프로그램(P)을 각각 독립된 존재로 두고, 활동 주체의 조직화를 자발적 실천의 기점(起点)으로 본다. 활동 주체(S)는 프로그램(P)의 선택 주체이며, 프로그램 실시 경험을 통해 그 주체가 다시 프로그램을 선택하고 실행하는 활동 주체가 되는 순환 구조가 형성된다. 프로그램(P)의 지속은 활동 주체(S)의 선

택에 달려 있다. 활동 주체가 강요에 의해 프로그램을 실시하는 경우에 계속적 실시는 기대할 수 없다. 그러므로 활동 주체(S)와 프로그램(P) 실시가 순환되는 구조를 'S ⇔ P 모델'이라 한다. 이제까지 지역복지 연구에서 강조해 온 '주민 주체' 또는 '주체성'의 개념은 이 모델에서 프로그램의 개발·선택·계속의 주체를 의미한다. 단, 이 단계는 자발성이 강조되므로 자각된 지역복지 실천이 아닌 부분도 포함한다.

S ⇔ P 모델에 의한 '해석'

이미 지역에 존재하는 실천을 S ⇔ P 모델로 해석하면 어떻게 될까. 주체 S는 어떠한 사람들로 구성되는가. 그 구성원들은 어떠한 문제에 대응해서 프로그램 P를 개발·실천하는가. 그 결과, P는 어느 정도 문제를 해결하였는가. S는 그 활동의 '달성감'을 느끼고 있는가. 그 달성감으로 S는 P를 얼마나 지속할 수 있는가. 지역복지 프로그래밍의 이해는 이 S ⇔ P 순환의 지속 가능성을 해석하는 것에서 시작된다.

경우에 따라서는 자발적 실천에 선행하는 어떤 시도가 있었는지도 모른다. 활동 주체(S_1)가 프로그램(P_1) 실행 경험에서 다른 프로그램(P_2)의 필요성을 인식하고, 그것을 실행하게 되었을 수 있다. 프로그래밍에서 해석되는 실천은 이 프로그램(P_2)일지도 모른다. 그런 경우에는 활동 주체(S_1)가 프로그램(P_1)의 실행 경험에서 프로그램(P_2)의 필요를 인식하는 과정에 대한 해석이 요구된다. 활동 주체(S_1)가 P_2의 지역복지로 자각한 프로그램으로 P_1의 프로그램을 발전시키려 한 배경에 대한 통찰이 필요하기 때문이다. 예를 들면, S_1의 소지역 복지 조직이 독거고령자 배식서비스 프로그램(P_1)의 실천을 통해 새로운 과제를 발견하고, 그 대응책으로 '독거고령자 모임 만들기'라는 새로운 프로그램(P_2)을 개발하게 된다. 지역복지 프로그래밍에서 지역복지를 자각하는 발전적 메커니즘을 해석하지 못하면, 그 지원 방식의 계획화나 정책화는 불충분한 형태로 이루어진다. 이 자발적 실천의 발전이 지역복지 추진의 기본 모델이 된다.

2. 지역에서의 파급적 구조

주체의 확대와 프로그램 보급

다음으로, 지역에서 S ⇔ P 실천이 집합적으로 존재하는 단계다. 여기에서 '집합'은 지역에 존재하는 S ⇔ P 실천의 수를 나타내는 양적인 의미가 아니라, 지역복지 프로그래밍을 통해 그 수가 증가하는 과정에서 개별 실천들이 상호작용하면서 파급되는 상태를 말한다. '상호작용'이란 활동 주체(S_1)가 새로운 프로그램(P_1 또는 P_2)을 개발하거나, 프로그램이 보급되는 가운데 새로운 활동 주체(S_2)가 등장하는 것이다. 예를 들면, 독거고령자 배식서비스 프로그램이 S_1, S_2라는 주민의 소지역 복지 활동에서 다른 주민의 소지역 복지 활동(S_3)으로, 또는 자원봉사자 그룹(S_4)이나 당사자 조직(S_5)과 같은 새로운 활동 주체를 확보하면서 확대 실시된다. 이러한 과정에서 앞서 언급한 지역복지 프로그래밍이 발생한다.

개별 실천의 순환에서 지역 차원의 주체나 프로그램 간의 파급 및 순환으로 발전하기 위해서는 프로그래밍의 3단계에서 소개한 '합의형성의 장'과 '장의 매니지먼트'가 필요하다. 이것은 지금까지 일반적으로 커뮤니티워크(community work)에 의한 조직화로 정리되어 왔다. 커뮤니티워커(community worker)의 지원에 대해서는 제4장에서 상세히 언급하므로 여기서는 장(場)의 구조에 대해 설명한다.

네트워크와 계획의 조직화

개별 실천의 순환에서 지역 차원의 파급 및 순환으로 발전하는 장은 네트워크화 또는 계획의 조직화에서 마련되는 장이다. 그러한 장을 S ⇔ P 모델을 통해 나타낸 것이 [그림 2-4]이다. 이 그림에서는 S ⇔ P 실천자들의 네트워크 조직이 형성되는 단계에 이어서, 계획화를 요구하는 조직화가 이루어지는 단계로 점차 실천이 축적되면서 확대 발전하는 형태를 표현하였다. 이러한 변화는 [그림 2-2]의 A: 실천화에서 B: 계획화·사업화로의 발전 과정에 해당한다.[2]

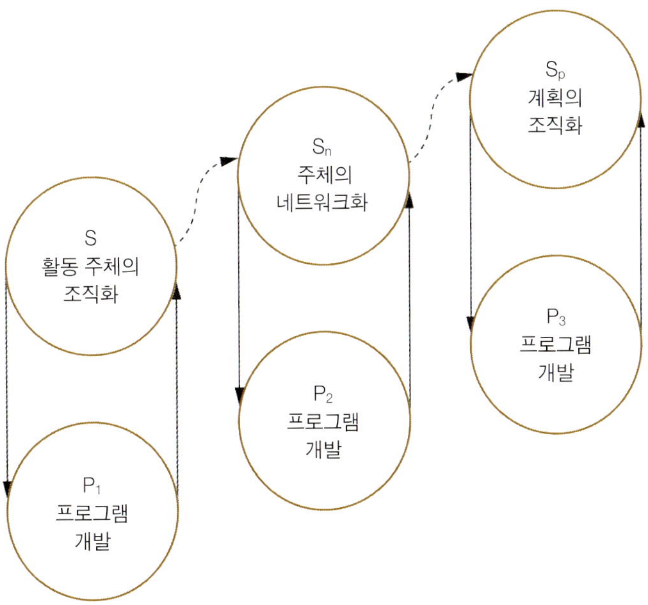

그림 2-4 프로그램 개발의 중층 구조

A: 실천화의 프로그래밍 단계에서는 활동 주체가 프로그램 개발을 시도하므로, 활동 주체는 프로그램 실시의 주체가 된다. 하지만 네트워크 조직(S_n)이나 계획 조직(S_p)이 주체가 될 경우, 이들 조직은 프로그램 개발 주체일 뿐 실시 주체는 아니다. 단, 조직의 멤버 가운데 실시 주체가 등장할 수 있으며, 그러한 조직화를 위한 매니지먼트도 이루어지고 있다.

네트워크 조직(S_n)과 계획 조직(S_p)이 형성되기만 하면 자동적으로 프로그램이 개발되는 것은 아니다. 조직 또는 장의 매니지먼트가 이루어질 때 비로소 그러한 시도가 가능하다. 여기서 말하는 프로그램 개발은 A: 실천화의 프로그래밍 단계로, B: 계획화·사업화 이후의 프로그램 개발은 아니다. 이들 프로그램은 어디까지나 자발적으로 실시되는 것으로, 그 시행 조건은 새로운 프로그램에 대한 협의(協議)의 장에서의 합의 형성이다. B: 계획화·사업화에 대해서는 제3절의 지역복지계획을 통해 논의한다.

3. 프로그래밍을 위한 포럼: 지역을 뛰어넘는 프로그래밍

지역을 뛰어넘는 역동적인 프로그래밍의 장이 있다. 해당 지역에 프로그래밍해야 할 자발적인 실천이 존재하지 않거나 발견할 수 없는 경우가 있다. 그런 경우 지역복지를 추진하려는 행정이나 사협은 자신들의 지역 밖에서 프로그래밍할 사례를 찾을 필요가 있다. 지역 밖의 사례를 찾을 때, 전국사회복지협의회의 지역복지 실천이나 활동 사례 보고회와 같은 의도적으로 마련된 장을 이용하는 것이 유용하다. 하지만 이러한 세미나는 프로그래밍을 위한 장이라기보다 프로그래밍을 통해 승인된 지역복지 프로그램을 보급하는 장이 되고 있다.

이와 같은 한계를 극복하기 위해 중간지원 조직인 특정 비영리 활동법인 CLC(전국 커뮤니티 라이프 서포터 센터)는 새로운 형태의 포럼을 운영하고 있다.[3] 필자도 그 포럼에 '편집자'적인 역할로 참여하고 있다. '편집' 과정에서는 지역복지형 프로그램의 공통된 특징을 파악하면서 각각의 독자성을 해석한다. 예를 들면, 택노소[•]·그룹홈 포럼에서 등장하는 다양한 실천을 지역복지의 축으로 연결하거나 대칭축을 설정하여 그 관계성을 파악하는 작업을 시도한다. 포럼이 끝난 후에는 실천 현장의 필드워크도 하게 된다. 필자는 이러한 포럼의 '편집공간'에서 지역복지를 해석하는 연구 활동을 전개해 왔다.

'편집'의 개념은 마츠오카(松岡正剛, 2001)의 『知の編集工学』(朝日新聞社)에서 인용한 것으로, '지역복지계획을 어떻게 편집할까'라는 시론적인 논문을 통해 소개한 바 있다(平野隆之, 2002b). 마츠오카의 편집 개념을 이 책의 문맥에서 정리해 보면, 실천의 새로운 구조를 해석하고 프로그래밍 하는 것으로, 역동적이며 연속적인 변화를 포함하는 개념이다. '디자인'이라는 용어와 비교해 보면, 디자인은 '종결'적 의미지만, 편집은 '흐름이나 운하화(運河化, canalization)'와 같이 다른 것으로 연결되는 파급성이나 자유성의 의미를 강조한다. 이와 같은 편집의 중요한 의미는 '관계의 발견'에 있다. 별개로 보이는 일이나 현상이 어딘가에서는 서로 관련된다. 그것을 네트워크화하고 그 관계 속에서 새로운 문맥을 획득하는 작업을 마츠오카는 편집이라고 표현한다.

예를 들면, 홋카이도 우라하쵸(北海道浦河町)의 '베델의 집(べてるの家)'[••] 실천과 교토(京都)의 '마이케어플랜(my care plan)'[•••] 운동 사이에 어떤 의미의 네트워크가 형성되는지 해석하는 작업이 일종의 편집이다. 포럼과 같은 편집공간에서 실천자는 내레이터가 되어 새로운 이념이나 현실감 넘치는 지역복지를 '자기 편집' 하면서 생동감 있게

역자주

• 택노소(宅老所): 이용자인 노인이 자신의 주택처럼 이용하는 곳이라는 의미의 택노소는 민가 등을 활용한 가정적인 분위기 속에서 이용자 개개인의 생활리듬에 맞추어 유연하게 케어를 제공하는 소규모 사업소를 가리킨다. 주간보호에서부터 단기보호나 재가지원(가정봉사원), 거주(그룹홈서비스), 배식 등을 제공하는 곳까지 서비스 형태는 다양하다. 초기에는 간호사 같은 케어전문직이나 주민들이 인지증 고령자 케어를 위해 자발적으로 택노소 형태의 사업을 시작하게 되지만, 현재는 장애인·아동 등 지원을 필요로 하는 누구나 이용 가능한 곳으로 전개되고 있다. 운영면에서는 초기의 자발성을 강조하여 이용자로부터 받는 이용료만으로 운영하는 곳에서 개호보험법이나 자립지원법의 지정사업소로 운영되는 등 형태도 다양하다. 1998년 미야기현이 실시한 전국 실태조사에서는 600개소로 보고되었으나 그 정의가 불명료한 상태에서 현재 택노소의 정확한 수는 파악되지 않고 있다. 그러나 1999년 1월에 택노소 실천자나 그 지원자들을 연결하는 '택노소·그룹홈 전국네트워크'가 발족하여 현재도 활발한 활동을 전개하고 있다.
출처: http://www.clc-japan.com/takurousyo_net/(택노소·그룹홈 전국네트워크 홈페이지)

•• 1984년 설립된 '베델의 집'은 정신장애인을 중심으로 한 당사자 주체의 지역 활동 거점이다. 사회복지법인 활동, 유한회사 활동 등을 행하고 있으며 총체적으로 '베델'이라고 부르고 있다. 이곳에서 생활하는 당사자들에게 '베델'은 생활공동체, 직장공동체, 케어공동체로, 100명 이상의 당사자가 지역에서 생활하고 있다(홈페이지 http://bethel-net.jp/betheltoha.html)

••• 마이케어플랜이란 이용자가 자신의 케어플랜 전부를 케어매니저에게 일임하기보다, 이용자 본인이나 가족 등이 직접 케어플랜, 즉 지신들의 생활 방식을 주체적으로 결정하자는 당사자 주체의 활동이다.

이야기한다. 실천자의 내레이션으로 구성되는 포럼 속에서 새로운 편집적 대칭성을 찾아내는 것이 중요하다. 지역복지의 편집은 각각의 실천들이 지니는 자기 편집성을 없애는 것이 아니라, 지역복지로서의 새로운 문맥 제공을 모색하는 것이다.

제3절 프로그래밍 장으로서의 계획공간

1. 지역복지계획의 A ⇒ B ⇒ A′ 모델

'계획공간'의 개념

지방자치단체 행정은 네트워크 조직보다 계획 수립의 장을 통해 프로그램을 사업화할 가능성이 크다. 행정 계획의 목적이 문제 해결을 위한 프로그램 개발이며, 그 사업화는 계획의 유효한 달성 수단이기 때문이다. 지역복지계획의 조직화는 지역에 축적된 지역복지 실천에 따라 다르게 이루어진다. 제도 외의 욕구에 조직적이고 계획적으로 대응하기 위해, 지역 내에 존재하는 자발적 실천들을 집합적으로 다루는 것이 지역복지계획이다. 지역복지 프로그래밍의 '조립'에서 '계획화'는 유효한 수단이자 장을 제공한다(그림 2-2). 그 수단 및 장으로서의 의의를 소개한다.

우선, 지역복지계획 수립의 장을 여기서는 '계획공간'으로 표현한다. 계획공간에는 다음의 다섯 가지 요소가 포함된다.[4]

① 계획수립위원회, 실무위원회, 주민간담회 등 참여의 장이 되는 '공간'
② 계획적인 실시가 필요한 과제 및 그 해결을 위한 '정보'
③ 정보 제공자 및 다양한 참여자(수장, 행정직, 전문직, 주민대표, 복지담당자 등)의 '협의'
④ 정보 처리와 협의를 통해 합의된 '계획'
⑤ '계획공간'의 운영을 담당하는 '매니지먼트(체제)'

계획공간은 먼저 다양한 주체의 참여공간으로 기능해야 하며, 그 공간 속에 축적된 정보를 평등한 입장에서 협의할 수 있는 공간이어야 한다. 또한 합의를 통해 계획을 작성하는 책임 있는 공간이어야 한다. 이러한 계획공간의 매니지먼트를 통해서 참여한 각 주체는 기존의 지역복지 실천을 평가하고, 계획적으로 추진해야 할 지역복지 실천을 구상하며, 그 달성을 위한 조건을 만든다.

계획공간 안에 정보 교환 또는 협의의 테이블을 만들기 위해서는 매니지먼트의 역량이 요구된다. 지역복지로 자각되지 않은 다양한 실천들의 정보가 등장하는 가운데 '해석'을 통한 지역복지 프로그램으로서 사업화가 검토되는 것이다.

이 작업은 포럼과 같은 편집공간에서 실천을 해석하는 작업과 큰 차이는 없다. 하지만 계획공간은 자신의 지역에 존재하는 실천을 발견하는 것을 목적으로 하기 때문에 약간의 장치가 필요하다. 구와코(桑子敏雄, 2003)의 '테이블 커뮤니케이션' 개념을 활용해 협의 테이블의 설치와 운영에 대해 설명해 본다.[5] 해석의 공간이란 단순한 커뮤니케이션의 장이 아니다. 초대된 실천자가 자신의 실천을 이야기하고 싶어하도록 '테이블' 환경을 만들 필요가 있다. 그 테이블에서 이루어지는 대화는 1 대 1의 개인적인 관계가 아니라, 제3자에게 공개되는 객관성을 획득하는 대화이다. 나아가 참여자 간에 실천이 지니는 의의가 공유되는 정보 교환의 공간이어야 한다. 단순한 테이블이 아니라 다각적인 정보 교환 및 공유가 이루어지는 공간으로, 참여자 개개인은 그 공간에서 자신의 위치를 이해하고 새로운 지역복지 프로그래밍을 시도해야 한다. 계획공간은 지역복지 프로그램의 구체적인 정보가 제공되는 곳으로, 이른바 '제시와 합의'(桑子, 2003)의 공간(테이블)이다. '해석' '조립' '합의 형성'의 3단계가 진행되도록 하는 계획공간의 매니지먼트 방법에 대해서는 제5장에서 상세히 언급한다.

A ⇒ B ⇒ A′ 모델

'계획공간'은 참여 주체들의 테이블 설치를 의미하며, 지역복지 추진의 주체와 공간을 계획하는 장이기도 하다. 그 메커니즘을 정리한 것이 지역복지계획의 A ⇒ B ⇒ A′ 모델(그림 2-5)이다.

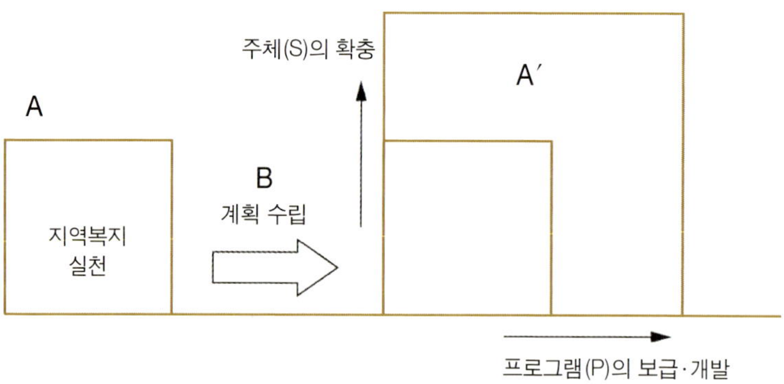

그림 2-5 지역복지 실천에서 지역복지계획의 위치

출처: 히라노(平野隆之, 2006) '計画研究' (岩田正美·小林良二他『社会福祉研究法』有斐閣), 일부 수정.

A ⇒ B ⇒A′ 모델은 A: 지역복지 실천에 B: 지역복지계획 수립이 작용하여 A′: 지역복지 실천으로 확충되는 계획의 기능을 나타낸다. 이 모델은 지역에 존재하고 있는 실천이 지역복지계획의 필요성을 내재하고 있음을 전제하고 있다. 다시 말해 B: 지역복지계획 수립의 전제조건은 A의 지역에서 행해지고 있는 실천의 집합이라는 것이다. A에는 다양한 활동 주체와 그들이 실천하는 프로그램이 포함되고 있다. 물론 이러한 실천의 집합체인 A의 크기는 지역에 따라 다르다. A가 큰 것은 기존 실천에 내재된 지역복지계획의 필요성이 크다는 것을 나타내며, A가 작은 것은 지역복지 추진의 과제가 많다는 것으로 지역복지계획의 필요성을 나타낸다. A의 크기가 A′의 크기를 직접적으로 결정하는 것은 아니지만, A가 작은 경우 급작스럽게 높은 계획 목표인 A′를 설정하는 것은 무리가 있다. 상향식 추진의 출발점인 자발적 실천은 A ⇒ B ⇒ A′ 모델에서 계획의 내재성인 A에 해당한다. 지역복지 실천이 축적되면서 새로운 문제가 발견되고 실천 주체 간의 조정 및 지원 과제가 명확해지므로, 협의의 장 마련과 계획적 지원이 필요하다. 이러한 내재적 필요성에 따른 지역복지계획의 수립이 중요하다.

기존 논의에서는 주로 B만을 지역복지계획의 수립이라고 보아 왔다. 그러나 지역복지계획 수립은 A ⇒ B ⇒ A′ 전체를 의미하는 것이다. A ⇒ B ⇒ A′라는 흐름은 지역복지계획 수립이라는 계획공간 속에서 전개되는 실천이다. 지역복지계획 수립은 ① A를 발굴하면서 평가하는 과정(A ⇒ B), ② A′의 지역복지 실천을 구상하는(목표 설정) 과정(A ⇒ A′), ③ 실천 방법의 개발 및 선택과 그 실시 조건을 만드는 과정(B ⇒ A′)으로 구성된다. 이러한 과정이 전개되는 장이 지역복지계획의 계획공간이다.

실천의 파악·평가(A ⇒ B): '해석'의 공간

지역복지계획을 수립하는 공공행정은 지역복지와 관련된 지역의 실천을 파악하고 평가하며, 지역복지 추진에 대한 정책적인 판단을 한다. 그런 의미에서 A ⇒ B는 지역복지계획을 수립하는 조직이 지역복지에 관한 실천을 평가하고, 새로운 지역복지 추진 프로그램을 발견하는 과정이다. 이러한 '분석적 작업'을 통해서 활동 주체에 대한 지원 과제나 새로운 프로그램의 개발 과제를 발견하는 것이다.

이러한 지역복지계획은 중앙정부로부터 내려오는 프로그램을 보급하는 도구가 아니라, 지역 내의 자발적 실천이 지닌 지역복지 프로그램 성격을 해석하고, 그것을 지역 내에 보급하는 프로그래밍의 장을 제공한다. 그러한 작업이 지역복지계획의 계획공간에서 원활하게 전개되기 위해서는 계획 수립이 필요한 문제 해결의 실천이나 과제에 관한 정보가 충분히 수집되어야 하며, 다양한 참여자들(수장, 행정직, 전문직, 주민대표, 복지담당자 등)의 협의와 그를 위한 매니지먼트가 요구된다. 또한 계획공간에는 제4장에서 논하는 커뮤니티워크를 통한 지역복지 활동 주체와 프로그램 개발의 순환과 축적이 영향을 주게 된다.

A ⇒ A′와 B ⇒ A′의 메커니즘

지역복지계획에서 A와 A′의 관계를 살펴본다. [그림 2-5]의 A에 포함된 실천은 활동 주체(S)와 프로그램(P)의 조합으로 이루어진다. 이들 활동 주체와 프로그램을 어떻게 확충할 것인가가 A′의 내용이다. A′의 세로축과 가로축 벡터는 그 확충 메커니즘을 단순화한 것이다. 새로운 주체의 확충은 활동 주체가 실천 경험을 통해 신규 프로그램의 보급 및 개발을 수행하는 것을 의미한다. 계획 내용으로는 활동 주체가 새로운 프로그램에 착수하거나, 기존 프로그램에 새로운 활동 주체가 참여하는 내용이 구상된다. 또한 새로운 활동 주체에 의한 새로운 프로그램 개발도 포함된다. 이처럼 지역복지계획은 활동 주체가 자발적으로 프로그램을 선택한다는 상향식 지역복지 추진의 구조를 전제로 하고 있다.

다음으로, B ⇒ A′의 메커니즘에 대한 내용이다. 지역복지계획은 지역복지 실천을 확충하기 위한 조건 만들기를 한다. 일상적인 커뮤니티워크 실천에 비해 지역복지계획 수립은 지역주민이나 관계기관의 참여를 요청하기 쉽다. A ⇒ B가 지역복지계획의 '분석적 작업'을 나타내고 있다면, B ⇒ A′는 지역복지계획의 '조직화 작업'에 해당한다.[6]

지역복지계획 수립에서 조직화 작업은 지역복지 활동 주체의 형성과 활동 전개를 촉진하는 과정이다. 그러므로 조직화 작업은 '지역복지계획 활동'이라 칭할 수 있다. 예를 들어, 아이치현 다카하마시(愛知県高浜市)의 지역복지계획 수립의 모델사업에서는 활동 주체의 형성을 중시하여, 계획 수립 과정 중에 주민이 직접 계획 항목으로서의 가능성을 판단하는 '실험사업'을 실시하도록 하였다. 주민이 지역복지계획 수립의 과정을 통해 실험적·개척적인 지역복지 실천을 체험할 수 있도록 하는 주민 조직화인 것이다.[7]

2. 계획공간의 매니지먼트

계획의 범주를 넘어선 공간 매니지먼트

A′에는 활동 주체 간 또는 프로그램 간의 연계·융합이 필요하다. 이

를 위해서는 지역복지계획의 계획공간 속에서 활동 주체의 만남이나 협의가 시도되어야 한다. 때로는 계획 내용과 상관없이 자발적인 협의의 장이 형성되어 새로운 프로그램이 개발되기도 한다. A′의 실제 결과를 보면, 계획화된 내용은 아니지만 계획공간의 파급효과로 지역복지 실천의 확충이 나타나기도 한다. 사실 이러한 자발적인 파급효과가 지역복지계획의 중요한 성과다. 이 경우 계획화와 자발성은 대립한다기보다 공존한다. 실천 현장에서 드러나고 있는 것처럼 계획공간에서의 다양한 협의는 계획 프로그램의 개발에 국한되는 것이 아니라, 계획의 범주를 넘어선 프로그램 개발로 이어지는 파급효과를 지닌다.

지역복지계획에서 계획공간의 매니지먼트는 계획화와 다른 파급효과를 창출하는 조건이 된다. 계획 과정의 주체 형성도 파급효과의 조건정비로, 계획공간을 통해 계획의 범주를 넘어선 공간(주체) 만들기가 이루어진다. 이를 위해서는 당사자 참여가 중요한데 당사자의 자발적이며 운동적인 실천에 주목해야 한다. 이러한 정보가 계획공간의 테이블에서 어느 정도 제공될 수 있으며, 어디까지 공유될 수 있는가. 구와코가 제기한 것처럼, '테이블 커뮤니케이션'의 감성을 통한 제도적·정책적 해석을 뛰어넘는 과제 인식과 공감이 요구된다.

시정촌 행정은 계획공간 매니지먼트를 수행할 만한 공감이나 감성의 경험을 충분히 갖고 있지 않다. 오히려 사회행동의 장으로 지역복지활동계획을 활용해 온 사회복지협의회가 그러한 매니지먼트를 수행할 수 있는 조건을 지니고 있다. 성공적인 지역복지계획을 위해서는 사협의 역할이 중요한 것으로 간주되는데, 그 이유는 사협의 계획공간 매니지먼트의 경험 때문이다.

지역복지계획의 수립으로 인해 지역복지 연구자들에게 지역복지의 구성 개념만이 아니라 추진 방안의 제시까지도 요구되는 환경이 형성되고 있다(平野隆之, 2007a). 이런 상황 속에서 일본의 지역복지 연구는 지역복지계획을 중시하는 방향으로 진행되고 있으며, 연구자 또한 관찰자적인 입장이 아니라 전문가적인 견지에서 계획공간에 참여하도록 요청되고 있다. 계획공간에 참여하는 경우, 지역복지계획의 틀이 계획을 필요로 하는 실천이나 과제를 수용하고 있는지에 대해 연구자는 전문가로서의 판단에 직면하게 된다. 때로 연구자는 새로운 틀을 제시하여 새로운 활동 주체의 지역복지 참여를 촉진하기도 한다. 그러므로 연구자는 계획공간을 연구 필드로 삼아 새로운 지역복지의 틀을 모색하기도 하며, 새로운 틀을 모색하기 위해 계획공간에 참여하기도 한다. 계획공간에 등장하는 지역복지 실천을 기록하고 분석하는 계획 연구는 자연스럽게 해당 지역의 새로운 지역복지 실천 구상으로 이어지게 된다.

지역복지계획의 계획공간 매니지먼트에 연구자가 관여하는 사례도 적지 않다. 지역복지계획의 현장에서 계획공간은 강력한 참여공간으로 기능한다. 그 공간에서 연구자는 중립적 입장보다 매니지먼트에 관여하는 실천적 입장을 요청받게 된다.[8] 하지만 연구자의 틀 제시나 매니지먼트가 참여공간을 지배하지 않도록 주의해야 한다.

자발적 실천자의 참여와 '계획공간'의 분권

제1절에서는 실천의 해석 및 프로그래밍의 관점에서 자발적 실천을 정리하였다. 이미 언급한 것처럼, 지역에서 자발적 실천을 행하는 실천자는 법에서 규정한 '지역복지의 추진'에 따라 실천을 조립한 것이 아니다. 이러한 면에서 지역복지계획이 지역복지 실천의 자발성과 계

획성의 딜레마를 어떻게 처리할지가 주요한 과제가 된다.

게다가 공공행정의 계획으로 자발적 실천을 지원하기 위해서는 그 실천에 대한 사회적 승인이 필요하다. 자발적인 실천이므로 타인으로부터의 승인을 거부하는 실천자의 논리도 있다. 대부분의 자발적 실천이 처음부터 지역복지를 구현하겠다는 인식에서 시작되는 것은 아니며, 지역복지계획 수립의 과정에서 지역복지 실천으로서의 자각이 생겨난다. 수립 과정을 통해 자발적 활동이 발굴되고 사회적 승인을 얻으면 그 내용이 계획화되어 보급된다.

이 자발성과 계획성의 딜레마를 처리하는 것이 '계획공간' 매니지먼트다. 딜레마를 해소하기 위해 매니지먼트가 집중되기보다는, 지역밀착형으로 분권화될 필요가 있다. 예를 들면, 소지역 사회복지협의회, 자원봉사자센터, 당사자조직지원센터 등이 지역마다 협의나 회합을 진행하면서 딜레마를 처리할 수 있다. 분권화된 상태는 지역성이 강하고 실천자의 목소리가 반영되기 쉬우므로 합의 형성도 쉽다. 이러한 딜레마 처리를 위한 조건의 발견 및 설치 운영이 지역복지계획의 매니지먼트라 할 수 있다.

협의 공간은 또한 지역복지의 추진장치로 기능한다. 이들 추진장치를 지역 속에 정비하는 조건정비 자체가 지역복지 추진을 위한 프로그램이므로, 지역복지계획은 지역복지 추진의 조건정비 프로그램을 계획화할 필요가 있다. 지역복지 프로그램은 활동 실천의 프로그램과 이러한 분권적 협의장치를 설치 운영하는 프로그램으로 나뉜다. 이 부분에 대해서는 추진장치의 개념을 포함해 제3장에서 재정리한다. 계획공간을 통한 프로그램화 및 계획공간 매니지먼트 방법에 대해서는 제4장의 지역복지계획에서 다룬다.

원서 후주

1 [그림 2-1]의 정책과 실천의 관계를 나타내는 두 가지의 상반된 벡터의 도식화는 지역복지 영역만이 아니라 사회복지 영역에서도 볼 수 있다. 여기에서 사회복지 영역의 정리와 지역복지 추진의 정리를 비교해서 지역복지 추진의 특징을 정리하기 위해, 그 소재로 오타(太田義弘, 1992)의 '실천의 제도적 시스템 구조'를 살펴본다. [그림 2-1]과 같이 하향의 '보급' 벡터에 해당하는 것이 '실천의 지원 과정'이며, 상향의 '개발' 벡터에 해당하는 것이 '실천·정책의 조정 과정'이다. 문제 해결을 지향한 실천 지원 과정이 전체 시스템 구조의 기점(起点)이 되고 있으며, 양자의 순환은 실천 지원 과정(정책 → 프로그램 → 실시)에서 시작되어, 그 결과가 실천·정책 조정 과정으로 피드백되는 형태로 이루어진다. 지역복지 추진의 경우에는 이미 존재하는 실천이 개발 벡터의 프로그램 개발의 전제가 된다. 실천 → 프로그램 → 정책이라는 개발 벡터가 보급 벡터에 작용하게 되므로 '실천·정책 조정 과정'이 아니라 '개발 과정'이 된다.

2 이 모델 작성의 원형은 히라노(平野隆之, 1997)의 'コミュニティワークの援助技術' 松永·野上·渡辺編『現代コミュニティワーク論』(中央法規)에서 소개한 커뮤니티워크 기법의 선택 모델이다.

3 CLC의 활동에 대해서는 사무국장 이케다(池田昌弘)가 '鼎談 NPOマネジメントの課題'『月刊福祉』(2002年 6月号)에서 설명하고 있으므로 참고하기 바란다.

4 이 '계획공간'의 규정은 平野隆之, '計画研究' 岩田正美·小林良二·中谷陽明·稲葉昭英編『社会福祉研究法』(前掲)에서 제시한 것이다.

5 구와코(桑子敏雄, 2001)의 『新しい哲学の冒険』(上·下)는 NHK라디오 교재로 활용된 것으로, '이상을 말할 것, 그리고 결단할 것'이 강좌의 주요 테마가 되고 있다. 이후, 桑子敏雄(2003)『理想と決断: 哲学の新しい冒険』(NHKライブラリー)로 출판되고 있다. 이외에 『感性の哲学』(2001, NHKブックス), 『空間と身体: 新しい哲学への出発』(1998, 東信堂) 등이 있다.

6 이 '분석적 작업'과 '조직화 작업'(상호작용적 작업)의 구별에 대해서는 히라노(平野隆之, 1993)의 'コミュニティワークとしての 計画化' 우다 편저(右田紀久恵編)『自治型地域福祉の展開』(法律文化社)에서 정리하고 있다.

7 다카하마시(高浜市) 지역복지계획의 '실험사업'에 대해서는 히라노(平野隆之, 2002b) '地域福祉計画をどう 編集 するか'『社会福祉研究』(第84号) (鉄道弘済会)에 소개하고 있다.

8 최근 이러한 연구 방법론을 둘러싸고 '실천적 연구' 또는 당사자와 연구자의 '협동

적 실천'이라는 표현이 제기되고 있다. 고이즈미·시미즈 편저(小泉潤二·志水宏吉編, 2007)『実践的研究のすすめ: 人間科学のリアリティ』(有斐閣), 스기만 편저(杉万俊夫編著, 2006)『コミュニティのグループ・ダイナミックス』(京都大学学術出版部).

제 3 장

지역복지 축적을 위한 공간구조

제3장
지역복지 축적을 위한 공간구조

제2장에서는 상향식 지역복지 추진에 대해 지역에 존재하는 자발적 실천과 그 해석, 조립, 합의 형성이라는 프로그래밍을 통한 지역복지 프로그램 개발과 보급의 구조를 밝혔다. 그 보급 경로로서, 지역에서의 파급, 시정촌에서의 계획화와 사업화, 도도부현·중앙에서의 정책화라는 세 가지를 설정하고, 최종적으로 지역복지 추진은 실천화를 통한 지역에서의 구체적인 전개로 귀결됨을 강조하였다.

제3장에서는 시정촌을 상정하여 지역복지 프로그래밍을 통해 실천이 축적되는 공간 메커니즘을 다룬다. 지역복지 프로그래밍은 상향식이라는 표현이 나타내는 것처럼 그 지역 커뮤니티에서 발신되는 것이지만, 프로그래밍 과정 자체는 탈커뮤니티화 과정이다. 특히 정책화의 프로그래밍은 보편화를 지향하므로 지역성을 상실할 가능성이 크다. 이에 비해 지역복지 축적 공간은 실천이 행해지는 지역 커뮤니티에 밀착하는 구조가 된다.

커뮤니티 공간은 구성원인 지역주민의 의식이 반영되는 곳으로, 주민 의식에 따라 지역복지 축적의 진행 속도가 크게 달라진다. 장애인이 지역에서 생활하는 것에 거부적인 커뮤니티라면, 장애인의 지역생활 시도는 저항을 받게 된다. 커뮤니티 공간에서 지역복지 프로그램이 자동적으로 누적되는 것은 아니므로 그것을 가능하게 하는 구조가 필요하다. 이러한 구조 또한 지역복지다. 이 지역복지는 지역복지 실천 또는 지역복지 프로그램이 지역에 뿌리내려 중단되지 않도록 지원하는 기능을 하는 일종의 '용기'로 볼 수 있다. 비유적인 표현이지만 지역복지 추진이라는 것은 이러한 용기와 그 내용물의 호순환 관계에서 형성된다. 이제부터 이 용기의 기능을 담당하는 구조를 '지역복지의 용기'로 표현한다. 이 책에서는 지역복지 추진이라는 의도적인 전개를 두 가지 측면에서 다루고 있는데, 제2장에서 다룬 상향식과 이 장에서 다루는 실천의 축적이라는 용기(형성)형이다.

제1절에서는 지역복지 추진을 '지역복지의 용기' 형성으로 인식하고, 그 개념화의 구조를 제시하면서 상향식 추진과의 통합을 지향한다. 이것을 바탕으로 제2절에서는 주체와 공간의 양면성을 지닌 커뮤니티와 용기의 관계를 밝힌다. 용기 형성의 구조는 '자원'과 '장치', 구체적으로 지역케어라는 자원과 지역복지 인프라 구조로서의 지역복지 추진장치를 제시한다. 제3절에서는 제1부의 지역복지 추진의 이론적 틀을 다룬 1, 2, 3장의 관련성을 정리하면서, 이 책이 갖는 지역복지 추진의 '메조 연구'로서의 성격을 명확히 한다.

제1절 지역복지의 용기

1. 실천이 축적되는 용기로서의 지역복지

'지역복지의 용기' 도식화

지역복지를 가장 간결하게 표현하면 '지역이 주체가 되어 추진하는 복지'다. 이러한 맥락에서 제2장의 지역복지 추진이 구성되었다. 제3장의 내용으로 지역복지를 표현하자면, 지금까지 주체 개념으로 보아온 '지역'을 공간 개념으로 파악한 '지역에 축적·누적되는 복지'로 말할 수 있다. 지역복지가 축적되는 공간은 실천이 이루어지는 지역 커뮤니티다. 그렇다면 커뮤니티 속에서 실천의 집합체가 어떤 과정을 거쳐 축적·누적되며 확대되는 것일까.

'지역에 축적되는 복지'의 도식화 모델(그림 3-1)을 통해, 지역복지 실천의 누적 과정을 정리한다. 이 그림은 제3장의 기본 모델로, 지역복지의 용기 형성을 지역복지 추진의 목적으로 하고 있다. 그런 의미에서 지역복지의 용기는 제2장의 상향식 추진과 더불어 새로운 지역복지 추진의 방향성을 제시한다. 다음의 네 가지로 이 '용기(容器)' 모델을 설명한다.

첫째, 지역복지의 용기는 일종의 은유로 이미지화를 통한 인식을 위한 것이다. 은유를 포함한 수사법은 이미지화에 의한 인식 수단이며, 유연한 감성 행위이다(野内良蔵, 2000: 10). 이 장에서는 일종의 비유인 지역복지의 용기를 지역복지 추진의 기본 개념으로 발전시키기 위해 '적절한 면밀성'을 지닌 논의를 시도한다.[1] 제1장의 사회복지 제도와의 비교에서처럼, 지역복지는 어떤 것과 비교를 통해서 그 존재가 쉽게 인식된다. 또한 엄밀한 정의를 내리게 될수록 자발성이나 파급성과 같은 지역복지의 특성이 보이지 않게 되는 역효과가 발생한다. 이러한 문제를 의식해서, 이 책에서는 '지역복지의 용기'라는 개념으로 지역복지 추진의 인식을 시도한다.

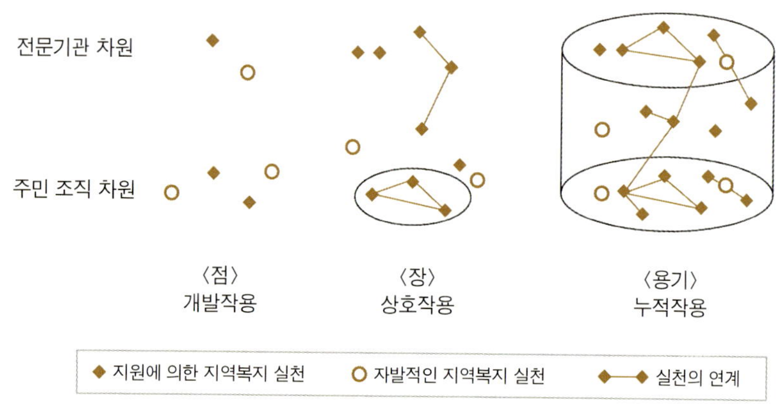

그림 3-1 실천의 누적 과정과 지역복지의 용기

둘째, 용기 형성은 단계적으로 정리될 수 있다. ① 전문기관의 실천과 주민 조직의 실천을 상하로 구분한다. 이것은 2절에서 나타낼 커뮤니티케어와 커뮤니티액션의 실천을 구분하여 표현한 것이다(그림 3-2). ② 실천은 2장에서 나타낸 S ⇔ P 모델의 내용이며, ◆ ○ 의 기호를 사용해 지원 받는 실천과 자발적인 실천을 구분한다. 실천 간의 연계는 선으로 표현하며, 상하를 연결하는 연계에 주목한다. ③ 용기를 원통으로 표현하고, 그 내용물에 해당하는 실천이 축적되는 기능을 표현한다. 용기 형성에 이르는 실천 간의 협의 및 연계의 장은 원으로 표현한다. 다양한 장의 형성이 실천의 축적화를 촉진하는 작용을 한다. 실천에 의해 만들어지는 자원이나 협의, 연계의 장 등의 내용이 공간적으로 배치됨에 따라 용기가 형성된다. 또한 이 용기는 지역 현장에 고착되는 특성을 지닌다.

상향식과 용기형의 대비와 통합

셋째, 용기는 제2장의 상향식 방향성과 대비된다. 용기는 공간적인 확장을 의미하는 것으로 그 내용물은 상향식 지역복지 추진의 실천 주체가 선택한 프로그램이 된다. 즉, 내용물인 실천(주체)과 그것이 축적되는 용기(공간)라는 관계가 성립한다. 예를 들면, 제2장의 실천 구조에서 개별 활동 주체의 프로그램 실천은 그 경험을 통해 새로운 프로그램 실천으로 순환되고 파급된다. 이러한 실천 경험은 주체 안에 축적되면서, 동시에 지역 공간에도 축적된다. 이를 통해 지역에서 다른 활동 주체가 영향을 받거나 공감하면서 활동이 파급되어 가는 것이다. 하지만 개별 실천이 상향식 사업화나 정책화로 전개되는 경우, 탈커뮤니티화로 인해 지역성을 상실할 가능성이 높다. 이에 비해 지역복지의 축적 공간인 용기는 실천이 이루어지는 커뮤니티에 밀착하므로 지역성에 기인하는 방향성을 유지한다.

넷째, 지역복지 용기의 형성은 지역복지 프로그래밍을 통합하면서 진행된다. [그림 3-1]의 단계적인 정리에서 보면, 제1단계는 개별 차원의 실천이 주민 조직과 전문기관 모두에서 행해지는 것을 표현한다. 또한 제도적인 지원을 받는 실천과 자발적인 실천이 전문기관 조직과 주민 조직으로 분리된 상태에서 이루어지고 있다. 이러한 가운데 선구적인 실천의 해석과 더불어 프로그램으로 도입하는 실천 차원의 파급적 확대가 이루어진다. 이 단계는 지역복지 프로그래밍(그림 2-2)의

A: 실천화에 해당한다.

제2단계는 개별 실천들이 연계하거나 계획적인 지원이 구상되는 장이 형성되어, 실천이 사업화되면서 비약적으로 증대하는 단계이다. 주민 조직 차원과 전문기관 차원의 유발 효과가 발생하는 가운데, 주민 조직과 전문기관이 협동하는 새로운 프로그램이 개발된다. 이 단계에서는 문제 해결을 위한 실천 이외에 실천의 연결 및 파급을 위한 구조나 장치의 프로그래밍이 추진된다. 지역복지를 추진하기 위한 계획 수립도 그중 한 가지다. 이 단계는 B의 계획화에 해당한다.

제3단계에서는 실천이 축적되는 지역복지의 용기가 형성되어 시정촌 차원의 사업화나 도도부현 및 중앙의 정책화로 유도된 실천이 지역에 뿌리내리면서 순환 및 확대된다. 이것은 지역복지 프로그래밍 B, C 벡터의 하위 부분에 해당한다. 이러한 지역복지의 용기 형성은 지역복지 추진의 목적이다. 지역복지 추진 정책에서 보면 지역복지의 용기는 지역에서 다원적으로 형성되는 실천을 조합하는 일종의 정책 구조다. 지역복지의 용기는 중앙의 지역복지 추진 정책만으로는 실천이 지역에 보급되지 않음을 나타내고 있는 것이다.

2. '지역복지의 용기' 개념화

공간 – 형성 – 축적·누적화

이상의 네 가지 설명에 입각해 상향식 프로그래밍과 통합하여 지역복지의 용기를 개념화한다. 상향식 추진에서 중시해 온 세 가지 키워드는 ① 출발점인 자발적 실천의 '주체', ② 개발의 벡터인 '프로그래밍', ③ 프로그래밍 '조립'에서 중시하는 '다원화'다. 이와 대비되는 지역복지의 용기에서 키워드는 〈표 3-1〉과 같다. 〈표 3-1〉의 행은 상향식 a → b → c 벡터의 '주체' '프로그래밍' '다원화'를 나타내며, 열은 용기 형성(용기형)의 A → B → C 벡터의 지역이라는 '공간' 속에서, 용기의 '형성'이 진행되어 지역복지 실천의 '누적화'가 전개된다는 키워드로 이루어진다. 이들의 관련성을 구조화하면 지역복지 추진의 두 가지 벡터를 통합적으로 파악하는 것이 가능하다. 이러한 통합화 자체가 용기를 개념화하는 목적이다.

이 책에서 지역복지 추진의 구조는 〈표 3-1〉처럼 상향식 지역복지의 프로그래밍(abc)과 지역복지 용기의 형성(ABC)이라는 두 축으로 정리되며, 지역에서의 용기 개념은 지역복지 프로그래밍을 포함한다. 프

〈표 3-1〉 용기 개념에 의한 지역복지 추진 구조화

용기형 \ 상향식	a: 주체	b: 프로그래밍	c: 다원화
A: 공간	커뮤니티가 주체와 함께 공간 기능을 수행한다. '갈등'과 접하게 되는 것도 중요하다.	용기(공간)의 내용인 실천 개발을 담당한다. 또한 지역에서 용기에 국한되지 않는 정책화를 지향한다.	프로그래밍, 즉, 다원화에 의해 생성된 실천이 공간 속에 공존한다.
B: 형성	협의의 장에서 주체가 '승인'된다. 또 협의의 장이 일상적으로 형성된다.	지역성을 바탕으로 한 용기 형성을 지향하는 '협의의 장' 프로그래밍이 진행된다.	실천·협의의 다양성을 유지하는 토양을 용기로 만들어 낸다.
C: 축적 (누석화)	실천·협동·협의를 거치는 가운데, 지역복지 추진 주체로 성장한다.	프로그래밍의 3가지 경로(실천화, 계획·사업화, 정책화)의 상승효과가 발생한다.	다양성이 '이력'을 지니면서, 공간 속에서 중층적으로 존속하게 되므로 용기 형성이 진행된다.

로그래밍 과정은 지역 커뮤니티에서 발신되지만 정책화를 통해 탈커뮤니티화되면서 보편화된다. 그 결과 지역성을 상실하기도 한다. 이에 비해, 지역복지 축적을 위한 용기 형성이라는 벡터는 실천이 행해지는 지역 커뮤니티에 밀착하므로 보편성보다 지역성을 중시한다. 이 보편성을 지역성으로 통합하는 것이 이 책의 지역복지 추진 원리이며, 그를 위한 개념이 '지역복지의 용기'다.

용기 개념에 의한 지역복지 축적의 구조화

지금까지 제시한 관점에 맞추어 용기 개념의 키워드인 A: 공간, B: 용기 형성, C: 축적을 설명해 본다. 지역복지의 지역은 공간을 의미하고 있으므로 다른 대상별 복지와 차별된다. 대상별 복지의 실천을 포함해서 다양한 자원을 축적하기 위해서는 용기 형성이 필요하다. 이 용기 형성은 지역복지 프로그래밍과 같이 이루어진다(표 3-1).

A: '공간'은 a: 주체에 의한 프로그램 실천의 장(커뮤니티)이며, 그것을 보급하기 위한 기반으로 작용하는 용기다. 용기로 둘러싸인 공간 속에서 상향식 프로그래밍이 커뮤니티를 주체로 실시되고 지역에 축적된다. 그 결과, 다양한 주체 및 프로그램이 만들어지며 지역 커뮤니티 공간 속에서 상호 상승적인 효과를 발휘하며 확대된다. 제2절에서 소개한 것처럼 공간 속에서 실천 주체는 프로그램에 반대하는 커뮤니티 주체와 만나기도 한다(A-a). 이를 통상적으로 '갈등(conflict)'이라고 하는데, 커뮤니티의 편견이나 차별 의식이 그 배경에 있다. 이러한 거부적 반응에 대한 대응 등으로, 상향식 프로그래밍은 다원적 차원에서 프로그램을 창출한다. 때로는 정책화 지향을 통해 용기를 넘어서기도 한다(A-b). 지역이라는 공간에서 다원화된 프로그래밍이 전개된

결과, 사업화 및 정책화에 의해 지원을 받는 다양한 실천이 공존하게 된다(A-c). 지역복지의 용기는 다양한 실천 주체와 프로그램을 지속 가능하게 하는 환경을 만들어 낸다. 다음에 나오는 '형성'이 그 시행 방법을 나타낸다.

B: 용기 형성을 의미하는 '형성'은 실천 공간인 지역에 밀착되어 작용한다. 먼저 지역복지 추진을 위해 마련된 '협의의 장'을 통해 가치 있는 자발적 실천을 '승인'하는 조건을 만들어 낸다(B-a). 이러한 다양성을 창출하는 문화 및 배지(培地, 토양)를 형성하는 것도 중요하다(B-c). 프로그램 개발이라는 실천이나 활동상의 프로그래밍뿐 아니라, 실천자가 참가할 수 있는 협의의 장 등과 같이 지역복지의 문화나 배지를 배양하는 추진장치 같은 것을 프로그래밍한다(B-b).

C: '누적화'는 지역복지 추진의 목적이기도 하다. 실천의 누적화는 다양한 주체에 의한 프로그램 시행이라는 '자원' 축적만이 아니라, 그 다양성이 지역 공간에 축적되는 실천의 '이력'에 의해서도 이루어진다(C-c). 주체(C-a)는 자발적 실천을 비롯하여 협의 및 협동의 실천을 경험하는 가운데, 목적 의식적이고 자각된 지역복지 추진의 주체로 성장한다. 프로그래밍에 있어서 실천화, 계획화 및 사업화, 정책화의 상승효과 창출이 요청되는데, 이것은 커뮤니티를 기반으로 한 일종의 거버넌스 시도라고 할 수 있다. 지역복지 형성에 필요한 조건정비는 지역케어의 거점을 이용하는 등 프로그램 개발이 가능한 협의의 장을 정비하는 것이다(C-b).

이상과 같이 용기 형성의 개념 정리를 시도하면서 설명이 불충분한 용어(갈등, 승인, 풍토, 이력, 추진장치, 지역케어, 거버넌스 등)가 상당수 등장하였다. 이들 용어에 대해서는 제2절 이후에 보충 설명한다.

제2절 지역케어의 추진과 용기 형성

1. 커뮤니티와 지역케어 자원[2]

용기와 커뮤니티

사람은 이웃, 소속된 회사나 학교, 각종 사회 활동 등 다양한 사회관계 속에서 살고자 한다. 그러한 욕구는 복지 문제를 안고 있는 사람들도 마찬가지다. 그러나 이들의 경우 그러한 욕구 실현을 저해하는 수많은 어려움이 지역사회에 존재한다. 이런 어려움을 해결하기 위해서는 다양한 복지자원이 필요하다. 복지 문제를 안고 있는 사람이 풍부한 사회관계 속에서 자신의 생활을 영유할 수 있도록 복지자원을 커뮤니티 속에 확보하는 것이 지역복지의 지향점이다. 이처럼 지역복지를 규정하기 위해서는 용기로서의 커뮤니티 개념이 불가결하다.

가네코(金子勇, 1993)의 커뮤니티 개념(그림 3-2)은 관계(인적 자원), 물재(물적 자원), 의식(마음), 행사(이벤트)의 네 가지로 구성되는 복합 시스템으로 제시된다. 네 가지 요소를 구체적으로 살펴본다. 제1의 '관계'(인적 자원)는 커뮤니티의 기본적 요소로 이웃이나 지역의 인간관계에 해당한다. 이는 비공식적 집단이나 공식적 집단과 같은 집단의 형태로 나타나기 쉽다. 제2의 '물재'(물적 자원)는 지역생활을 지원하는 사회자원인 집회시설, 초등학교, 병원 등의 하드웨어(시설)적 요소로, 사회적 공통자본, 사회적 공동소비 수단에 해당한다. 이들은 장소가 고정되기 때문에 '지역성'을 구성하는 요소라고 할 수 있다. 제3의 '의식'(마음)은 커뮤니티에 대한 애착심이나 귀속의식, 일체성이나 친밀

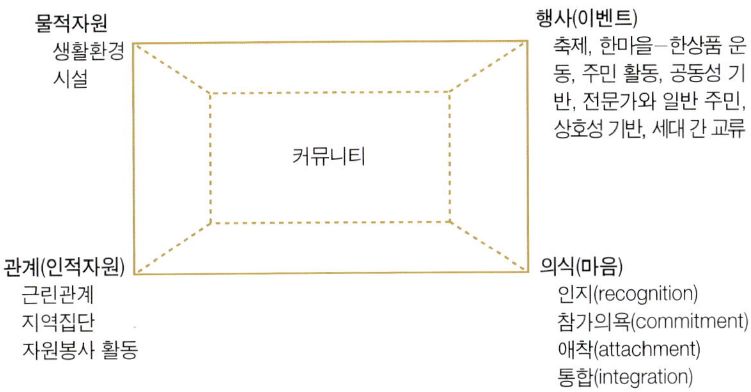

그림 3-2 커뮤니티 요소 모델

출처: 가네코(金子勇, 1993) 『都市高齢社会と地域福祉』

성, 참여 의욕, 지역생활 만족도 등으로 물재(물적 자원)의 하드웨어(시설)적인 요소와 대비되는 커뮤니티 의식과 같은 소프트웨어적인 요소다. 제4의 요소는 행사(이벤트)로 친밀한 인간관계를 축으로 공통의 문제를 해결하는 활동이나 운동을 가리킨다. 이것은 제3의 의식(마음)에서 파생한 활동으로 볼 수 있는데, 공동학습이나 공동훈련 등을 통해 동료의식을 경험하는 가운데 커뮤니티가 형성되기 시작한다. 구체적인 예로 축제나 주민 활동이 있다. 가네코는 이들 요소로 구성되는 종합적인 시스템을 커뮤니티로 정의하고, 지금까지의 전통적 공동체와는 다른 '열린 커뮤니티' '만들어지는 커뮤니티'와 같은 커뮤니티 형성을 중시한 요소 분류를 시도하였다.

커뮤니티액션의 정의

지역복지에서 커뮤니티는 어떤 활동 모델([그림 3-2]의 '행사' 요소)을 제시할 수 있을까. 가네코는 활동 모델을 종합적으로 설명하기 위해 '커뮤니티액션'이라는 개념을 사용한다. 커뮤니티액션이란 '지역사회 일부에서 발생하는 문제 처리를 위한 지역주민의 집단적 행위 또는 그 준비'(金子, 1997)다. 자발적이라는 점에서 자원봉사 활동이라고 할 수 있지만, 지역성이 전제된 문제와 지역주민의 높은 참여를 요구하는 문제 해결이라는 점에서 '자원봉사 활동'이라는 탈지역적인 용어를 사용하지 않는다.

커뮤니티액션이라는 활동 모델에서는 커뮤니티의 상호의존성(지역주민이 서로 의존하며 서로 지원하는 구조)이 조건이 된다. 일방통행식 서비스 공급이 아니라, 풍부한 상호적 시스템으로의 발전과 활동의 축적에 의해 커뮤니티액션은 지역복지 형성으로 연결된다. 다시 말해서 커뮤니티액션을 통해 '경험으로서의 커뮤니티'가 확립되는 가운데, 공(公)과 사(私)로 이분화되었던 주민 생활공간에 '共(공)'이 존재하게 되므로, 지역복지에 친숙한 새로운 '공생(共生)적 집단'으로서의 커뮤니티가 형성된다는 것이다(金子, 1997: 256). 이것은 '이웃 간의 관계 → 자발적 집단 활동 → 커뮤니티 형성'으로 이미지화된다. 지역복지는 지역사회 구성원의 커뮤니티액션의 함수로 파악할 수 있다는 것이다(金子, 1993: 12).

이런 가설에서 보면 지역복지는 지역주민을 커뮤니티로 통합하는 방법이다. 단, 무리하게 지역복지라는 공동 관심을 강요해서는 안 된다. 어디까지나 자발적인 참여를 통한 다원적 지역복지 만들기라는 관점이 중요하다. 이전의 '모두 다 함께'라는 전통적인 지역공동체 방식과는 다른 관점에서의 커뮤니티가 필요한 것이다. 또한 지역복지 활동을 선도하는 주민그룹이 지역복지 활동에 무관심한 주민들에 대해 부정적이거나 비판적으로 되는 것은 문제라는 가네코의 지적도 중요하다(金子, 1993: 252).

커뮤니티와 복지자원의 교차

지역복지를 동태적으로 파악하는 모델로 [그림 3-3]의 '커뮤니티와 복지자원의 교차'를 제시한다. 이 모델은 A, B 벡터가 나타내는 지역케어 자원의 형성을 커뮤니티의 주체와 공간이라는 두 가지 측면에서 파악하고, C라는 지역케어 자원 형성을 저해하는 '갈등' 개념을 도입한다.

앞서 제시한 S ⇔ P 모델에서 보면, 커뮤니티와 복지자원(전문기관) 둘 다 S의 주체에 해당한다. 커뮤니티액션이나 커뮤니티케어는 P의 지역케어 프로그램을 나타낸다. 지역케어 자원 형성에서 활동 주체를 구분하여 커뮤니티 구성원인 주민(=활동 주체)이 실시하는 프로그램을 커뮤니티액션으로, 복지자원을 이루는 전문기관이 실시하는 시설 입소자의 지역 이행이나 지역생활지원 프로그램을 커뮤니티케어로 부른다. 지금까지 벡터 A의 커뮤니티케어에 대한 연구는 노인 및 장

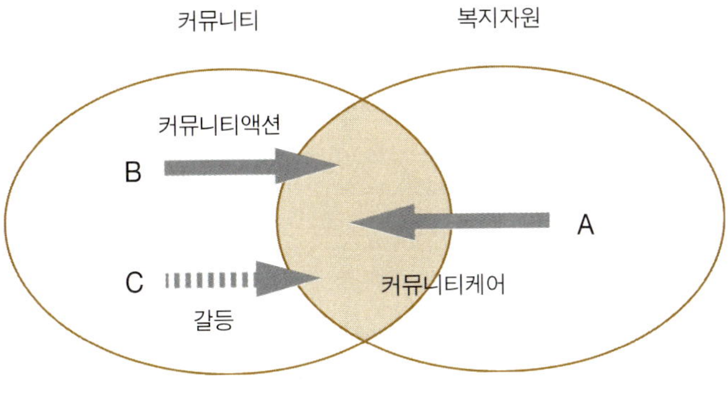

그림 3-3 커뮤니티와 복지자원의 교차

애인과 같은 대상별 연구에서 주로 해 왔으며, 지역복지 연구는 오로지 벡터 B의 커뮤니티액션에 집중해 왔다.

역사적으로 커뮤니티케어는 지역생활을 경시한 시설케어를 개선하려는 움직임 속에서 등장하여, 재가케어서비스나 시설과 재가의 중간에 주거와 케어를 조합한 케어주택, 그룹홈 등의 다양한 서비스를 창출해 왔다.

전문기관이 자발적으로 실시한 커뮤니티케어의 예로 '지역분산형 위성케어'가 있다. 이 용어는 2003년도 정부의 예산편성 요구에서 공식적으로 등장하는데, '고령자가 가능한 한 자신이 살아온 익숙한 지역사회에서 지속적으로 생활할 수 있도록, 시정촌과 특별양호노인홈 등이 연계하여 지역의 민가 등을 활용한 소규모 다기능 서비스의 전개를 지원하는' 사업으로 설명된다. 이 사업에는 지역사회에서 고령자가 지속적으로 생활할 수 있도록 지원하는 지역케어의 내용이 포함되고 있다. 특별양호노인홈 등이 지역의 소규모 다기능 서비스 사업소들과 네트워크를 만들어 이용자가 커뮤니티에서 생활할 수 있도록 지원한 이 자발적 실천은, 후에 지역밀착형 서비스의 한 형태로 제도화된다.

2. 커뮤니티에서의 용기 형성

커뮤니티에서의 주체와 공간

커뮤니티와 복지자원은 지역복지라는 틀 안에서 밀접한 관련을 맺고 있다. 서로 상호작용하여 지역케어 자원 형성의 역할을 수행한다.[3] 커뮤니티의 측면에서 보면, 지역복지의 지역(커뮤니티)은 복지 과제를 지닌 사람이 '지역에서(in the community)' 생활한다고 하는 공간 및 장소를 의미하면서, '지역에 의해(by the community)'라는 복지 활동의 주체를 의미하기도 한다. 이것은 지역복지가 사회복지 제도와 달리 공간 및 주체 개념을 중시하고 있음을 나타낸다.

[그림 3-1]의 제1단계를 커뮤니티액션이나 커뮤니티케어가 개별적으로 실천을 개발하는 단계라고 한다면, 각 실천 주체는 공간을 의식하고 있는 것일까. 다케가와(武川正吾, 2006)는 지역성(locality, 로컬리티)을 신체성과 관련지어 논하면서, 개호나 간호가 필요한 신체는 로컬리티와 분리될 수 없다고 하였다. 이러한 신체성 부분이 실천과 공간을 연결한다. 또한 신체적인 실천 주체의 실천 경험은 일종의 이력 형태로 지역(공간)에 축적된다(桑子敏雄, 2001).

지역케어 자원이 지역 공간에 증가한다는 것은 [그림 3-3]의 커뮤니티와 복지자원의 교차 부분이 커진다는 것이다. 이것은 하드웨어 자원의 증가만을 의미하는 것이 아니라 커뮤니티나 전문기관과 같은 자발적 실천 주체의 활동 이력이 축적됨을 의미한다. 이 활동 이력이 커뮤니티 의식에 영향을 주며, 커뮤니티는 그러한 이력을 감지하면서 지역케어 추진에 대한 거부적인 태도를 변용(變容)하게 된다. 그리고 커뮤니티 '주체'의 의식 변용 또한 지역의 이력으로 남게 된다. 다양한 주체의 신체적, 감성적 이력이 동일 공간에 존재함으로써, 〈표 3-1〉에서 제시한 지역복지 문화 및 토양 형성이 이루어지는 것이다. '지역복지의 용기'라는 것은 이러한 이력을 축적하는 공간으로, 그것을 배양할 수 있는 장치의 형성이다.

지역케어에서 발생하는 갈등

커뮤니티 구성원은 커뮤니티케어나 커뮤니티액션 프로그램을 거부하기도 한다. 지역복지 추진 프로그램의 역할 수행자인 커뮤니티가 지역복지 추진을 방해하는 것이다. 이러한 거부적 태도나 방해가 [그림 3-3]의 벡터 C의 갈등이다. 복지 과제를 안고 있는 사람들의 지역생활을 지원하는 복지자원을 정비하려고 할 때, 주민이 반대하는 것은 드문 일이 아니다. 예를 들면, 커뮤니티가 정신장애인을 위험한 사람으로 간주하고 정신장애인의 지역생활을 반대한다면, 커뮤니티를 기반으로 한 지역생활을 실현하기 위한 그룹홈 같은 커뮤니티케어 프로그램의 지역복지 추진은 순조롭게 진행되기 힘들다.

지역복지 추진은 커뮤니티와의 사이에서 발생하는 갈등을 구체적으로 해결해 가는 실천의 축적 없이는 달성되지 않는다. 따라서 커뮤니티케어의 진전은 커뮤니티의 의식 변화를 동반한 지역복지 추진인 것이다. 커뮤니티케어는 '커뮤니티와 함께(with the community)'라는 것을 통해 시설케어의 형태 변화만이 아니라, 지역복지 추진에도 커다란 역할을 한다. 커뮤니티 안에 장애 등의 복지 과제를 안고 있는 당사자와의 만남의 장을 만들어, 상호 무관심과 이해의 부재에서 오는 편견이나 차별을 극복해 가는 것이 갈등 해결로 이어지는 것이다.

용기로서의 사회자원과 사회자본

지역복지의 용기에는 다양한 실천이 발생하며, 그 실천 경험을 통한 이력과 함께 각 실천이 상호작용하는 가치 유발의 공간이 형성된다. 다양한 실천은 다양한 이력을 지니며, 상호작용을 통해 다양성이 축적된다. 이를 위한 조건으로 의사소통의 장(공간)이 보장될 필요가 있다. 지역에 밀착하는 지역케어의 실천 과정에는 그러한 공간이 포함되어 있는데, 그 공간에서 갈등도 발생한다. 그러나 갈등 또한 가치 유발 과정으로 커뮤니티의 중요한 이력을 형성하게 된다. 이렇듯 다양한 이력으로 가득 찬 공간이 용기를 형성한다.

여기에서 '이력'이란 사회자본(social capital)의 신뢰 등과 같은 개념으로 볼 수 있다. 원래 '용기' 개념은 미야모토(宮本憲一, 2007)의 『용기경제학』[4]에서 인용하였다. 여기에서 용기는 인간이 사회자본, 도시, 국가, 환경과 공동으로 사회를 형성, 유지, 관리해 가는 기초 조건을 의미한다. 이 책에서는 그러한 장대한 체계까지 인용하지는 않는다. 미야모토의 용기론에서 제시하는 사회자본(인프라 구조)과 같이, 지역복지의 인프라 구조로서 용기를 제시한다. 그러므로 사회자본이 커뮤니티에서 용기를 형성한다는 것이 아니라, 지역케어 자원의 형성을 통해 용기가 형성된다고 본다. 사회자본에서 '자본'은 생산적이며 어떠한 목표 달성에 도움이 된다는 이미지를 가진다. 하지만 그 자본은 사람과 사람의 관계성에 의해 부여되는 것으로 규정되고 있어 용기 형성으로 실체화하는 것은 어렵다(金子郁容, 2004). 또한 용기 개념에서 지역복지의 인프라 구조는 하드웨어적인 것만이 아니라, 협의(協議)의 장과 같은 소프트웨어적인 부분도 포함한다.

3. 용기 형성과 지역복지의 추진장치

지역복지의 추진장치: 지역복지의 생산수단

지역케어 자원의 형성을 지원하는 것이 커뮤니티워크이다. 필자는 지역복지의 구성 요소를 지역케어(프로그램)와 커뮤니티워크로 정리하고, 케어워커(케어 실천자)와 커뮤니티워커의 생산 활동을 통해 지역복지가 산출된다고 가정해 왔다.

커뮤니티워커는 실천의 순환성이나 파급성을 지원하지만, 개별적인 실천의 지원이므로 효율적인 지역복지 추진이라고는 할 수 없다. 일반적으로 지역복지 실천의 확대 메커니즘에서 커뮤니티워크의 기능을 중시하는데, 워커의 기술이 아니라 일종의 지역복지 '추진장치'라 할 수 있는 것에 주목할 필요가 있다. 이러한 추진장치가 앞절에서 제시한 '프로그래밍의 장'의 기능을 수행한다.

지역복지 추진장치는 지역복지의 재생산 구조에서 중요한 기능을 한다. 경제학적 관점에서 보면, 활동 주체(S)와 프로그램(P)에 대한 커뮤니티워커의 활동은 일종의 소비 수단(소비재)에 대한 생산 활동이다. 지역복지의 생산자인 커뮤니티워커가 생산 수단을 활용하지 않고 자신의 노동력만으로 지역복지 실천을 산출하는 것에 비해, 추진장치라는 생산 수단을 활용하면 지역복지 실천의 생산성은 비약적으로 높아진다. 또한 많은 커뮤니티워커를 배치하지 않아도 효율적으로 지역복지 실천을 보급할 수 있다.

지금까지 지역복지 추진에서는 주로 지역복지 프로그램과 그 효과에 관심을 기울여 왔지만, 추진장치라는 용어를 사용함으로써 프로그램의 생성 기반이나 지속 기능에도 관심을 기울이게 된다. 예를 들면, 소지역 조직인 '지구사협'(제4장 참조)은 협의의 장이 아니라, 활동 주체(S)로 파악하는 경향이 강했다. 추진장치라는 관점에서 협의의 장인 지구사협은 다양한 소지역 활동의 추진 기반으로 파악할 수 있다. 사협워커의 지구사협 지원은 본래 이러한 장치로서의 기능 유지를 위한 지원이었다. 전국사회복지협의회에서는 이러한 소지역 활동의 추진 기반을 '지역복지 추진 기반 조직'이라고 부르고 있다(전국사회복지협의회: 사회 참가 활동의 개호보험 제도로의 활용 등에 관한 조사연구위원회, 2008).

지역복지의 용기를 구성하는 지역복지계획

제2장 2절의 중층적 추진장치 만들기(그림 2-4)에서 제시한 것처럼 지역복지계획 조직화는 개별 실천이 지역 전체의 실천으로 파급되는 단계를 나타낸다. [그림 3-1]의 제2단계의 장에서도 '상호작용'을 추진하기 위해 지역복지계획이 존재한다. 지역복지계획은 지역복지 용기의 형성에서 중요한 의미를 지니며, 이미 A ⇒ B ⇒ A′ 모델의 '계획공간' 형성에서 그 기능을 언급한 바 있다.

A ⇒ B ⇒ A′ 모델은 계획공간을 반영한 A′의 지역복지 실천 구조를 제시한다. 지역복지계획의 요소로 지역복지 실천을 구성하는 주체(S)와 프로그램(P)에 협의 벡터(T)를 추가하면, 지금까지의 평면적인 실천의 확대와는 다른 공간적인 구조를 볼 수 있다(그림 3-4).

지역복지계획의 협의 경험을 통해 참여자는 협의의 장에서 실천자 간 또는 실천자와 공공행정 간의 관계 만들기에 대한 중요성을 인식하게 된다. 그러한 경험은 활동 주체와 프로그램이라는 지역복지계획의 내용에 협의 기능이 추가되어야 함을 시사한다. 특히, 공공행정이 '협의의 장' 만들기와 그 장으로의 참여를 지역복지 추진으로 평가한다면, 협의의 장 설치 운영의 필요성은 더욱 증대한다. 이것이 지역복지계획의 내용으로 협의의 장을 프로그램화하는 것이다(T_n).

지역복지 실천의 축적 형태는 다양한 모습을 취한다. [그림 3-4]에서는 계획의 내용을 직육면체 모델로 표현하고 있지만([그림 3-1]에서는 원통으로 표현), 시행단계를 거치면서 3차원 실천의 집합체는 직육면체(또는 원통)와는 다른 복잡한 형태의 지역복지의 용기가 형성된다. 여기에는 계획 내용이 아닌 자발적 실천도 포함된다.

계획 내용을 보다 발전시키기 위해 계획공간 속에서 활동 주체 간

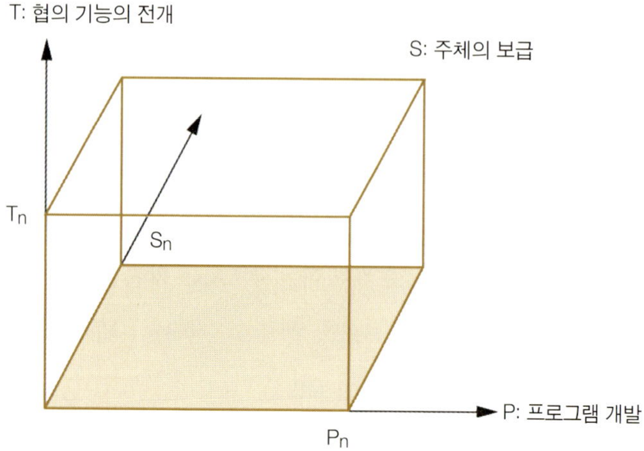

그림 3-4 **지역복지계획에서 협의의 계획화**

또는 프로그램 간의 연계 및 융합이 진행될 필요가 있다. 활동 주체의 만남이나 협의, 협동이 A′의 직육면체를 보다 풍부하게 한다. 구체적인 내용은 제5장의 다카하마시 지역복지계획 수립에서 소개하도록 한다. 중앙정부의 지역복지 추진 정책의 보급을 위한 도구로서의 계획이 아니라, 계획에 참여하는 다양한 주체와 함께 지역에 내재하는 실천을 해석하고 개발하는 프로그래밍을 시도하는 계획이 될 필요가 있다. 이를 위해서 지역복지계획의 계획공간은 보다 자율적이어야 한다. 또한 공공행정도 계획공간에 참여할 수 있는 장치화가 필요하다. 협의 기능의 계획화를 통해 자율성 높은 계획공간을 형성하는 것이 필요한 것이다. 많은 주체의 참여를 통한 분권적인 운영을 실현하는 계획공간의 형성은 지역복지계획의 특성이다. 이 계획공간을 통해 시정촌 행정은 상향식 지역복지를 추진하는 방법을 손에 넣게 된다. 이처럼 지역 거버넌스(local governance)의 실험으로 지역복지계획이 주목되고 있는 점에 대해서는 제3절에서 다룬다.

지역복지계획에는 자발적인 S ⇔ P 순환을 위해 지역복지 추진장치의 계획화뿐 아니라, 워커를 배치하는 것과 같은 조건정비 프로그램이 필요하다. 사협의 지역복지 활동 전문원이나 지역복지 코디네이터, 커뮤니티 소셜워커의 배치 등이 조건정비 프로그램에 해당한다. 이들 워커가 지역복지 용기의 중요한 부분을 구성한다. 이 점에 대해서는 제4, 5장에서 상세히 다룬다.

제3절 지역복지 추진의 메조 연구

1. 지역복지 추진 연구

지역복지의 용기를 다루는 메조 연구

이 책의 지역복지 추진 연구는 간단히 말하자면 지역복지 용기의 축적 및 누적구조에 대한 '메조 연구'라고 할 수 있다. 대상별 복지 제도를 통해 전개되는 지역케어가 지역복지 추진의 정책 환경에 큰 영향을 미친다는 것은 제1장에서 언급한 대로다. 시정촌이라는 정책공간 속에서는 국고보조사업이나 지역복지계획과 같은 지역복지 추진 정책보다 대상별 복지 제도에 의한 지역케어의 영향이 더 클 것이다. '지역복지의 용기'라는 개념은 시정촌의 정책공간 속에서 대상별 복지의 보급을 통해 발생하는 효과를 받아들이는 지역복지의 장치라고 할 수 있다.

제2장에서 언급했듯이 자발적 실천을 출발점으로 한 지역복지 프로

그래밍은 A: 실천화만이 아니라, B: 계획화 및 사업화, C: 정책화를 지향하지만, 결국 지역복지 프로그램(P)은 실천 조직인 주체(S)가 없이는 실체화되지 않는다. 출발점과 종결점이라는 의미에서 실천 부분이 중요한 위치를 점하게 된다. 지역복지의 용기는 이러한 실천 부분을 보호하고, 프로그래밍의 다양한 '조립'(실천화, 계획화 및 사업화, 정책화)이 이루어지는 조건을 유지하면서 지역에 실천을 축적하는 조건을 형성한다. 이러한 상향식과 용기형의 관련에 대해서는 〈표 3-1〉에서 설명했으므로 여기서는 생략한다.

이 책에서 다루는 내용은 메조 연구의 영역이다. [그림 3-5]에서 메조 영역의 의미와 지역복지의 용기의 범위를 비교하고 있다. 메조 영역으로 시정촌이라는 기초지방자치단체의 공간적 영역을 상정하고, 그 공간에 각각의 지역복지 실천이 집합체로 존재하면서 중앙과 도도부현의 지역복지 추진 정책에 영향을 미친다고 본다. 메조 영역에서의 실천-계획-사업-정책의 관계를 간단히 언급하면, 지역에서 각각의 지역복지 실천이 축적되는 가운데 지역복지계획의 필요성이 생겨나고, 우선적으로 추진해야 할 지역복지 실천의 대상이나 조건이 정책화된다. 각각의 실천과 실천을 집합적으로 처리하는 정책 사이에 지역복지계획이 실천과 정책이라는 양자를 연결하는 도구로 기능한다. 계획 수립 과정에서는 실천 조직의 개발력이 중시되는데, 새로운 정책 과제의 제시와 실천 주체의 형성이 함께 진행되면 원활한 계획 시행으로 이어진다. 예산화된 지역복지 프로그램 사업도 실천과 정책 사이에 위치한다. 이처럼 지역복지계획 또는 지역복지 프로그램을 매개로 실천적 범주와 정책적 범주가 이어지게 된다. 또한 정책 주체의 입장에서 보면, 지역복지계획은 주민 참여와 행정 참여의 중요한 기회가 되는 지역 거버넌스의 실험의 장이 될 수 있다.

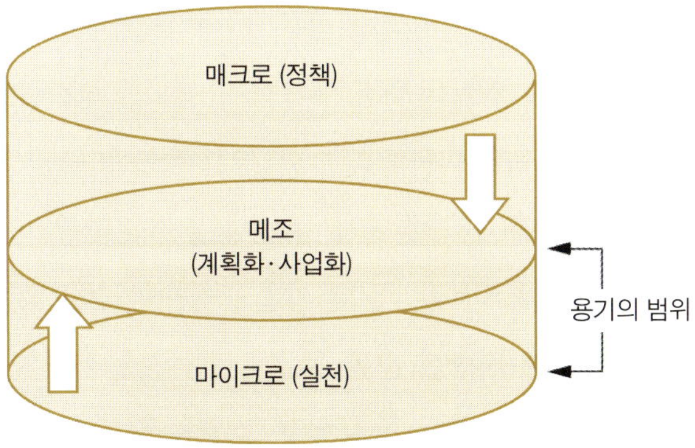

그림 3-5 메조 연구와 용기의 범위

마이크로(micro)와 매크로(macro)를 연결하는 메조(mezzo) 연구

지역복지 추진 틀의 핵심은 마이크로(실천)와 매크로(정책)를 연결하는 메조 영역의 지역복지계획과 지역복지 프로그램이다. 이 메조 영역에 대한 연구가 이 책의 중심 내용이 되고 있다. [그림 3-5]는 지방자치단체 차원에서 계획화와 사업화를 매개로 매크로와 마이크로를 순환하는 관계를 나타낸다. 상향 벡터에서는 지역에서의 실천을 바탕으로 한 계획화나 사업화를 통해 지역복지 추진 정책이 형성된다. 보급을 위한 하향 벡터에서는 지역복지계획이나 프로그램이 정책 시행을 지원하는 기능을 수행하여 지역복지 실천을 추진한다. 그리고 지역복지 추진 과정에서 계획이나 프로그램상의 내용을 뛰어넘는 자발적 실천이 생성되는 파급효과가 발생한다. 이렇게 파급된 실천은 또다시 정책화를 위해 순환하게 되는 마이크로 영역이 된다.

이 책은 마이크로 실천에서 매크로 정책에까지 이르는 지역복지 추진 체계의 전체를 다루지는 않는다. 어디까지나 연구 범위를 지역복지 추진의 메조 연구로 한정하고 있다. 따라서 이 책에서 말하는 추진 방법은 중앙정부의 매크로 지역복지 추진 정책 자체를 분석 대상으로 하지 않으며, 마이크로 차원에서의 각각의 지역복지 실천 및 지원 기술을 대상으로 하지도 않는다. 메조 연구는 시정촌이라는 지역복지의 용기를 단위로 다원적인 주체에 의한 자발적 실천의 상향식 추진이 중앙정부, 광역지방자치단체, 해당 기초지방자치단체, 커뮤니티를 통해 순환되고 축적되는 메커니즘을 다룬다.

그렇다고 해서 좁은 범위의 메조 연구를 설정하고 있는 것은 아니다. [그림 3-5]에서처럼 지역복지 추진은 시정촌 지방자치단체라는 공간에서 전개되는 실천 – 계획 – 사업 – 정책의 전체를 다룬다. 추진 방법으로 제4장에서는 마이크로 실천과 관련된 커뮤니티워크를, 제5장에서는 메조 연구의 중심을 이루는 지역복지계획을, 제6장에서는 매크로 정책과 관련해서 지역 거버넌스의 관점으로 지역복지 프로그램과 추진 정책의 구조를 제시한다. 이처럼 제2부의 방법론은 상향식 지역복지 추진의 순서인 실천 – 계획 – 사업 – 정책의 순으로 전개된다.

2. 용기의 제시에서 지역복지 추진의 방법으로

지역복지 추진 방법과 정책적 문맥

제3장은 보이지 않는 지역복지의 용기를 보이게 하는 작업에서 시작했다. 이 작업은 이론적 틀만이 아니라 지역복지의 용기를 인식한 계획이나 사업, 정책과 같은 추진방법론의 내용에 이르고 있다. 그러므로 제1부의 이론적 틀에서 제2부의 방법론으로 전개하면서 지역복지의 용기 개념의 방법론적 관점을 정리한다.

첫째, 지금까지 간접 지원으로 파악해 온 커뮤니티워크에 지역복지의 용기 개념을 도입하여 '간접적'이라는 성격을 바꾼다(제4장). 커뮤니티워크는 직접 지원에 필요한 자원 개발이 주요한 역할임에도 불구하고, 문제를 안고 있는 당사자를 간접적으로만 지원한다고 해석해 왔다. 활동 주체와 프로그램의 조합을 지역복지 실천이라 할 때, 지역복지 실천이 상호작용하면서 새로운 프로그램을 해석하는 장을 용기 형성의 장치로 만드는 역할은 간접적이 아닌 직접적인 지원이라 할 수 있다.

둘째, 용기 개념으로 지역복지계획을 파악해 보면, 지역복지계획의 수립 및 시행 과정을 통한 계획공간 형성은 용기 형성이 된다. 특히 계획공간을 통해 지금까지 지역복지 실천에 참여하지 않았던 공공행정이 참여하게 되면서, 지역복지라는 용기의 구성원으로 행정이 등장하게 되었다. 공공행정의 계획이면서 공공행정의 참여를 지향한다는, 어찌 보면 딜레마로 보이는 이 방법이 큰 변화를 초래하는 요인이 된다. 이러한 딜레마를 푸는 열쇠가 지역복지계획에서의 거버넌스 실험이라고 할 수 있다.

계획공간이라는 것은 거버넌스 실험의 장으로서 지역복지계획의 기능을 표현한다. 그 공간에서 연구자의 참여 및 역할에 대해서도 주목할 필요가 있다. 지역복지계획을 필드로 하는 연구자는 계획 과정을 통해 해당 지역의 지역복지 실천을 연구하면서, 새로운 지역복지 실천의 가능성을 제안하는 역할도 한다. 그런 의미에서 연구자가 새로운 거버넌스 실험에 관여한다고 볼 수 있다.

한편, 용기로서의 지역복지에 거버넌스론을 도입하면 '자치형 지역복지'로 연결될 수 있다. 우다(右田紀久恵)가 구상하는 자치형 지역복지론 연구[5]는 이 책의 지역복지 추진 연구를 통해 보다 응용성이 높은 이론으로 발전할 수 있을 것이다.

복지사회와 복지국가의 협동이라는 문맥

셋째, 지역복지의 용기는 지역복지와 사회복지 제도의 협동을 중시하고 있으며, 그 협동이 진전되는 공간이다. 다케가와(武川正吾, 2008a)가 제기한 복지국가와 복지사회의 협동관계 구축이라는 문맥에서 용기의 개념은 일종의 '복지사회'로 보인다. 그런 의미에서 지역복지의 가치를 중시하는 사회 구축이라는 지역복지의 용기가 존재할 수 있다. 하지만 지역복지 추진 방법론의 제시가 이 책의 최종 목적이므로 용기 개념을 복지사회로 확장시키지는 않는다.

지역복지의 용기는 대상별 복지 제도에 따른 지역케어 추진의 효과를 통해 확대될 필요가 있다. 예를 들면, 대부분의 '케어의 사회화'는 재원 문제 때문에 제도의 일부를 지역복지에 이관하는 것으로 이해된다. 그러나 이러한 지역케어 영역은 이미 민간 사업자의 참여라는 규제 완화와 함께 이용자(소비자) 선택을 중시하는 '시장 패러다임' 복지 시스템이 되고 있다. 이러한 환경에서 과연 이용자는 지역복지가 지닌 자발성을 인식할 수 있을까. 지역케어 추진에서 지역주민의 자발성을 바탕으로 하는 지역복지와 개호보험 시스템의 협동이 상호 보완적 관계를 구축하는 것은 가능할까. 그것은 지역에서의 실험적 모색의 결과에 따라 판단될 수 있을 것이다. 이러한 실험적 모색은 지역케어 활동이나 운동에 주민이 참여하는 과정을 통해 수행될 수 있으며, 그 과정 자체가 다양한 형태로 지역복지의 용기에 축적될 필요가 있다. 그리고 시장 패러다임으로 생활권역에서 제공되는 지역케어만을 선택하는 것이 아니라, 협동이나 협의를 통해 생활권역에서 자치적으로 지역케어를 만드는 지역복지계획 수립을 생각해 볼 필요가 있다. 지역복지계획에서 개호보험의 지역케어를 포괄한 지역복지를 구상하면서, 개호보험의 서비스로 해결할 수 없는 문제에 대해서도 새로운 지역케어 및 프로그램 개발을 시도할 수 있다. 이러한 지역복지계획의 시도는 귀중한 지역 거버넌스의 학습과 실험의 장이 된다. 지역복지계획 수립은 새로운 정책 협의의 공간으로서, 주민 자치를 모색하는 장으로 활용될 필요가 있다. 서비스 운영을 지역 조직에 이관하는 '지역 내 분권'이라는 동향을 지역주민은 어떻게 받아들이고 있는가. 지역복지계획은 이러한 주민의 참여, 협동, 자치를 성장시키는 협의적 공간으로 운영되어야 한다.

원서 후주

1 우치다(内田義彦, 2000)는 '正確さということ'『生きること 学ぶこと』(藤原書店)에서 加藤周一의 '적절한 친밀'의 용법을 소개하고 있다.

2 이 부분의 내용은 히라노(平野隆之, 2008d)의 'コミュニティと福祉資源' 平野隆之·宮城孝·山口稔編『コミュニティとソーシャルワーク(新版)』(有斐閣)을 기초로 집필한 것이다.

3 여기서 말하는 틀이라는 것은 분석적 의미의 틀이며, 실제 실천이라는 구체적인 세계를 파악하는 것은 아니다.

4 미야모토(宮本憲一)의 '容器の経済学' 구상에 힌트를 얻고 있다. '宮本憲一教授に聞く『容器の経済学』の体系化をめぐって', 이케가미 준 외 편(池上淳·林健久·淡路剛久編, 1991)『二十一世紀の政治経済学』(有斐閣)을 참조할 것.

5 우다(右田紀久恵, 2006)의『自治型地域福祉の理論』(ミネルヴァ書房)에서 자치형 지역복지론과 자치형 지역복지 이론이 명확히 구별되고 있으며, 그러한 관점은 이 책의 문제 제기와 관심에 연결되고 있다.

제2부

지역복지 추진의 방법

제4장 커뮤니티워크와 지역복지 추진장치

제5장 지역복지계획과 조건정비 프로그램

제6장 지역케어 프로그래밍과 복지의 지역력

제 4 장

커뮤니티워크와 지역복지 추진장치

제4장
커뮤니티워크와 지역복지 추진장치

지역복지 추진 방법이라고 하면 지금까지 지역복지 연구에서는 커뮤니티워크를 중심으로 논하는 것이 일반적이었다. 이 책에서는 제1장에서 제시한 것처럼, 지역복지 추진의 정책에 대한 논의와 같이 지금까지의 지역복지 연구와는 다른 접근 방법을 취하고 있다. 지역복지 추진의 이론 정리에 있어서도 커뮤니티워크를 전면에 내세우지 않고, 활동 주체와 프로그램의 순환을 나타내는 S ⇔ P 모델의 제시 정도에 그치고 있다. 이렇게 커뮤니티워크에 대한 언급을 억제하는 것은 제3장에서 지역복지 프로그램(지역케어)을 구성하는 두 가지 벡터인 커뮤니티액션과 커뮤니티케어 추진의 설명에 있어서도 마찬가지다.

이러한 접근 방법을 취하는 이유는 앞서 언급되었던 것처럼 지역복지 추진에 관한 정책 동향을 이 책이 중시했기 때문이다. 그런 점에 더해, 지역복지 추진에 있어서 커뮤니티워크라는 지원 방법에 지나친 기대를 하는 것은 한계 혹은 폐해까지도 있다고 본다. 지역복지 추진을 실천 차원에서만 생각한다면, 커뮤니티워크에 기대를 거는 것은 타당하다. 하지만 정책적 차원에서의 논의라면 그에 맞는 추진방법론을 구상할 필요가 있다. 커뮤니티워크, 엄밀히 말하자면, 커뮤니티워커에게 과도하게 기대하는 것은 문제다. 그러한 과도한 기대는 지역복지 추진의 역동성에 제약을 주게 된다. 따라서 이 책에서는 지역복지 추진의 방법론을 논하는 것을 목적으로 하면서도 기존의 지역복지 개념 구성에서 탈피하기 위한 개념 틀을 모색하여 커뮤니티워크에만 의존하지 않는 방법론의 틀을 선택한다.

우선, 커뮤니티워크의 개념에서 제2부 방법론을 시작한다(제4장). 활동 주체와 프로그램 실천의 순환을 나타내는 S ⇔ P 모델은 커뮤니티워크가 도입될 때 완성된다. 왜냐하면 지역복지 실천은 '지원 실천'이기도 하기 때문이다. 하지만 이 책에서는 커뮤니티워크에 지역복지 계획이나 지역복지 프로그램의 개발 및 보급과 같은 메조 차원의 지원 방법을 포함시키지 않는다. 이른바 지역복지 추진의 메조 방법론이라는 독자적인 방법론을 전개한다.

이러한 독자적인 방법론을 바탕으로 '커뮤니티워크와 지역복지 추진장치'에 대해 논한다. 1절에서는 마이크로 차원의 커뮤니티워크 지원 방법에 대해 언급한다. 활동 주체를 소지역 조직, 자원봉사 그룹, 당사자 조직의 세 가지 커뮤니티 그룹으로 구분해서 다루게 된다. 어떤 주체가 프로그램을 선택하는가에 따라서 지원 방법도 달라지게 된다.

2절에서는 커뮤니티워크의 관점에서 마이크로 지원 실천을 토대로 한 지역복지 추진이라는 메조 영역의 추진 방법을 다루므로, 커뮤니티워크 기법을 '주민 조직화' '네트워크화' '프로그램 개발(조직화)' '계획 조직화'의 네 가지로 분류한다. 마이크로의 S ⇔ P 순환 모델이 메조 차원에 어떤 영향을 미치는가. 특히, 네트워크화된 지원 시스템을 중심으로 설명한다.

제3절에서는 지역복지 추진 방법상의 새로운 개념으로 지역복지의 '추진장치'를 제안한다. 커뮤니티워커의 기술에 귀속하는 부분보다 워커를 보좌하는 수단 또는 장치의 기능에 주목한다. 이 지역복지의 추진장치는 지역복지 실천을 집합적으로 처리할 수 있는 장치로서 다층적으로 조립될 수 있다. 장치라는 명칭은 지역복지 추진의 인프라 구조라는 뜻이다. 보통 인프라 구조라 하면 시설과 같은 하드웨어 자원을 연상하게 되지만, 여기에서는 소프트웨어의 기능에 주목한다.

이처럼 4장의 내용은 지역복지 추진 방법의 선택지를 마이크로에서 메조에 걸쳐 다단계적으로 개발·정리하는 작업이 된다. 이 작업을 통해 지역복지 추진 방법을 다양화할 수 있을 것이다.

제1절 지역복지 실천 구조와 커뮤니티워크

1. 지역복지 실천 구조

지역복지 실천 구조란

제2장에서 지역복지 실천 구조는 지역복지로 자각되지 않은 개별적이며 자발적인 실천으로 등장한다. 그리고 활동 주체(S)와 프로그램(P)이라는 두 축의 순환관계를 기본 실천 구조로 제시하는데, 두 축을 구별하지 않았던 기존의 파악 방법과는 다른 방식을 제시한다. 또한 이러한 순환을 활동 주체(S)의 프로그램(P) 시행을 통한 '활동 실천

(S ⇔ P)'으로 파악한다.

이 S ⇔ P 모델을 발전시키면서 지역복지 실천 구조에 커뮤니티워크를 도입해 본다. 지역복지 실천은 활동 주체(S)와 프로그램(P)의 순환 부분과 그것을 추진하는 커뮤니티워크(CoW) 부분으로 구성된다(그림 4-1).[1] S ⇔ P 모델이 활동 주체가 스스로 활동을 시작하여 문제를 해결하는 '활동 실천' 구조였다면, [그림 4-1]은 커뮤니티워커가 관여하여 활동 주체의 원활한 활동 시행을 돕는다는 '지원 실천'에 무게를 둔 순환 구조이다.

지역복지 실천의 구조는 활동 주체(S)가 시행하는 프로그램(P)이라는 활동 실천과 5단계의 커뮤니티워크 지원 실천이 통합된 것이다.[2] 커뮤니티워크 지원으로 분류·정리한 5단계 중 '주체 조직화'나 '프로그램 실시'에서는 조직화 작업이, '문제 파악'이나 '프로그램 작성' '평가'에서는 분석적 작업이 중시된다. 어느 단계에서도 조직화와 분석적 작업은 필요하며, 이들 작업은 조합되어 전개된다. 예를 들면, '문제

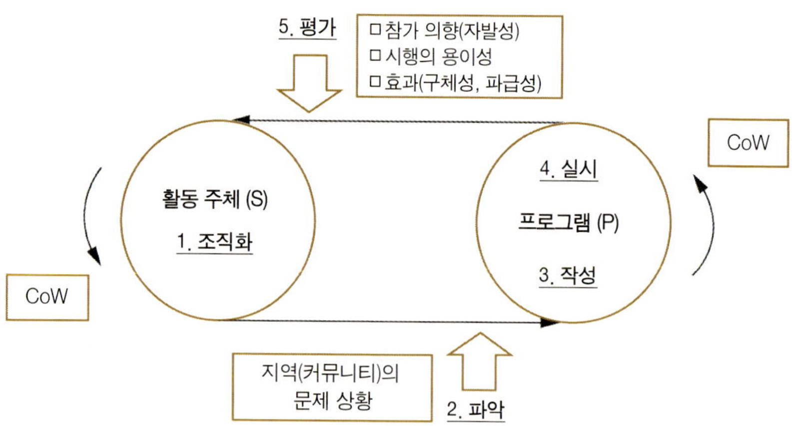

그림 4-1 활동 주체와 프로그램의 순환 (5단계)

파악'은 보통 분석적 작업으로 진행되나, 그 과정이 '주체 조직화'에 앞서 수행되는 경우에는 주체 발굴 과정으로 기능한다. 또한 이제까지 일본에서는 커뮤니티워크의 지원 실천에 관한 단계 구분에서, 조직화 작업에 비해 분석적 작업이 경시되는 경향이 있어 왔으며, 그로 인해 프로그램 실시 과정의 기술 개발이 뒤처져 왔다.

제2장에서 언급한 것처럼, 활동 주체 스스로의 순환 유지가 가능한 지역복지 추진을 위해서는 프로그램 실시 과정에서의 기술 개발이 강력히 요구된다. 그러므로 커뮤니티워크 기능을 어떻게 주민 조직이나 전문기관에 부여할 수 있을 것인지가 지역복지 추진의 중요한 과제가 되는 것이다.

커뮤니티 그룹과 프로그램 선택

커뮤니티워크를 조직화하는 작업의 중심을 이루는 '주체의 조직화'와 분석적 작업인 '프로그램 작성'이라는 두 가지 과정을 관련지어 정리해 보자. 예를 들어, 지역에서 고립된 독거고령자들이 있다. 사회복지협의회의 커뮤니티워커가 그들을 지원하는 활동 주체를 조직화하려 할 때, 다음 세 가지 유형을 고려할 수 있다. 첫 번째는 지리적 커뮤니티 조직화인 소지역 조직(지역성)이다. 고령자가 거주하는 지역의 주민자치회를 단위로, 이웃 주민을 중심으로 독거고령자의 안부 확인을 위한 자발적인 소지역 네트워크 등을 만드는 것이다. 두 번째는 당사자 조직(공동성)이다. 독거고령자 당사자들의 네트워크를 만드는 것으로, 모임이나 그룹 등의 조직화를 꾀하여 스스로의 공통적 과제 해결을 위한 주체적 활동을 조직하는 것이다. 세 번째는 독거고령자 지원에 관심을 가지고 모이는 자원봉사 그룹의 조직화이다.

이제 활동 주체가 시행하는 프로그램에 대해 살펴본다. 독거고령자 지원을 위한 활동 주체로 자원봉사자 그룹이 조직되었다면, 이들은 어떤 지원 프로그램을 선택할 수 있을까. 대표적인 예로, 다음의 세 가지 프로그램이 있다. ① 폐교 등을 활용한 미니데이서비스 실시, ② 긴급통보 시스템의 근린 협력자로 참여, ③ 급식서비스의 자원봉사자로서의 참여가 그것이다. ①에서는 은둔하기 쉬운 독거고령자의 외출 기회를 만들어 사회관계 유지 및 확대를 지향한다. 그리고 ②는 허약한 독거고령자의 불안이나 긴급한 사고 발생에 대응하는 것으로, 고령자가 손쉽게 이용할 수 있도록 하려면 근린 협력자 확보가 불가결한 시스템이다. ③의 급식서비스는 독거고령자의 식생활을 지원하는 서비스로, 안부 확인이나 약간의 대화나 상담이 가능한 방문배식서비스다. 이렇듯 어떤 프로그램이든지 커뮤니티 참여가 필요하며, 그 참여 밀도에 따라 프로그램의 효과가 좌우된다.

자원봉사자 그룹이 어떤 프로그램을 선택할지는 지역에서 과제의 성격과 자발적 관심 정도의 조합에 의해 결정된다. [그림 4-1]의 '지역의 문제 상황'을 다음과 같이 세 가지로 분류해 보면, 각각 다른 프로그램이 구상될 수 있다. 자원봉사자 그룹이 판단하기에, 독거고령자의 사회 참여적 장이 부족하다고 인식하게 되면 미니데이서비스 프로그램을 선택할 수 있다. 갑작스런 발작으로 쓰러지고 발견이 늦어져 사망하는 경우가 염려되면 긴급통보 시스템을 구축하는 결정이 바람직할 것이다. 긴급통보 시스템에서는 긴급통보 시 대응할 자원봉사자의 참여가 필요하다. 보건사의 방문 활동 등에서 독거고령자의 식생활 악화가 파악된다면, 그것을 계기로 자원봉사자 그룹이 급식사업에 참여하는 결정을 내릴 수 있다. 이와 같이 지역의 욕구에 기민하게 대응하는 것이 자원봉사자 그룹의 특징이다.

자원봉사자 그룹의 프로그램 선택은, 제2장에서 소개한 프로그래밍의 세 가지 분류(실천 조직의 실천화, 시정촌의 계획화 및 사업화, 도도부현 또는 중앙의 정책화)로 보자면, 실천 조직에 의한 실천화에 해당한다. 이러한 관점에서, 커뮤니티워커는 ① 기존 실천을 해석한 정보를 바탕으로, ② 기존 제도로는 대응할 수 없는 지역의 문제 상황에 대해, ③ 자원봉사자 그룹(실천 조직)의 합의 형성을 꾀하면서, ④ 프로그램을 조립(실천화)하게 된다.

일반 커뮤니티에서 복지 커뮤니티로

자발성을 계기로 형성된 자원봉사자 그룹과는 달리, 의도적인 지원 실천 형태로 조직화되는 소지역 조직은 대체로 초등학교 권역을 단위로 자치회나 노인클럽, 부인회, 민생위원 등을 멤버로 하는 지역복지 추진 활동체나 협의체로 구성된다. 이것은 시정촌 사회복지협의회의 커뮤니티워커에 의해 수행되는 경우가 많은데, '지구사회복지협의회'(지구사협) 또는 초등학교 구역을 단위로 한다고 해서 '교구사회복지협의회'(교구사협) 등으로 불린다.

지구사협의 조직 만들기는 자치회를 기반으로 진행되는 경우가 많기 때문에 시행 프로그램이 자원봉사자 그룹과는 다르다. 이 경우에 프로그램이란 문제 해결보다는 조직 형성을 위한 과정적 성격을 제시하는 것이다. 자치회는 지역주민이 자동적으로 가입되는 것으로 지역 내 과제, 특히 복지 과제에 대한 주체적 참여의 조건은 결여되어 있다. 그러므로 복지를 테마로 하지 않는 일반 커뮤니티형 활동에 착수하여 그 성과를 근거로 복지 커뮤니티형 활동으로 이행하는 방법이 커뮤니티워크의 주요 과제가 된다. 다시 말해, 자치회를 기반으로 조직화된 지구사협을 어떻게 복지 커뮤니티형 활동 주체로 자극할 것인지가 과제가 되는 것이다. 이처럼 활동 주체를 형성하기 위한 프로그램 선택이 소지역 조직의 경우에는 중요하다.

[그림 4-2]는 '참여 프로그램'과 '(소지역) 조직 운영'이라는 두 축을 가지고, 커뮤니티워크의 전개를 3단계로 제시한 모델이다. 제1단계는 비교적 간단한 활동으로 일반 커뮤니티가 관심을 가지기 쉬운 프로그램을 축으로 조직화하는 것이다. '빈 캔 회수' '3세대 후레아이사업' 등 참가하기 쉬운 프로그램이 준비될 필요가 있다. 운영 또한 사협의 사업 지정에 의한 것으로 대체로 임원들 주도의 활동이 된다.

제2단계는 지역 조직 활동을 경험하는 가운데, 복지 커뮤니티형 활동으로 전개해 가는 것으로, 먼저 복지대학과 같은 학습 활동 프로그램이 시도된다. 이러한 강좌나 학습회의 강좌 내용 기획 등은 참여의 여지가 큰 부분으로 임원 이외에도 협력하는 층이 증가하게 된다. 이러한 강좌나 학습 내용이 확대되거나 중점화되면 지속적인 강좌 개최로 이어지기도 한다. 이때 커뮤니티워커는 임원층이나 협력 멤버에게 강좌 기획을 위한 정보 제공을 적극적으로 요청하게 된다. 수동적인 학습의 경우, 아무리 학습해도 실제 활동으로는 좀처럼 전개되지 않는다. 따라서 해당 지역의 문제인식을 가미하여 '복지지도 만들기'나 고령화 문제의 '주민간담회(懇談会)'• 등으로 이행시킬 필요가 있다. 커뮤니티워커는 복지지도 만들기의 노하우를 제공하면서 휠체어 이용자 같은 복지 당사자의 참여를 촉진하는 역할도 한다. 이러한 단계가 되면 임원 중심의 운영이 아니라, 관심을 가진 멤버들이 폭넓게 참여하는 실행위원회를 구성할 수 있게 된다. 이런 기회를 통해 커뮤니티워커는 임원 중심의 활동 조직을 대체한 실천 조직 만들기를 추진할 수 있다.

역자주

• '주민간담회'라는 것은 '주민좌담회'라고도 하는데, 주민들의 의견 교환 및 협의의 장을 가리킨다. 주민들의 주체성, 자발성을 중시하는 지역복지에서는 주민 활동 조직화를 염두에 둔 주민들의 의견 교환 및 협의의 장을 형성하기도 한다.

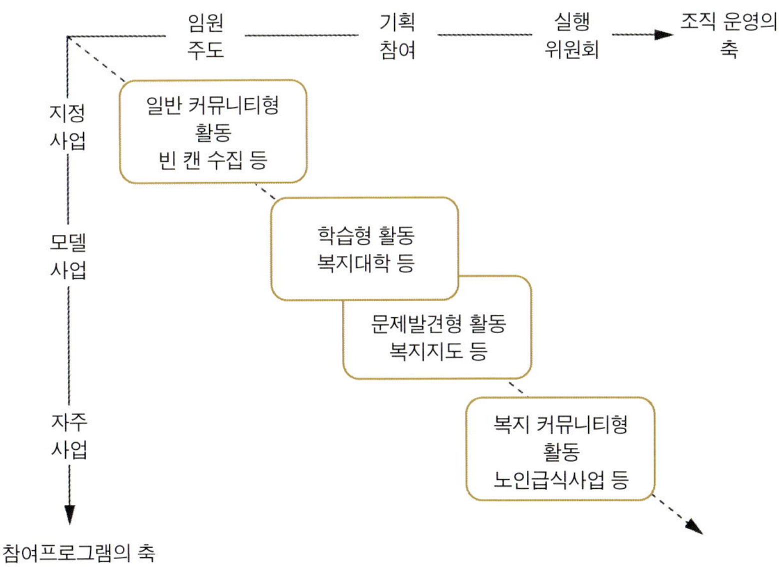

그림 4-2 소지역 조직화 지원의 전개

프로그램 선택 기준

제3단계에서는 지도 만들기나 간담회를 통해 밝혀진 지역의 여러 과제들 가운데 소지역 조직에서 수행할 수 있는 과제를 추출하여 사업을 개발하게 된다. 이때 실행위원회가 그것을 수행하는 중심축이 된다. 구체적인 프로그램으로 독거고령자에 대한 식사서비스나 안부 확인 목적의 소지역 네트워크 등의 시행을 기대할 수 있다. 지역의 과제에서 시작된 프로그램은 모델사업 프로그램과는 그 내용이 다르므로, 활동 조성 방법도 제안형으로 할 필요가 있다. 프로그램 선택의 기본은 활동 주체인 커뮤니티 그룹이 선택해야 한다는 것이다.

그러나 프로세스의 제5단계 평기(그림 4-1)에서 니티낸 것처럼 프로그램 실시 상황을 판단하면서 프로그램 선택 기준을 재검토하는 작업이 필요하다. 활동 주체의 자발적 선택이라는 기준 외에 몇 가지 더 선택 기준을 명시해 보자. 소지역 조직이 수행하는 프로그램에 있어서는 '시도하기 쉬운 것', 효과의 '구체성', 다른 테마로의 '발전성' 등과 같은 기준(표 4-2)에서 단계적으로 발전 확대해 가는 방법이 중요하다.

이들 기준은 제2절에서 상세히 설명하겠지만 문제 해결을 위한 프로그램성에만 관심을 가지는 것이 아니라, 지역복지 추진의 관점에서 그 후의 발전성까지를 기대한다. 그러한 기대를 바탕으로 커뮤니티의 참여가 간단한 프로그램부터 시작하여 순차적으로 다른 활동들로 확대해 가는 것이 중요하다. 또한 커뮤니티 사람들에게 일상생활에서 밀접하고 절실한 문제를 제시하여, 이것을 계기로 조직 활동을 전개해 간다는 의미에서는 문제의 보편성이나 효과의 구체성 등을 중시해야 할 것이다. 보편적인 문제 해결을 시도해 가는 경험 속에서 조직 활동의 의의를 체험하게 되면, 그외의 문제에 대해서도 주체적인 전개가 가능하게 된다는 계획적인 판단도 필요하다. 이러한 프로그램의 선택은 지역복지 실천을 평가하는 데 중요한 기준이 되는 것이다.

2. 커뮤니티워커에 의한 지원의 확장 : 당사자 조직

당사자 조직의 지원 분류

장기적인 지역복지 추진을 생각한다면, 독거고령자에 대한 자원봉사자 그룹의 지원 프로그램이나 소지역 조직을 기반으로 한 안부 확인 소지역 네트워크 프로그램만이 아니라, 지원이나 네트워크의 중심에 독거고령자가 주체적으로 참여할 수 있는 '혼자 생활하는 노인 모임'

만들기와 같은 당사자의 주체적 활동에 대한 지원이 필요하다. 지역복지의 추진 과제를 달성해 가는 과정에서 커뮤니티워커는 반드시 당사자 그룹을 지원해야 한다.

지금까지 사협 커뮤니티워커의 관심은 소지역 조직인 지리적 커뮤니티에 집중되어 공통된 문제나 과제를 안고 있는 당사자 조직의 공통이익 커뮤니티에 대한 관심은 상대적으로 약했다. 지역주민이 지역케어에 참여하면 할수록 지원하는 측의 가치관에 의한 간섭이나 압력이 발생하는 경우가 증대한다. 그러므로 지역케어에 요구되는 지역주민 참여는 당사자와의 연대를 지향해야 하며, 이를 위해 커뮤니티워커가 지역주민 참여뿐만 아니라, 개호 당사자의 주체적 연대를 촉진할 필요가 있다. 커뮤니티워커는 공통이익 커뮤니티 형성에 보다 관심을 기울여야 한다.

커뮤니티 그룹 안에서도 당사자 조직화는 다른 두 가지 조직화와는 상이한 측면이 많다. 〈표 4-1〉은 부자가정 당사자 조직에 대한 한 실천연구를 통해 정리한 틀로 커뮤니티워크의 지원을 분류한 것이다. 당사자 조직에 대한 지원의 성격을 구조적 측면, 자기변용 기능, 사회적 기능, 지원 시스템으로 분류하여 각각의 원리 및 내용, 목표가 제시되어 있다. 이제까지 자원봉사자 그룹이나 소지역 조직에서의 지원은 지원받는 측과 지원하는 측이 구별된 내용이었지만, 지원대상 당사자를 포함한 당사자 조직의 경우에는 조직(원)의 자기변용, 당사자의 자발적인 서비스 개발, 그리고 당사자 조직을 지원하는 조직과의 조정 등, 그 지원 내용이 다양하게 전개된다.

〈표 4-1〉 **당사자 조직에 대한 지원의 분류**

지원 대상	조직의 구조적 측면	조직(원)의 자기변용 기능	조직의 사회적 기능	조직에 대한 지원 시스템
원리	형식정비 (formalization)	회원 자신의 인식 및 행동 변용 지원	문제 해결을 위한 사회적 시도의 지원	인터그룹 코디네이션
내용	회칙 성문화 임원체제 정비 회비 징수 등	서로 격려하기 가치 전환 동료 카운셀링 지도 등	① 자발적 서비스 개발 ② 사회행동 촉진	조직을 지원하는 자원봉사자나 전문직을 조직화하여 조직 간 연계를 지원
목표	사회적 주체성 확립	자발성 육성	사회적 시행 강화	커뮤니티에서의 자립성 확립

출처: 히라노 외(平野隆之·岡知史·町野宏·赤阪由紀夫, 1987)『父子家庭 -くらしの実態と当事者組織への道』의 '표 1 당사자 조직에 대한 지원 분류'(岡知史 작성)에 가필 수정하였음.

'노인 개호자 모임'(가족회)의 지원

지금까지 언급해 온 당사자 조직 지원의 다양한 전개를 노인 개호자 모임의 예로 정리해 보자. 1980년대 후반에서 1990년대에 걸쳐 많은 성과를 낸 오사카부 사협 및 보건소의 개호자 조직화 사례이다(平野, 1994). 그 실태조사 결과를 〈표 4-1〉의 틀에 맞추어 정리해 본다.

먼저 조직의 구조적 측면은 개호자 모임 조직의 형식을 정비하는 것(formalization)으로 사무국 기능에 대한 지원을 의미한다. 모임의 사무국을 수행하는 것은 당사자로서는 부담이 클 것이다. 왜냐하면 회원이나 임원 대부분이 부모를 개호하면서 활동을 하므로 모임 운영에 좀처럼 시간을 내기가 힘들기 때문이다. 그러므로 당사자 모임이 만들어지기 위해서는 그에 상응한 구체적인 이점이 제시될 필요가 있다.

커뮤니티워커는 개호자 모임 운영의 사무국 기능인 회비 정리, 회원 접수, 발송, 인쇄, 기관지 작성, 장소 확보 등 다양한 일을 수행해야 한다. 그러한 것들은 모임을 운영해 나가는 데 필수불가결한 것으로, 커뮤니티워커는 그러한 지원을 결코 소홀히 해서는 안 된다. 물론 사무국 일을 수행하는 것만으로 커뮤니티워크를 실천하고 있다고 생각해서도 안 된다.

두 번째 성격의 지원은, 회원 자신이 스스로 인식 및 행동을 변용시키는 장으로서의 모임에 대한 것이다. 개호 문제를 안고서 오랫동안 고립된 상태에 있었던 당사자가 같은 문제를 안고 있는 당사자들과 모여서 문제를 서로 나누는 장이 운영될 필요가 있다. 개호에 쫓겨 자신의 문제에만 급급한 상황에서 벗어나, 자신이 안고 있는 개별적 과제가 다른 개호자들도 공통으로 안고 있는 사회적 과제임을 인식하는 '욕구의 사회화' 과정을 경험하게 하는 것이다. 이러한 모임은 그룹워크로 프로그램화되기 쉽지만, 참여자 스스로가 조직화하는 자발성이나 연대감 형성을 목적으로 한다면, 개호방법 강습과 같은 학습에 역점을 두기보다 개호당사자의 연대의식을 형성시키면서 조직 만들기로 넘어가야 한다. 이러한 자발성 함양의 과정이 없으면 당사자 조직의 만들기는 커뮤니티워커가 주도하는 것이 되어 버리고 만다. 충분한 연대성이나 참여의 달성감 형성은 사회적 기능 발휘의 전제 조건이 되는 것이다. 조직(원)의 자기변용 기능은 이러한 모임의 장 속에서 생겨나는 '서로 격려하기'나 가치 전환 등을 통해 실현된다.

세 번째, 당사자 조직의 사회적 기능은 크게 자발적 서비스 개발과 사회행동 촉진으로 나눌 수 있다. 자발적 서비스 개발은 주로 조직 만들기와 관련되어 있다. 당사자 조직에 참여하는 개호자들은 자신들이 안고 있는 개호 문제를 해결하는 재가서비스를 활용하려는 소비자이기도 하다. 그들이 조직을 만드는 구체적인 이점은 그들 스스로가 이용하기 편한 재가서비스 사업을 실시하는 것으로, 그것은 중요한 자조(self-help) 기능이다.

개호자 모임 조직이 실시하고 있는 사업을 정리해 본다. 비교적 실시하기 쉬운 사업 분야에는 '종이기저귀 공동구입', 개호용구 재활용을 통한 '개호용구 대출사업' 등이 있다. 이러한 것들은 가족개호에서 기술적 측면의 지원에 해당한다. 그리고 '상담사업'이 있다. 이것은 임원층이 상담원으로 등록하여 회원 이외 사람들도 이용하도록 하는 것이다. 이와 관련된 사업에는 '개호강습회 및 개호강좌'가 있다. 회원 확대를 염두에 두고 있는 것으로, 특히 정보가 부족한 치매고령자 개호강좌에 대한 욕구가 높게 나타나고 있다. 다음으로는 상담에서 요청되는 가족개호 지원을 위한 사업화다. '개호방문사업'이나 공민관• 등을 이용한 '미니데이'••가 있다. 이러한 사업은 대부분 개호나 간병을 끝낸 회원이 담당하고 있다. 이처럼 조직에 참여하는 동기 부여로 작용하고 있는 사업 개발은 재가서비스의 잠재적 이용자인 당사자 조직화와 욕구의 사회화를 촉진하는 장치가 되고 있다. 자신들의 자주사업 속에서 사회적인 케어를 활용하려는 의식도 높아져서 공적 재가서비스 이용이 촉진되는 효과가 발휘되기도 한다.

당사자 조직의 또 다른 사회적 기능인 사회행동 촉진으로는 ① 시책의 문제점이나 서비스 개선과제를 명확히 하기 위한 '당사자 조사', ② 당사자 대표 협의회나 계획수립위원회에 참여, ③ 청원 활동 등이 행해지고 있다. 오사카부(大阪府)의 조사 결과에 따르면, 당사자 조직의 사회행동으로 계획위원회에의 참여에서는 노인보건복지계획 수립이, 사협에 관련해서는 사협 평의원이나 '후레아이마을만들기사업'의 위원회 참여가 빈번하게 나타나고 있다.

역자주

• 일본에서 공민관(共民館)은 기초지자체가 「사회교육법」에 근거해 설치하는 것으로, 주민들의 실생활에서 교육, 학술, 문화, 사회복지 증진 등을 목적으로 하는 것이다.

•• 미니데이란 미니(mini) 데이서비스(주간보호)라는 뜻으로, 전문가들에 의한 케어서비스가 아니라 주민들에 의해 소규모로 실시되는 소규모 형태의 서비스다.

당사자 조직의 사회적 기능 발휘까지에서는 많은 과제들이 노출된다. 따라서 그러한 과제들을 극복하기 위해 조직을 지원하는 시스템 만들기가 중요하다. 이에 대해서는 제2절 뒷부분에서 상세히 언급한다.

제2절 | 커뮤니티워크 기법의 선택

1. 커뮤니티워크 기법의 선택 모형

역사적 정리

일본의 커뮤니티워크에 대한 전사(前史)는, 보건소 활동과 사협 활동에서 실시되어 온 지역 조직화의 역사에서 찾아볼 수 있다. 이들 지역 조직화에서 다루었던 문제는 대개 시기별로 나뉠 수 있는데, 공중위생 문제, 과밀 및 과소 문제, 재가개호 문제라는 세 가지 시기로 나누어 볼 수 있다. 1945년 이후 패전의 혼란에서 부흥하는 시기에는 환경 정비, 특히 방역 구제로 대표되는 공중위생 문제에 대처하는 지구 조직 활동이 보건소 또는 사협에 의해 시행되었다. 그러다 고도 경제 성장 시기가 되면서, 사협의 활동은 도시지역으로 돈벌이를 위해 떠난 사람들의 남은 가족 지원, 도시 과밀지역의 아동 놀이터 만들기 운동이나 교통사고 방지, 나아가 공해 문제에 대한 조직화 대응으로 나타나기 시작한다. 이 시기는 공중위생 문제와 달라서, 공해 문제 등을 제외하면 보건소와 사협이 공동 활동을 하는 상황은 아니었다. 1980년대에는 재가개호의 문제가 지역 조직화의 과제로 부각되었으며, 이 시기에 보건 복지의 연계가 다시금 강조된다.

먼저, 1950년대 공중위생 문제에서 '지구 조직화 활동'이 어떻게 시행되었는지, 실행 테마 설정의 기법 선택에 초점을 맞추어 살펴보자. 〈표 4-2〉는 실행해야 할 공중위생 문제의 테마별로 기법의 선택 기준을 정리한 것이다. 지구 조직 활동이 시행해야 할 프로그램으로는 방역 구제에서 시작하여 모자위생, 간이수도 설치 등 다양한 종류가 있다. 어떤 것을 활동 프로그램으로 설정할지는, ① 요구, ② 기술성, ③ 일상생활성, ④ 주민 참여 형식, ⑤ 효과의 구체성 및 즉효성, ⑥ 지역 연대성, ⑦ 다른 테마로의 발전성 등의 분석에 기초한다. 예를 들면, 모자위생 프로그램에서는 농촌지역의 요구가 높고, 대상은 영유아 가정에 한정되며, 효과의 구체성은 약하다라는 식으로 프로그램의 성격 진단이 이루어질 수 있다. 한편, 방역 구제 프로그램은 보편성이 높고, 효과도 구체적이며, 지역 연대성이 강하므로, 능동적인 참여가 확보되기 쉬운 프로그램으로 간주될 수 있다. 이처럼 ①~⑦의 프로그램 분석 틀은 비록 1950년대의 것이지만, 오늘날 커뮤니티워크 기법의 선택에도 크게 활용될 수 있다.

지역 조직화 활동의 원칙으로는 지역사회 사람들의 일상생활에 밀접하고도 절실한 문제(일상생활성)를 계기로 조직 활동을 전개한다는 문제의 보편성(요구)이나, 효과의 구체성 등을 중시할 필요가 있다. 보편적인 문제에 대한 대응 경험 속에서 조직 활동의 의미가 체험되면, 다른 공중위생 문제에 대해서도 주체적으로 전개해 갈 수 있다는 것이다(다른 테마로의 발전성). 실제, 가장 보편적인 가치를 지닌 방역 구제 등의 '위생 해충구제'가 시행된 이후 조직 활동이 발전한 점에서 그러한 기법 선택의 유효성을 볼 수 있다. 또한 각각의 지역성에 근거한 테마 설정으로 지구 조직이 모자위생이나 간이수도 설치에 독자적으로

〈표 4-2〉 각종 공중위생 프로그램의 성격 분석

성격 분석 \ 프로그램 종류		해충구제	쥐구제	모자위생	결핵 예방	전염병 예방 (법정)	기생충 예방	영양 개선	수태 조절	간이수도 부설
공중위생적 요소		현 상황에서는 보편적으로 높음	좌측과 동일	현 상황에서는 특히 농촌에 높음	현 상황에서는 보편적으로 상당히 높음	어떤 종류의 질병에서 상당히 높음	현 상황에서는 보편적으로 높음	현 상황에서는 특히 농촌에서 높음	현 상황에서는 상당히 높음	농촌에서 상당히 높음
기술성 (사람들과의 관례에서)		다각적인 새로운 기술	꽤 기술성 있음	좌측과 동일	기술성은 높으나, 사람들에게 있어 수동적	좌측과 동일	꽤 기술성 있음	꽤 기술성 있음	좌측과 동일	좌측과 동일
일상생활성		사람들의 일상생활에 상당히 밀접	일상생활에 밀접	영유아가 있는 가정에서는 일상생활이 강함	환자 등이 있는 경우 이외에는 일상생활과 거리가 멈	환자 발생 시 이외에는 일상생활성이 높지 않음	비교적 일상생활에 있음	사람들의 일상생활에 상당히 밀접하나, 구체성은 약함	어느 연령층의 부부에게는 일상생활적	특히 주부에게 일상생활성 강함
사람들의 참여 양식 (능동·수동)		상당히 능동적이며, 다각적임	능동적이고 다각적임	능동·수동의 양면을 지님	수동적 면이 많음	수동적 면이 많음	수동적 면이 많음	주부는 능동적	능동적	능동·수동의 양면을 지님
효과	구체성	상당히 구체적이고 경제적 효과도 큼	구체적	비교적 구체성이 결여되어 있음	좌측과 동일	좌측과 동일	비교적 구체성이 결여되어 있음	구체성이 결여되어 있음	구체적	극히 구체적임
	효과의 신속성	빠른 효과	비교적 빠른 효과	더딘 효과	더딘 효과	비교적 더딘 효과	비교적 더딘 효과	더딘 효과	비교적 빠른 효과	빠른 효과
지역 연대성		상당히 강하고 구체적임	상당히 강함	거의 없음	꽤 강함	전염병 발생 시에는 상당히 강함	꽤 강함	거의 없음	거의 없음	부설을 위한 예금 등에 대해서는 연대성 있음
다른 주제로의 발전성		상당히 강하며, 구체적임	비교적 약함	비교적 강함	비교적 약함	비교적 약함	비교적 약함	비교적 약함	비교적 약함	상당히 강하며 구체적임

출처: 하시모토(橋本正己, 1955)『公衆衛生と組織活動』誠信書房, pp.222-223.

관여하기도 한다.

다음으로, 오늘날의 재가개호 문제를 보면, 지역 문제로 인식되기 어려운 면이 있다. 이것은 재가개호 문제가 공중위생 문제와는 기본적으로 다른 성격의 문제이기 때문이다. 방역 구제로 대표되는 공중위생 문제는 바로 지역의 문제로서 일반 커뮤니티 전체에 피해를 주는 발생 구조를 지닌다. 〈표 4-2〉에서 지역 연대성이 높다고 분석되는 것은 그러한 점을 배경으로 한다. 이에 비해 재가개호 문제는 가족이 존재하기 때문에 직접적인 지역 문제의 형태로 나타나지 않는다. 기본적으로 공중위생이 보편적 서비스라면, 재가개호서비스는 개별적 서비스다. 이 경우 사회적 케어에 대한 질 제고 등의 요청은 개별 가족의 요청으로만 그칠 뿐, 지역의 요청이 되기 어려운 경향이 있다. 따라서 이런 경우에 지역주민 속에 재가케어의 적극적인 활용 분위기를 만들어 내는 과제를 포함해서 지역 조직화의 필요성이 높아지게 된다. 이는 서비스 공급 측면에서도 중요한 역할을 하므로, 그 출발점이 지구 조직화보다는 문제를 안고 있는 개호자 조직화가 된다.

지역케어 추진과 커뮤니티워크 기법

커뮤니티워크는 개호가족의 조직화를 통해 재가개호 문제에 대한 접근을 시도한다. 이를 통해 재가 즉 자택에서의 개호 지원뿐 아니라, 지역에서의 개호 지원을 위한 프로그램 개발에도 기여할 수 있다. 한편, 지역케어 추진은 커뮤니티의 편견 등으로 인해 지역주민에게 저항감을 불러일으킬 가능성이 있다. 그러한 점에서 커뮤니티에 대한 설득 작업 등의 필요성이 지적된다. 그러므로 여기서는 재가개호 문제에 한정하지 않고, 오늘날의 지역케어 추진이라는 맥락 속에서 커뮤니티워크의 기법 선택에 대한 근거를 제시하는 모델을 제기한다.

지역케어 추진의 메조 영역을 커뮤니티워크의 관점으로 다루자면, 그 기법은 '주민 조직화' '네트워크화' '프로그램 개발(조직화)' '계획의 조직화'라는 네 가지로 분류될 수 있다. 이는 전사협• 이 제시한 지역 조직화와 복지 조직화라는 두 가지 분류와 관련해서 본다면, 지역 조직화에 '주민 조직화'가 해당하며, 그 외 세 가지는 '복지 조직화'에 포함된다.

다음은 지역복지 추진을 위해 네 가지 커뮤니티워크 기법이 순환적으로 선택되는 모델을 제시한다. [그림 4-3]은 지역케어 추진을 위해 달성하고자 하는 테마에 따라 커뮤니티워크 기법을 구조화한 가설적 체계를 나타낸 것이다. 제1단계에서는 지역케어 추진이라는 과제를 달성하기 위한 주민 조직화, 네트워크화, 프로그램 개발, 계획의 조직화라는 네 가지 선택기법을 제시하고, 지역케어에 대한 당사자와 주민의 참여를 중시하는 목적에서 주민 조직화가 선택되고 있음을 나타낸다. 만약 지역케어의 계획적 추진이라는 목적이 중시된다면, 계획의 조직화가 선택되었을 것이다. 또한 프로그램 개발을 중시하여 사업자를 조직하고 지역케어 자체의 개발을 우선하여 선택하는 것도 가능하다.

여기에서는 먼저 주민 조직화를 선택하고, 다음 단계에서 참여 주민층의 지역성과 당사자성 중 어떤 것을 중시하는가에 따라 '소지역 조직화' '자원봉사자 조직화' '당사자 조직화'라는 세 가지 조직화 대상 중 하나를 선택하게 된다. 이 모델에서는 당사자성을 중시하여 당사자 조직화를 선택했다. 이로 말미암아 당사자 조직이 생겨나는 단계까지를 기법 선택 제1단계로 파악한다.

새롭게 만들어진 당사자 조직은 독립된 조직으로 주체적인 행동을

역자주

• 전사협(全社協)은 일본 전국사회복지협의회의 줄임말이다.

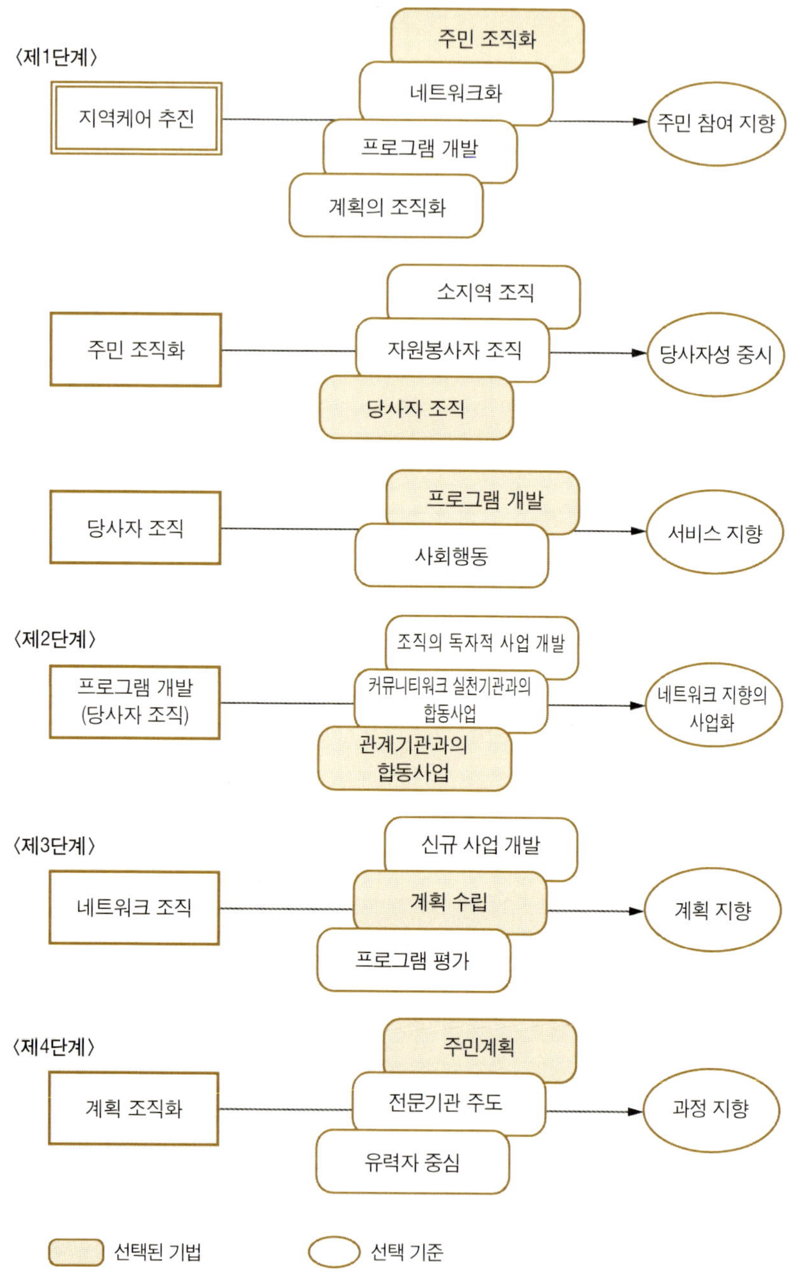

그림 4-3 커뮤니티워크 기법 선택 모델

한다. 조직은 자신들의 문제를 어떤 방법으로 해결하려고 하는가에 대해 다음과 같은 선택지가 있을 수 있다. 구체적인 서비스를 창출하는 프로그램 개발에 의한 해결 방법 또는 영향력 행사로 사회 행동에 의한 방법이 있으며, 커뮤니티워커는 이런 방법 선택에 간접적으로 관여하게 된다. 커뮤니티워크의 기법으로 사회 행동이 아니라 구체적인 프로그램 개발을 선택한다면 실제 어떤 방법으로 사업화를 시도할 수 있을까? 그 방법으로 다음 세 가지 선택을 생각해 볼 수 있다. ① 조직의 독자적 사업화, ② 커뮤니티워크 실천기관의 협력에 의한 사업화, ③ 관계기관을 둘러싼 합동 사업화. 이 중 어떤 것을 선택하든지 실제적인 서비스 자원 개발로 연결하기 위해서는 다양한 조정 업무가 필요하다. 만약 ①, ②의 조건이 취약하다고 보면 ③을 선택하게 된다. 이를 위해서는 당사자 조직을 지원할 수 있는 전문기관의 네트워크화를 동시에 추진할 필요가 있다. ②의 커뮤니티워크 실천기관의 사업화 방법과 비교하면 절차상 복잡하며 시간상으로 늦어지는 부분도 있지만, 관계기관과의 '합동 사업화'를 선택함으로써 지금까지 연락 조정에 그쳤던 네트워크 조직을 프로그램 개발 조직으로 기능하게 할 수 있다. 당사자를 중심에 두는 네트워크 조직은 그 지원 방식이나 방향성이 일관되며 상호 책임성도 높다.

프로그램 개발을 통해 네트워크화가 더욱 더 진행될 것으로 보고, 제3단계의 출발은 네트워크 조직으로 설정하였다. 그리고 프로그램 개발 기능을 강화하기 위해 네트워크 조직 자체의 프로그램 개발 부담을 경감하는 방향으로, 네트워크 멤버에 의한 개발만이 아니라 지역복지계획 수립을 통해 조직적·제도적 대응을 지향한다는 '계획 수립'의 방법을 선택하게 된다.

합동 사업화의 파급효과로 관계 기관과 네트워크화가 성공하면 당연히 합동 사업화의 방식으로는 달성되지 못했던 새로운 프로그램 개발의 과제가 등장한다. 그리고 그것을 추진하는 조직으로 네트워크 회의를 기능하게 하는 것이 커뮤니티워크의 다음 역할이 된다. 이 단계에서 주체는 당사자 조직에서 네트워크 회의로 바뀌게 되며, 커뮤니티워커는 네트워크 회의의 주체성을 중시하면서 프로그램 개발을 자극하게 된다. 네트워크 회의의 구성 조직들은 당사자 조직의 사회행동을 합동 사업화를 통해 받아들여 온 전문기관이기 때문에, 신규 사업화의 실천을 위한 합의 형성의 토양은 이미 네트워크 회의에 형성되어 있다. 그런 의미에서 당사자 조직이 커뮤니티워크의 조건이 되는 것이다.

그러한 프로그램 개발이 단발성에 그치지 않도록 커뮤니티워커는 계획 수립의 조직화를 선택지에 포함해야 한다. 지역케어 사업화, 당사자 조직이나 네트워크 회의 등의 조직화가 진전되면서 상황적으로도 사업 간 또는 조직 간 조정이나 협의, 합동화가 요청되게 된다. 주민 참여를 중시하는 과정 지향에서 '계획의 조직화'로 지역복지계획수립위원회의 조직화를 선택하고 있다. 이제 커뮤니티워크의 네 가지 기법 중 남아 있던 계획의 조직화가 등장함으로써 네 가지 기법이 한 차례씩 전부 선택되었다.

2. 기법 선택: 마이크로에서 매크로로

기법 선택과 쟁점화

[그림 4-1]이 지역복지의 추진 구조를 주체와 프로그램의 순환 5단계(활동 주체 만들기 - 문제 파악 - 프로그램 작성 - 프로그램 시행 - 평가) 프로

세스로 정리했다면, [그림 4-3]은 각 단계 이행에서의 기법 선택에 대해 단계별로 정리한 것이다. ① 주민 조직 주체화에 있어서 '소지역 조직화인가? 당사자 조직화인가?' ② 당사자 조직의 문제 해결 방법이 '프로그램 개발인가? 영향력 행사인가?' ③ 프로그램 개발 방법에서 '합동 사업화인가? 독자 사업화인가?' ④ 네트워크 조직 운영에서 '계획 지향인가? 개선 지향인가?' 등 기법 선택의 여러 국면에서 어떤 의도적 선택이 다음 국면으로 이어져 가는지가 커뮤니티워크의 파급성을 가설적으로 나타낸다.

이러한 프로세스에서의 기법 선택에 대해 커뮤니티워크의 목적과 수단 관계로 정리하면 다음과 같다.

① 소지역 조직화 vs. 당사자 조직화

해당 지역의 문제 구조에 따라 활동 주체가 다르게 선택되는데, 워커의 역량이나 당사자 조직화 경험 등을 통한 판단이 필요하다. 많은 지역주민이 관심을 가진다면, 소지역 조직화를 선택하는 경우가 많을 것이다. 앞서 언급한 대로 선택 주체는 세 가지 커뮤니티 그룹이므로, 엄밀히 하자면 자원봉사자 조직화도 선택지에 넣어야 한다. 하지만 여기서는 지리적 커뮤니티인지 공통이익 커뮤니티인지를 선택의 쟁점으로 하기 때문에 자원봉사자 조직화는 선택지에 넣지 않는다. 커뮤니티워크의 목적인 문제 해결을 시도하는 주체 만들기가 우선적인 테마가 되고 있어, 주체 만들기를 시작으로 주체의 선택과 기법 선택이 연쇄적으로 전개된다.

② 프로그램 개발 vs. 영향력 행사

당사자 조직의 문제 해결 방법에는 조직 자체가 자발적인 서비스를 개발하는 방법과 영향력 행사를 위해 사회행동을 지향하는 경우가 있다. 이 부분에서는 앞서 모델에서 선택되지 않았던 사회행동에 주목한다. 커뮤니티워커는 조사 활동이나 서명 활동 등의 협력이나 행정과의 교섭기회 확보 등의 측면 지원을 한다. 한편, 행정과 사협 또는 사협 조직과 워커 사이에 알력이 생기는 경우도 있다. 영향력 행사의 선택으로 인한 갈등 발생을 감소하기 위해, 사협은 지역복지 추진을 위한 계획 만들기 등의 장을 사회행동 전개에 활용해 왔다.

③ 합동 사업화 vs. 독자 사업화

당사자 조직이 프로그램 개발을 추진할 때, 조직 기반이 충분한 경우에는 독자 사업 개발을 시도하게 된다. 그러나 당사자 조직의 기반이 부족한 경우에는 전문기관이나 행정에 협력을 요청할 필요가 있으며, 커뮤니티워커는 네트워크 조직화를 시도하면서 합동사업을 통한 해결을 모색해 갈 필요가 있다. 또한 네트워크 조직과 당사자 조직 사이에 알력이 발생하는 것도 예견하면서 사전 대응이나 조정을 해 나가야 한다.

④ 계획 지향 vs. 개선 지향

네트워크 조직의 설립을 계기로, 그 활동 범위도 확대되어 네트워크 조직은 당사자 조직만이 아니라 다양한 문제 해결에 대응하게 된다. 이때 네트워크 조직의 협의에 활용되는 다양한 장 만들기가 커뮤니티워커의 중요한 역할이 된다. 사례 검토회 등의 개최를 통해 구체적인 문제 해결을 추진하는 방법도 있지만, 계획 수립 조직으로 발전하면서 보다 확고하고 확충된 네트워크 조직을 만드는 것도 문제 해결에 유용하게 작용한다. 단, 경우에 따라서는 전문기관 주도의 방법이 되어 버릴 수 있으므로 주의가 필요하다.

이상 커뮤니티워크 기법의 연쇄적인 전개에서, 네 가지 국면으로 기법 선택의 목적과 방법을 정리하였다. 카노(加納恵子, 2003)는 커뮤니티워크 이해가 어려운 이유로, 대상 파악의 복잡성, 구성 요소의 변수 다양성, 지원의 평가 및 효과 측정의 어려움, 개입하는 차원이 복잡하여 순환성을 지원의 목표로 하는 점 등을 지적한다. 이런 점을 고려해서 현실적 사례를 바탕으로 모델화한 것이 [그림 4-3]이다. 여기서는 커뮤니티워커가 개입하는 차원이 실천의 순환성 내에서 제시되어 있다.

지원 시스템의 조직화와 전개

구체적인 당사자 조직을 예로 들어 프로그램 선택과 기법 선택의 관계를 정리해 본다. 지역케어 추진을 지역복지 추진의 관점에서 재검토해 보면, 당사자 참여를 중시한 지역케어 추진이 가장 대표적인 방법임을 알 수 있다. 당사자 조직화에 대한 지원은 앞서 제시한 사무국, 모임, 사업화, 사회행동과 같은 실천 지원만으로는 커뮤니티워크 본래의 파급적 효과를 발휘하기 어렵다. 오히려 이들 사업 전개나 사회행동의 실시는 다른 조직화와 관련지어 진행하는 것이 중요하며, 실제 그러한 방식으로 진행되고 있다. [그림 4-4]는 노인개호자(가족) 모임의 대표적인 조직화 및 그 전개 양식을 나타낸다. 지구별 정례회 개최, 네트워크 조직과의 관련, 조직사업 개발의 세 가지 요소를 들어 모임 조직화와의 관련성을 시간 축으로 나열하였다. 하나는 네트워크 회의와 밀접하게 관련된 것이며, 다른 하나는 공동개최 사업화나 자원봉사자와 지역 간 협력을 통해 이루어진다.

네트워크 회의와의 관련성은 앞서 기법 선택의 순서와 같이 (A) 조직 결성이 공동개최 사업을 매개로 네트워크 조직 형성에 영향을 주는

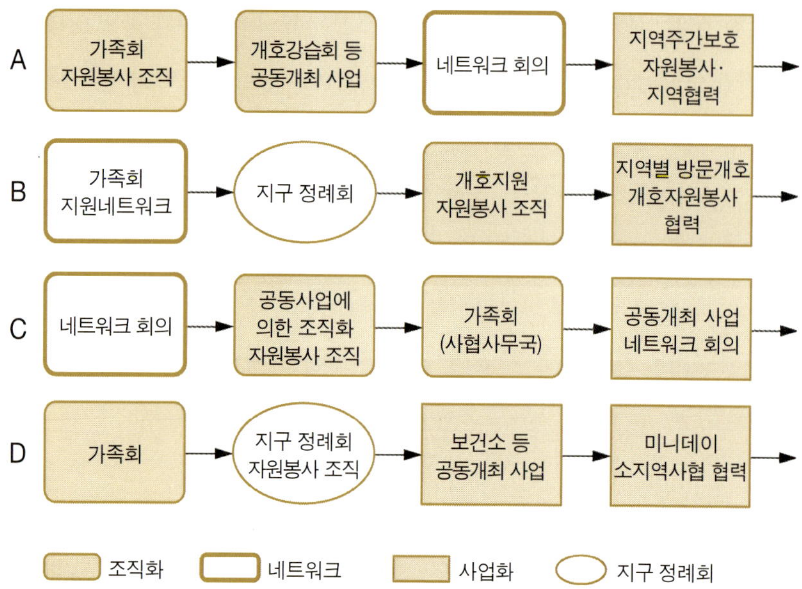

그림 4-4 노인개호자(가족) 모임의 대표적인 조직화 및 전개 양식

형태, (B) 당사자 조직의 지원네트워크 형성이 조직 결성으로 되는 형태, (C) 네트워크 회의 자체가 개호자 모임의 의의를 인정하여 조직화를 추진하는 형태, (D) 아직 네트워크 회의와 연계가 충분하지 않은 상황에서 장차 실현이 기대되는 형태로 정리된다. (B)와 (C) 형태에서는 모임의 조직화 과정에 전문기관 지원을 끌어들이려는 의도가 포함되어 있는데, 계획적인 당사자 지원 조직화에 의한 커뮤니티워크의 성과라 할 수 있다. (A)나 (D) 형태에서는 공동개최 사업을 통해 네트워크 지원을 촉진하는 방법이 선택되고 있다.

주민 조직화를 통해 지원 시스템을 형성하는 방법에는 모임의 유지를 지원하는 자원봉사자 그룹 조직화나 지구사협 같은 지역 조직의 지원 확보 등이 있다. 지역사회에 대한 이해 요청은 당사자 조직만으로는 좀처럼 확대되지 않는다. 그러므로 당사자 모임은 지구사협과 같은 다양한 계층이나 단체와 연결되어 있는 조직과 교류를 확대하면서 모임을 지원하는 장을 확대해 가야 한다.

지역 전체로서는 전문기관 네트워크 회의의 지원을 확보해 가는 것이 필요하다. 이러한 지원의 장을 확대하는 방법으로는 자조(自助) 기능을 가진 당사자 모임과 타조직과의 협동을 추진하는 것이 유효하다. 이러한 협동 경험을 바탕으로 당사자 모임은 보다 효과적인 사회행동을 할 수 있다. 이처럼 전문기관과의 연계나 주민 조직과의 연대를 강화하는 것은 당사자 조직을 중심으로 한 지역케어 추진이라는 커뮤니티워크의 원칙을 구현하는 것이다. 개호자 모임의 활동 전개는 전문기관의 네트워크 추진을 촉진하며, 소지역 조직과 연대를 시도하게 한다. 이러한 방법으로 역동적인 지역케어가 유발된다. 이러한 형태는 당사자 조직화의 사회적 효과를 나타낸 것으로 이해된다(平野隆之, 1994).

지역에 축적되는 커뮤니티워크의 지원 실천

당사자 조직화의 전개 양식은 달라도 조직 사업의 개발을 통한 지구별 정례회 개최나 네트워크 조직과의 연계는 공통적으로 실시되고 있다. 그리고 그 결과는 당사자 조직의 실천을 포함한 다양한 지원 시스템의 실적으로 지역에 축적된다. 당사자 조직화는 실천 축적화의 중심이 되는 것이다.

[그림 4-3]의 기법 선택 모델로 돌아가서, 처음 주민 조직화에서 당사자 조직화를 우선적으로 선택한 이유는 소지역 조직(지구사협)에서 복지강좌 등의 일반적인 복지사업은 실시해도 직접적인 문제 해결로

이어지는 사업 시행은 좀처럼 불가능하기 때문이다. 그래서 커뮤니티워크의 대상을 당사자 조직으로 하여, 개호 문제 해결과 같은 구체적 프로그램을 통한 지역의 주체 만들기를 시도한 것이다. 당사자 조직(노인 개호자 가족 모임)은 문제 해결을 위해 다양한 관계 기관의 협력을 얻으면서 활동 프로그램을 전개하게 된다. 이를 통해 각 전문기관은 자신들의 지원 과제를 발견하게 되고, 커뮤니티워크 기관인 사협은 당사자 조직의 지원과 함께 관계 기관의 조직화에 성공하게 된다. 이른바 복지 조직화를 실현하게 되는 것이다. 관계 기관의 전문직종 조직화를 통해 사업 개발이 이루어지면, 그것을 계획적으로 실시하기 위한 지역복지계획수립위원회 같은 계획의 조직화가 시도된다. 그 구성원으로 네트워크 조직이나 당사자 조직의 대표나 멤버가 포함된다. 이러한 연쇄적 커뮤니티워크의 전개로 다양한 지역복지 추진을 위한 자원이 지역에 형성된다.

어느 한 시점을 두고 보면 각각의 주체, 당사자 조직, 그것을 지원하는 그룹, 지원 시스템이 동시에 움직인다. 예를 들면, 지역복지계획의 조직화 단계에서도 가족회의 프로그램 활동은 사협이나 지구사협과 협동하여 '지역주간보호서비스' 사업 등으로 전개되며, 네트워크 회의도 두 달에 한 번씩 정기적으로 개최된다. 당사자 조직 지원이라는 지역 조직화의 축을 세로축이라 하면, 당사자 조직을 중심에 둔 전문기관 간 네트워크를 통해 지역복지계획 수립의 토양을 만드는 복지 조직화의 장은 가로축이다. 두 축이 지역복지 실천 속에서 연쇄적으로 연결되면서, 지역주민의 주체화뿐만 아니라 지역의 전문기관 조직화나 계획의 조직화가 상향식으로 추진된다. 이처럼 커뮤니티워크 지원 실적이 지역에 축적됨으로써 지역 속에서 지역복지 추진 조건이 생성되고 지속되는 것이다.

제3절 지역복지 추진장치

1. 메조 연구에서의 추진장치

커뮤니티워크와 추진장치

커뮤니티워크에 의해 만들어지는 당사자 조직을 포함한 커뮤니티 그룹, 네트워크 조직, 계획 조직은 각각의 지역에 축적되며, 각 조직이 만들어 낸 서비스 자원 또한 지역에 축적된다. 이러한 축적 과정 가운데, 커뮤니티워크의 조직화 단계를 넘어 각 조직이 지역복지 추진 자원으로 역할하는 단계가 되면, 이를 추진장치라는 지역복지 추진 방법으로 파악할 필요가 있다. 추진장치에 대한 기본적 규정은 제3장에서 이미 언급한 바 있다.

앞서 [그림 4-1]은 지역복지 실천구조 모델(활동 주체+프로그램+커뮤니티워커)과 추진장치의 관계를 정리했다. 이전에는 지역복지의 추진 조건으로 워커의 커뮤니티워크 기술을 중시해 왔기 때문에, 그의 역량 강화를 위해 어떤 연수를 시행해야 하는지 등이 중요했다. 이러한 방식은 결국 커뮤니티워크의 제한점으로 귀결된다. 오히려 워커 개인의 커뮤니티워크 기술에 편중하는 경향에서 벗어나 지역복지 추진 방법의 일부를 지역복지 실천의 추진장치라는 부분으로 의식화하는 것이 효과적이며 효율적인 커뮤니티워크로 이어질 수 있다. 또한 워커의 기술과 분리된 추진장치는 워커의 전매특허가 아니라 주민 스스로도 활용할 수 있는 부분이 된다.

대상 파악의 관점에서 추진장치를 살펴보기 위해 다음과 같은 정의를 제시해 볼 수 있다. 추진장치란, ① 현장에서 개발되어 어느 정도 유용성이 판명된 지역복지 추진 도구, ② 워커의 커뮤니티워크 기술이 아니라 워커 외부에서 워커의 활동을 보좌하는 것, ③ 지속 가능한 지역복지 실천의 조건을 형성하는 것으로 지역복지 인프라 구조로서의 성격을 지닌다. ①이 현장에서 유용한 이유는 추진장치의 기능이 발휘되어 보다 많은 주체(커뮤니티 그룹 등)가 더욱 다양한 프로그램을 만들어 내게 되며, 커뮤니티워커가 이전보다 적은 일의 양으로 지역의 인적 자원을 조직화해 낼 수 있기 때문이다.

활동 주체(S)와 프로그램(P)의 순환에서 표현된, 활동 실천, 추진장치, 커뮤니티워커의 세 가지 요소를 사용하여 지역복지 실천의 구조를 정리해 보면 [그림 4-5]와 같다. ① 현장에서 개발되어 어느 정도 유용성이 판명된 지역복지 추진도구로 원통형의 추진장치를 설정한다. 이것은 ② 워커의 커뮤니티워크 기술이 아니라 워커 외부에서 워커의 활동을 보좌하는 위치에 있으며, 활동 주체와 프로그램의 순환을 위한 기반으로서 기능한다. 또한 ③ 지속 가능한 실천 조건으로서 기능하는 가운데, 프로그램 순환을 지원하는 워커의 부담을 경감시킨다.

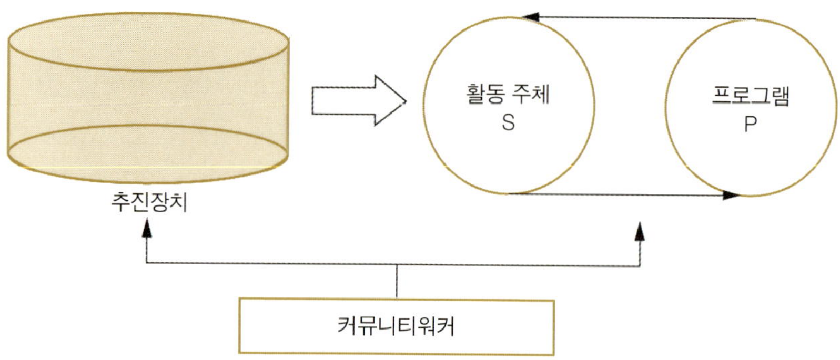

그림 4-5 커뮤니티워크와 추진장치의 관계

한편, 추진장치의 유지를 위해서도 커뮤니티워커의 활동은 필요하다. 예를 들면, 지구사협과 같은 추진장치는 지금까지 활동 주체(S)로 파악하는 경향이 강해 협의의 장인 지구사협, 즉 다양한 소지역 활동의 추진 기반 기능이 충분히 고려되지 못했다. 지구사협을 추진장치로 파악함으로써 활동 주체(S)를 만드는 기반으로서의 기능을 파악할 수 있다. 사협의 워커가 지구사협 운영을 지원하는 본래 의미는 바로 이 장치 유지에 있다. 이렇게 보면, 커뮤니티워커가 직접 관계하여 활동 주체(S)를 만드는 것이 아니라, 지구사협이 주체의 확충과 프로그램 개발을 담당하면서 지속적인 지역복지 추진을 진행하는 것이다. 반복되는 이야기지만, 지구사협 유지를 위해 커뮤니티워커의 활동은 반드시 필요하다. 이에 대한 실증적인 검토도 시험적으로 시도되었다(시가현사협 외, 2008).

추진장치의 마이크로·메조·매크로

이러한 추진장치는 지구사협과 같은 마이크로 차원만이 아니라, 메조 및 매크로 차원에서도 등장하고 있다. 〈표 4-3〉과 같은 예를 들 수 있다. 마이크로에서는 커뮤니티워커의 커뮤니티 그룹 지원으로 소지역 조직의 지구사협, 자원봉사자센터, 당사자 조직이 해당한다.

메조에서는 다양한 주체의 협의(協議)에 관한 장치를 들 수 있다. 네트워크 회의나 계획위원회, 지역케어 운영협의회 등이 해당한다. 이들이 처음부터 추진장치로 존재하는 것은 아니다. 다양한 조직이나 회의, 지역케어 같은 자원을 추진장치로 변환시키는 가공이 필요하다. 이러한 가공된 장치가 지역에 얼마나 축적되는지에 따라 지역복지 추진이 좌우된다.

〈표 4-3〉 **추진장치의 마이크로·메조·매크로**

〈마이크로〉 워커 지원 차원(워커가 수단으로서도 활용할 수 있는 장치)의 분류 ① 소지역: 지구사회복지협의회(교구복지위원회 등의 명칭도 있다) ② 자원봉사자 그룹: (지구)자원봉사센터 ③ 당사자 그룹: 개호자 가족회 등의 당사자 조직
〈메조〉 협의를 위한 장치 ① 네트워크 회의: 토요나카시(豊中市) 사례 = 지역복지 네트워크 회의+ '복지 무엇이든 상담' ② 계획에 관한 위원회나 작업그룹: 다카라즈카시(宝塚市) 사례 = 라운드 테이블 ③ 지역케어 자원의 운영협의회: 소규모 다기능 거택개호의 운영협의회 ④ 지역복지계획: 효고현(兵庫県) 사협 사례 = '발전계획 방식'에 의한 계획 수립
〈매크로〉 추진장치의 조건정비 프로그램 지역복지 추진의 조건정비를 위한 정책 프로그램으로 볼 수 있는 '추진장치' 지원

다음에 소개되는 토요나카시의 '지역복지 네트워크 회의' 사례에서는 지구복지위원회의 '복지 무엇이든 상담'이 지역복지네트워크의 회의로 기능한다. 개호보험 제도의 지역밀착형 서비스에서 의무화된 운영추진 회의도 그 전형적인 예다. 이 운영추진 회의에서는 사업소 운영과 지역 개호에 관한 과제가 협의된다. 즉 서비스 배급의 거점인 사업소가 지역이 참여하는 운영추진협의회를 설치하여 지역복지 추진을 위한 거점으로도 기능하는 것이다. 그런 의미에서 지역케어라는 프로그램도 추진장치와 관련된다. 다음 추진장치의 사례연구에서는 이러한 메조 차원을 주요하게 다룬다.

매크로에서는 지역복지 추진을 위한 정책 차원의 장치를 상정한다.

이것은 추진장치형 조건정비 프로그램으로, 제1장에서 본 국고보조나 도도부현 단독사업의 지역복지 추진 조건정비 프로그램들이 이에 해당하는데, 아직 구체적인 실시 사례는 명확하지 않다. 지역복지 추진을 위한 조건정비 프로그램으로는 커뮤니티 소셜워커 배치사업이 대표적이지만, 이 프로그램 자체를 추진장치의 정비로 보기는 어렵다.

2. 추진장치의 사례연구

다음에서는 마이크로와 메조의 구별을 고려한 구체적인 세 가지 사례(大津市, 豊中市, 宝塚市)를 들어, 추진장치의 '프로그래밍의 장' 기능(제3장 1절)에 접근한다. 오츠시(大津市)의 사례는 마이크로의 ① 소지역에 해당하며, 다른 두 곳은 메조 영역에 해당한다. 토요나카시(豊中市)의 사례는 ①의 네트워크 회의에서 '복지 무엇이든 상담'을 도입하고 있으므로, 마이크로와 메조의 관련성을 보는 것이 가능하다. 다카라즈카시(宝塚市)의 사례는 지역복지(활동)계획과 관련된 전형적인 협의 장치에 해당한다.

지구사회복지협의회라는 추진장치: 오츠시(大津市) 사례

[그림 4-5]의 기본 구조에서 원통형의 추진장치에 학교구역 사협(学区社協)을 위치시킬 수 있다. 오츠시에는 시(市)사협 이외에도 [그림 4-6]처럼 36개 초등학교 구역별 학교구역 사협과, 시 전체를 7권역으로 나눈 보건복지 권역별 사협이 존재한다. 한 권역은 5~6개의 학교구역으로 이루어지는데, 권역 사협 단위로 지역복지담당 커뮤니티워커를 한 명씩 배치하고 있다. 워커는 배치된 지역의 회관 업무도 일부 담당

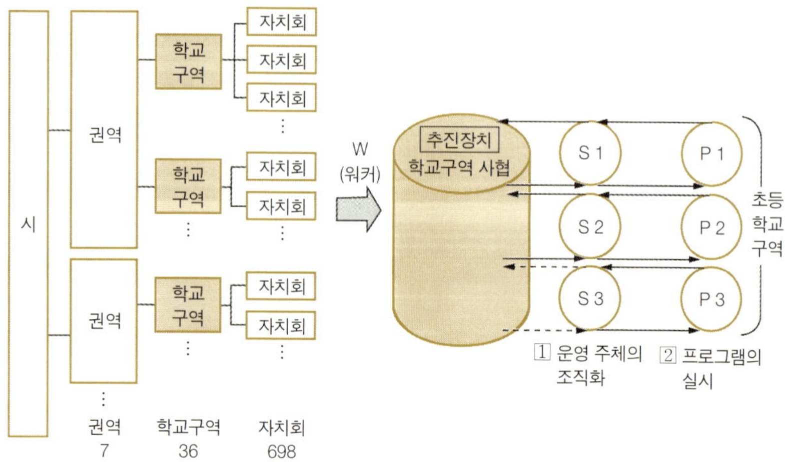

그림 4-6 지역복지 추진장치로서의 학교구역 사협

출처: 히라노 외 편(平野隆之·榊原美樹編, 2009)『地域福祉プログラムの開発と推進』(ミネルヴァ書房).

하고 있지만, 대부분 지역복지를 전담한다. 오츠시 사협의 중요한 소지역 복지 프로그램으로 '살롱'● 이 있다. 하지만 시(市)사협은 살롱 개최를 위한 보조금이나 조성금 등을 지출하지 않는다. 살롱 사업은 어디까지나 지역의 자주적 활동으로 이루어지고 있다. 각각의 살롱에 대한 커뮤니티워커의 지원은 필요에 따라 이루어지는 정도로, 살롱과 자원봉사자 교류회 등과 같은 학교구역 사협의 추진장치 기능을 지원한다. 학교구역 사협은 살롱 활동의 주체라기보다, 지역의 활동 주체를 창출하거나 지원하는 추진장치로서 기능한다.

역자주
● '살롱'은 주민 교류의 장을 가리키는 프로그램명에 자주 사용되는 용어다. 소규모 지역 단위로 지역주민이 모임을 갖는 것으로, 함께 차를 마시거나 식사를 하기도 하며, 레크리에이션, 체조 등 주민들의 교류가 행해진다. 지역의 고령자 살롱과 육아 살롱 등이 대표적이다.

추진장치의 설정을 위해서는 프로그램의 다양성, 파급성, 지원 효율성 등이 고려될 필요가 있는데, 오츠시 사협은 자치회 단위보다 큰 범위인 초등학교 구역을 설정하고 있다. 단, 오츠시에서 학교구역 사협을 중심으로 지역복지 추진이 비교적 잘 이루어지는 것은 ① 지역 담당의 커뮤니티워커가 권역 단위(5~6 학교구역)로 전담 배치되고 있는 것, ② 학교구역 사협과 별도로 권역 사협이라는 좀 더 큰 범위의 추진장치가 설정되어 있는 것, ③ 추진장치 만들기가 이미 몇십 년간 축적되어 온 것 등의 조건이 있기 때문이다(平野隆之·榊原美樹 편, 2009).

지역복지 네트워크라는 추진장치: 토요나카시(豊中市) 사례

지역복지 네트워크 회의를 소재로 하는 추진장치의 경우도 있다. 토요나카시에서는 2003년 3월에 지역복지계획을 수립하고 '지역에 밀착한 상담창구 설치'라는 계획 내용을 마련하였다. 이 계획 내용에 근거하여 초등학교 단위의 교구복지위원회(학교구역 사협과 같은 것임)에 '복지 무엇이든 상담'을 개설하였다. 지역밀착형 상담창구 설치라는 항목은 소지역 복지 네트워크 활동의 일환으로, 교구복지위원회의 지역 자원봉사자가 개별상담과 원조 활동을 실시하는 프로그램이다. 이 프로그램이 추진장치가 되기 위해서는, 지역 자원봉사자가 일차적으로 주민의 상담에 응하더라도 전문가에게 연결시킬 수 있는 지역복지 네트워크 회의(7개의 중학교구 권역에 설치. 지역단체, 전문가, 행정, 사협 등으로 구성된 원스탑 문제 해결을 위한 조직) 같은 연계 조직이 필요하다. 이러한 연결·연계를 원활히 추진하기 위해서 중학교 권역별로 한 명씩 커뮤니티 소셜워커를 배치하여, 시민과 '복지 무엇이든 상담창구'와 '지역복지 네트워크 회의'를 잇는 역할을 부여하고 있다. 이 사업은 오사카부(大阪府) 지역복지지원계획(2003년 3월)에 근거해서 오사카부 커뮤니티 소셜워커 배치 촉진 사업을 활용한 '토요나카시 라이프 세이프티네트'사업으로 전개된다(藤井博志, 2006; 平野隆之·榊原美樹 편, 2009).

지역복지 네트워크 회의가 추진장치로서 프로그램 개발 기능을 수행한 예로, 민관협동에 의해 고령자나 장애인 세대의 쓰레기 처리 어려움을 해결하는 프로젝트, 노후화된 집 개량을 빙자한 고령자 대상의 사기행위 방지를 위한 '악질 주택개량사업자 대책회의' 등의 프로젝트가 있다. 이러한 프로그램 개발의 조건으로, 욕구 파악을 통해 새로운 프로그램의 필요성을 명확히 제시할 수 있는 종합상담 창구의 설치, 상담 거점과 프로그램 개발의 일체적 운영 등을 들 수 있다. 또한 교구복지위원회와 같은 활동 거점을 기반으로 수행되는 프로그램, 즉 소지역 네트워크사업의 실적에서 새로운 수행과제가 제시되는 구조가 필요하다. 그리고 이러한 것의 기반으로 교구복지위원회 운영이 앞서의 오츠시에서처럼 추진장치로 기능을 하는 것이 필요하다. 그 조건으로 ① 운영 주체와 문제 해결을 위해 프로그램을 실시하는 활동 주체를 구별할 것, ② 사협 워커는 운영회의 지원을 중심으로 활동할 것, ③ 지역주민에게 활동을 홍보하여 지역에서 지원이나 공감을 얻기 위해 프로그램 시행을 공모하는 식의 협력자를 확보하는 것 등이 있다.

이상과 같이 추진장치로서의 교구복지위원회는 지역복지 네트워크 회의를 통해 전문가와의 만남의 기회를 확보하게 된다. 그 장의 운영은 전문기관의 원리라기보다 상향식 지역복지의 운영원리로 이루어진다. 전문기관과 지역주민 조직과의 협동관계는 대등하며, 또한 지역복지의 원리가 자발성을 중시하는 문제 해결 원리로 운영된다.

라운드 테이블의 추진장치: 다카라즈카시(宝塚市) 사례

다카라즈카시 사회복지협의회가 실시한 라운드 테이블의 사례에서는 프로그램을 개발하는 협의 공간으로서 추진장치의 역할을 설명한다. 이는 앞서의 토요나카시의 지역복지 네트워크 회의와 같은 개별 상담과 관련된 협의의 장과 달리, 계획이나 사회행동과 관련된 협의 공간이 된다.

다카라즈카시 사회복지협의회는 2003년 시의 지역복지계획 수립과 동시에 진행하는 형태로 지역복지활동계획 수립을 추진하면서, 다양한 복지 활동을 전개하는 실천자들이 의견을 나누는 장으로 라운드 테이블을 설치하였다. 라운드 테이블은 마을만들기 계획의 복지 부분이나 지역복지 활동을 추진하는 방향성을 제안하면서 지역복지계획을 실현하기 위한 여러 아이디어를 제안하였다. “단지 활동계획서 작성의 장이 아니라, 다카라즈카시 지역복지의 움직임을 만들어 가는 장이다.”라는 참여자의 말처럼, 이른바 추진장치로서의 기능을 바탕으로 다카라즈카시의 지역복지에 관한 이야기를 나누는 장이 된다.

라운드 테이블은 단순히 이야기를 나누는 장은 아니다. 서로 이야기를 나누는 것을 계기로 새로운 프로그램이 개발된다. 예를 들면, 라운드 테이블에 참여한 부모들이 아동 양육에 대한 어려움을 호소해서 ‘아동 양육 지원 프로젝트 팀’이 만들어지고, 아동 양육 지원 코디네이터 시스템의 검토, 아동 양육 지원 강좌 개최, 아동 양육에 대한 부모 토론회 등이 시행된다.

라운드 테이블은 지금까지 단체의 장이나 임원들이 모여서 행해 왔던 논의의 장과는 다른 기능을 한다. 다양한 분야의 사람이 모여 다양한 정보 교환 및 검토를 하는 것이 가능한 장으로, 단체 대표로서 참여가 아니라 어디까지나 개인 자격의 참여이므로 개인의 자유로운 발상이나 아이디어가 창출되기 쉽다.

이러한 협의 공간은 사협 외부에 만들어진 장이라는, 즉 사협과는 별개의 독립된 장으로 의식되고 있다. 장의 운영에서는 일정한 룰을 만들어, 자유로운 발언이나 구체적인 활동으로 연결이 쉽게 이루어지도록 한다. 공개모집 형태를 취하지만 발언 가능한 사람이나 실행력 있는 사람이 참여하도록 하기 위해 참여자의 절반 이상은 사협이 추천한 사람으로 구성된다. 구성원은 바뀔 수 있지만, 기본적으로는 고정된다(약 20명). 자유롭게 발언할 수 있도록 하기 위해서는 서로가 허심탄회하게 말할 수 있는 관계가 필요하므로 공개적인 회의로는 하지 않는다. 단, 참여 희망이 있을 시에는 운영위원회나 구성원들이 협의하여 결정한다.

이러한 라운드 테이블과 유사한 장치로는 이가시(伊賀市) 사협이 시행하는 '플랫폼(platform)'이라는 사업이 있다. 이가시 사협의 플랫폼은 "사협의 공공성을 살리면서, 다양한 사람들이나 단체가 각각의 독자적 활동 이념에 근거하여 각각의 특성을 발휘하면서, 지역의 과제 해결에 협동적으로 참여할 수 있는 공통된 토대나 규칙 또는 시스템을 가리킨다."라고 정의된다(平野隆之, 2008b).

추진장치의 프로그램 개발 및 합의 형성 기능

추진장치에는 지역복지를 움직이는 동력 및 에너지를 지역사회에 내보내는 이미지가 있다. 세 가지 사례에서 공통적으로 나타난 동력은, 주민들이 지역에서의 상담 활동이나 실천 활동을 통해 해결해야 할 과제를 제기할 때 나타나는 에너지다. 상담 활동이나 실천 활동을 통해 제기되는 해결과제가 추진장치의 장에서 승인되고, 자발적 실천이나 민관협동에 의한 과제 해결이라는 구체적인 형태로 합의 형성을 이루게 된다.

이러한 합의 형성 기능의 하나가 토요나카시 사례에서 볼 수 있었던 주민 조직과 전문기관의 공동이해의 장으로서의 기능이다. 지역복지의 추진장치는 처리 대상이 제도 외의 욕구에 대한 대응을 중심으로 하는 것이다. 따라서 자발성을 바탕으로 한 민관협동 프로그램이나 순수한 자발적 프로그램이 전개되는 것을 촉진할 필요가 있다. 또한 행정이나 전문기관이 협력할 때는 그 방법에서 제도의 작동 원리와는 차별되는 지역복지의 원리가 관철될 필요가 있다. 그러므로 제도나 전문직의 입장에서 보면, 추진장치를 통해 지역복지와의 협동을 연습하면서 자발적 실천을 새롭게 인식하게 되는 것이다. 이렇듯 추진장치의 합의 형성 기능이라는 것은 제도적 사고방식에서 지역복지적 사고방식으로 변화를 가져오는 중요한 기능이라고 할 수 있다.

합의 형성 기능에는 지금까지 사회적, 지역적으로 평가되지 않았던 개별 실천을 승인하고 육성한다는 합의가 포함된다. 그 한 가지로, 각각의 실천은 자기 조직화 기능을 지니며, 승인을 통해 독자적인 자립적 전개의 기반을 만들어 낸다는 것이다. 자기 조직화라는 것은 외부의 개입 없이도 자신들 스스로 규범을 만들거나 구조를 바꾼다는 의미로, 추진장치는 커뮤니티워크와 달리 전문기관의 개입 없이도 실천을 규범화한다. 이처럼 강력한 승인 기능을 가지는 합의 형성 테이블이 다카라즈카시의 라운드 테이블이나 이가시의 플랫폼인 것이다.

원서 후주

1 지역복지 실천 개념 속에 지원 개념을 도입하는 생각은 다카다 외(高田·高森·加納·平野, 2003)의 『地域福祉援助技術論』(相川書房)에서 필자가 고안한 것이다. 커뮤니티워크론 단계를 뛰어넘어 지역복지 추진을 위한 지원기술에 필드를 설정하면 지역복지 실천으로 활동 실천과 지원 실천이 실체적으로 연결된다는 것이다. 그러나 지역복지 주체화의 과제와 지원기술의 강조는 실천 속에서 모순된다는 지적도 있다.

2 커뮤니티워크의 프로세스는 5단계(① 활동 주체 조직화 – ② 문제 파악 – ③ 계획 수립 – ④ 계획 실시 – ⑤ 평가)로 정리된다. 활동 주체와 관련해서 이 5단계

를 정리하면 다음과 같이 설명된다. 공공행정에 의존하는 것이 아니라, 지역 문제 해결을 위한 주체(=주민이나 전문기관)의 조직화를 도모하여(활동 주체의 조직화), 그들이 협력하여 문제를 파악함과 동시에(문제 파악), 해결해야 할 문제의 우선순위를 명확히 하여 계획을 수립한다(계획 수립). 활동 주체가 주체적으로 선택한 문제 해결을 위한 계획 수립이므로, 경우에 따라서는 행정 계획이 아닌 계획 수립이 될 수 있다. 계획 실시에서도 활동 주체는 자발성을 유지하면서 적극적으로 협력할 필요가 있다(계획 실시). 계획 실시의 결과에 대해서도 활동 주체는 평가 주체가 되어 다음의 계획 수립을 위한 문제 파악에 착수한다(평가).

또한 '활동 주체 조직화'를 제일 처음에 놓으면 '활동 주체 조직화 → 문제(욕구) 파악 → 계획 수립 → 계획 실시 → 평가'가 되고, 제2단계에 놓으면 '문제 파악 → 활동 주체 조직화 → 계획 수립 → 계획 실시 → 평가'가 된다. 이 둘은 어느 단계에서 주체가 형성되고 기능하는지의 차이다. 가장 많이 사용되고 있는 해설이 나카타(永田幹夫)의 정리다[永田幹夫 (2000)『改訂二版 地域福祉論』全国社会福祉協議会, p. 193].

제 5 장

지역복지계획과 조건정비 프로그램

제5장
지역복지계획과 조건정비 프로그램

이 장은 지역복지 추진을 어떻게 실현할 것인지, 그 방법에 대한 것으로 지역복지계획에 주목한다. 앞서 'A: 지역복지 추진'과 'B: 지역복지계획(수립)'의 관계를 논하는 것으로, A의 방법으로서 B 계획이라는 관계가 그 중심을 이룬다.

제1장에서 지역복지 추진 정책을 위한 도구의 하나로 지역복지계획을 제시하였지만, 시정촌 행정이 지역복지계획이라는 도구를 유효하게 활용하고 있지는 못하다. 지역복지계획에서는 다른 복지계획들(예, 노인보건복지계획)에서 채용하고 있는 국고보조사업을 통한 유도와 보급 방식을 취하지 않는다. 이러한 국고보조 방식을 대신할 방법으로 제2장에서 상향식 지역복지 추진을 위한 지역복지 실천 프로그래밍의 장으로서 지역복지계획 활용을 제안한 바 있다. 그리고 지역복지계획의 A ⇒ B ⇒ A′ 모델을 제시하고 계획공간으로의 참여와 그 매니지먼트의 중요성을 강조하였다. 이 모델에서 A′는 B의 계획에 의해 상정되

는 지역복지 추진을 위한 목표라고 할 수 있다. 또한 A는 해당 지역의 실제 지역복지 추진 상황으로, 이러한 실제 상황을 기반으로 하여 지역복지계획의 필요성이 명확해진다. B의 계획 수립을 담당하는 시정촌 행정은 지역복지 추진 상황을 파악하고 계획화의 과제를 제시할 책임이 있다.

제4장의 커뮤니티워크라는 지역복지 추진 방법에서는 그 주체를 사회복지협의회로 설정하였는데, 제5장의 지역복지계획에서는 시정촌 행정이 그 추진 주체가 된다. 시정촌 행정의 주도성을 표현하기 위해 '공공행정 참여'라는 새로운 개념을 제시한다. 사회복지 제도와는 다른 원리로 움직이는 지역복지의 세계에서, 시정촌 행정은 참여의 개념이 없이는 계획과제를 도출할 수 없다. 물론, 지역복지계획은 지방자치단체의 계획이므로 공공행정이 수립 주체다. 수립 주체가 참여한다는 것은 기이한 개념이라 할 수 있지만, 지역복지계획이라는 새로운 지역복지의 실천공간을 만드는 것은 이를 통해서만 가능하다.

또 한 가지, 지역복지계획의 장에서 지역복지 추진 프로그래밍이 이루어질 때, 지역복지 프로그램과 지역복지 추진의 조건정비를 함께 개발하는 것이 중요하다. '조치'에서 '계약'으로 사회복지 시스템이 변화하는 가운데, 대상별 복지분야에서도 행정의 역할이 직접 서비스 제공에서 서비스 자원의 기반정비나 서비스의 접근성 지원 또는 이용자 이익 보호와 같은 조건정비로 이행되고 있다. 지역복지 추진에서 지금까지 조건정비는 사회복지협의회의 역할로 논의되어 왔으며, 그 내용은 종합상담 시스템의 구축 등이었다. 이 책에서의 지역복지 추진은 제도화된 대상별 복지와의 협동관계 추진까지를 고려하므로 그러한 방향에서 조건정비를 생각할 필요가 있다.

1절에서는 지역복지계획에 의한 추진 방법의 역사적 고찰을 바탕으로, 지역복지계획에서 '공공행정 참여'라는 개념을 제기하고, 조건정비 프로그래밍 장으로서의 기능을 살펴본다.

2절에서는 다카하마시 지역복지계획의 사례를 소개하면서, 계획공간으로의 구체적인 공공행정 참여의 방법을 논하고자 한다. 또한 3절에서는 계획의 진행 관리에 실패한 다카하마시의 경험을 토대로, 지역복지 추진의 매니지먼트 기능을 어떻게 프로그래밍할 것인가에 대해 논한다. 마지막으로 제2장과 제3장의 관련성을 논하면서, 제5장의 지역복지 추진방법론을 정리한다.

제1절 추진 방법으로서의 지역복지계획

1. 지역복지계획과 행정 참여

지역복지계획의 계보

지역복지 추진 방법으로서 지역복지계획에는 지금까지 두 가지 계보가 있다. ① 사협의 커뮤니티워크 실천 계보와 ② 행정의 복지계획 계보다.

① 사협 커뮤니티워크 실천 계보는, 사협이 1970~1980년대에 사협 강화 계획이나 발전 계획, 또는 지역복지활동계획을 통해 지역복지 추진을 위해 적극적으로 계획을 수립한 실천을 근거로 한다.[1] 이러한 사협의 계획 만들기는 현재 상황을 분석하고 장래를 추계하는 분석적 작업이라기보다, 지역복지 추진을 위해 주민 참여를 촉진하는 조직화적

요소가 강한 계획 수립이었다.

그렇다면 사협의 커뮤니티워크에 의한 지역복지계획 실시가 행정의 지역복지계획 속에 어떻게 계승 및 발전되고 있는지 지역복지계획의 수립 방법에 주목해 본다. 지역복지계획의 수립은 법정화되기 전인 2000년 이전부터 사협에 의해 실시되어 왔으며, 사협은 주민 참여의 계획 수립 과정을 강조해서 지역복지 실천으로 주민 참여를 촉진하였다. 오늘날 지방자치단체의 공공행정에 의한 지역복지계획이 성공하는 지역을 보면, 사협의 커뮤니티워크 실천으로서 계획 수립의 경험이 밑받침되고 있음을 알 수 있다. 계획 수립의 사무국 기능을 행정과 사협이 함께 담당함으로써 사협의 경험이 활용되는 것이다.

1990년대에 추진된 복지행정의 '시정촌주의'나 노인보건복지계획 수립의 의무화는 사협에 의한 커뮤니티워크 실천으로서의 계획화 성격을 크게 바꾸게 된다. 특히, 사협이 계획을 통해 실천해 온 재가복지서비스가 노인보건복지계획에 어느 정도 반영되면서, 사회행동으로서 사협의 계획에 대한 기대는 저하된다. 한편, 앞서 가는 시정촌에서는 새로운 욕구를 발굴하는 계획으로서 지역복지계획 수립을 추진하게 된다. 즉, 대상별 제도적 서비스만으로는 해결될 수 없는 과제들에 대한 대응, 부서별로 나뉜 복지행정 전개의 한계 등에 대처하기 위해 대상을 횡단하는 계획의 필요성이 대두되는 것이다. 이것이 ② 공공행정의 복지계획 계보다.

「사회복지법」에 의한 지역복지계획의 계보는 기본적으로 ②의 흐름을 가속하기 위한 것이다. 이미 노인이나 장애인 등 분야별로 복지계획을 수립한 시정촌의 입장에서 「사회복지법」의 '지역복지=지역에 있어서의 사회복지'라는 규정(제1조)을 적용하면, 한 지역의 모든 복지계획들의 종합화가 지역복지계획이 된다.

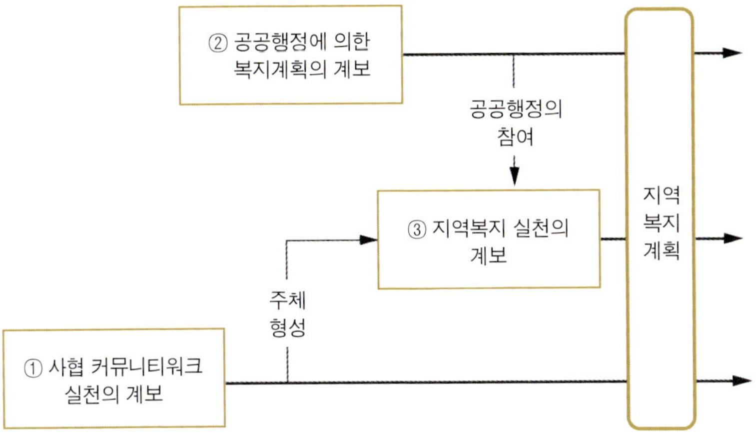

그림 5-1 지역복지계획의 세 가지 계보

지자체 행정의 복지계획 계보에 따른 지역복지계획의 필요성에 대해 다케가와(武川正吾, 2006)는 종합화와 분권화로 정리한다.[2] 1990년부터 시작된 대상별 복지계획의 일정한 성과를 근거로 지자체는 지역복지를 중심으로 종합화를 모색하는 지역복지계획의 수립을 필요로 하게 된다. 또한 지방분권 추진이라는 문맥에서 중앙정부와 지방정부 사이의 분권화만이 아니라, 지방정부와 주민과의 관계에서도 분권화를 추진하기 위해 지역복지계획에서 주민 참여가 중시된다.

한편, 다케가와는 이 두 원칙의 대립에 대해서도 언급하고 있다. 종합화를 실현하기 위해서는 행정 전반을 통한 고도의 전문성이 필요하므로, 상향식보다는 하향식 방식이 종합화를 용이하게 한다. 그러나 두 원칙이 대립할 때에는 종합화보다 분권화, 즉 주민 참여가 우선되어야 한다. 이는 상향식을 중시하는 것으로 이 점에 대해서는 필자도 같은 의견이다.

공공행정 참여의 지역복지계획

지역복지계획에서 공공행정의 참여를 통해 행정이 지역복지 추진 방법을 주도할 수 있다. 지역복지계획에서 공공행정 참여가 성립하기 위해서는 계획공간이라는 개념이 전제될 필요가 있다(제2장 3절 참조). 그러나 행정에 의한 지역복지계획수립위원회만으로는 자유롭고 주체적인 협의를 위한 계획공간 확보가 어렵다. 수립위원회 구성과 동시에 다양한 협의의 장들을 확보할 때, 계획공간이 형성될 수 있다. 다양한 협의의 장으로서 계획공간의 요소를 다시 한 번 정리한다.

- 계획수립위원회, 실무위원회, 주민간담회 등 참여의 장이 되는 '공간'
- 계획적인 실시가 필요한 과제 및 그 해결을 위한 '정보'
- 정보 제공자 및 다양한 참여자(수장, 행정직, 전문직, 주민대표, 복지담당자 등)의 '협의'
- 정보 처리와 협의를 통해 합의된 '계획'
- 계획공간의 운영을 담당하는 '매니지먼트(체제)'

이러한 계획공간 속에서 전개되는 협의를 지역복지 실천의 하나로 본다면, 앞서 두 가지 지역복지계획의 계보와는 다른 새로운 계보가 성립한다.[3] ① 사협의 커뮤니티워크 실천 계보와 ② 행정의 복지계획 계보가 교차하는 위치에 ③ 지역복지 실천으로서의 계보가 자리잡게 되는 것이다.[4] 「사회복지법」이 개정되는 2000년 전후 시정촌의 지역복지계획 실시 상황을 보면, ①과 ② 어느 쪽으로도 분류될 수 없는 새로운 동향이 나타난다. 이 두 가지 계보와 비교하면서 새로운 ③ 지역복지 실천으로서의 계보의 특징을 정리한다.

지역복지 실천이라는 명칭에서 보이듯이, 지역복지계획은 ①의 계보를 계승하는 면을 지닌다. 다만, ①의 계보가 커뮤니티워크라는 '지원 실천'의 성격이 강한 데 비해, ③의 계보는 '활동 실천'의 주체 형성을 중시한다.

보다 중요한 특징은 ② 행정의 복지계획 계보와의 관계에서 볼 수 있다. 지역복지 실천공간으로 공공행정의 참여를 촉진하는 개념을 도입하고 있는 점이 ③ 계보의 특징이다. 이 공공행정 참여라는 개념은 지자체가 지역복지계획 수립의 과정을 관리하는 입장만이 아니라, 지역복지 실천 속에서 스스로 새로운 역할을 모색하는 의미로도 사용되고 있다. 지역복지계획이 등장하기 이전부터 존재하는 지역의 지역복지 실천 공간에 공공행정이 갑작스럽게 참여한다는 것은 쉬운 일이 아니다. 그러므로 우선 지역복지계획이 수립되는 공간에 참여함으로써 '지역복지란 무엇인가'와 같은 일종의 연습문제를 접할 필요가 있다. 이제까지의 행정 계획과 달리 행정의 틀에서 벗어나서 지역복지계획 수립을 생각해야 한다는 것이다.

지금까지 ①과 ②의 계보가 서로 교차하지 않고 별개로 오늘날 지역복지계획으로 이어져 왔다고 한다면, 두 계보의 기능이 교차하는 영역에 ③의 계보가 성립하고 있다. 그러나 이것은 ①과 ②를 통합한다는 의미는 아니다. 세 가지 계보는 각각 독자성을 지니면서 계승된다. 지역복지계획은 이러한 세 가지 계보를 가지고, 그 필요성에 따라 각각 다른 방식으로 수립되고 있다.

2. 프로그래밍 장으로서의 지역복지계획

지역복지 추진의 프로그래밍과 지역복지계획의 위치

지역복지 추진의 프로그래밍에 있어서 지역복지계획은 어떤 위치에 있는가. 제2장의 상향식 지역복지 추진에서 지역복지 프로그램의 조립을 나타내는 세 가지 벡터 중 B에 해당하는 부분이다(A: 실천 조직에 의한 실천화, B: 시정촌에 의한 계획화 및 사업화, C: 도도부현 또는 정부에 의한 정책화). 이 세 벡터는 지역복지 추진의 단계를 나타내는데, 일반적으로 A의 실천 축적을 토대로 B가 형성되며, 그 축적을 토대로 C의 정책화가 진행된다.

그 가운데 지역복지계획은 다음 세 가지 성격의 계획공간으로서의 기능이 나타난다. ① A의 신규 실천 보급을 위한 '해석' 공간으로 기능한다. ② B의 사업화를 시정촌 차원에서 추진하는 '개발'의 장으로 기능한다. ③ C의 정부·도도부현 정책화를 통한 프로그램을, 지역성이나 실천자의 실시 상황을 감안해 시정촌이 진행하는 프로그램으로 가공하는 '조정'의 공간이다. 지금까지 계획 수립의 과정에서는 '참여'를 중시하면서 지역복지 추진을 위한 프로그램 개발에 대한 관심이 낮았던 측면이 있지만, 지역복지계획이 지역복지의 추진 방법이 되기 위해서는 계획공간의 프로그램 해석·개발·가공의 기능이 불가결하다.

공공행정이 다양한 현장에서 해석을 거쳐 보편화되고 있는 실천이나 제도 외의 실천을 직접 관찰하려면 엄청난 작업이 필요하다. 하지만 지역복지계획 수립에 행정이 참여함으로써, 그러한 지역복지 실천들에 대한 파악 작업을 집약적인 형태로 진행할 수 있다. 또한 지역복지계획에서 행정 참여가 이루어지는 공간은 지역복지 프로그램의 개

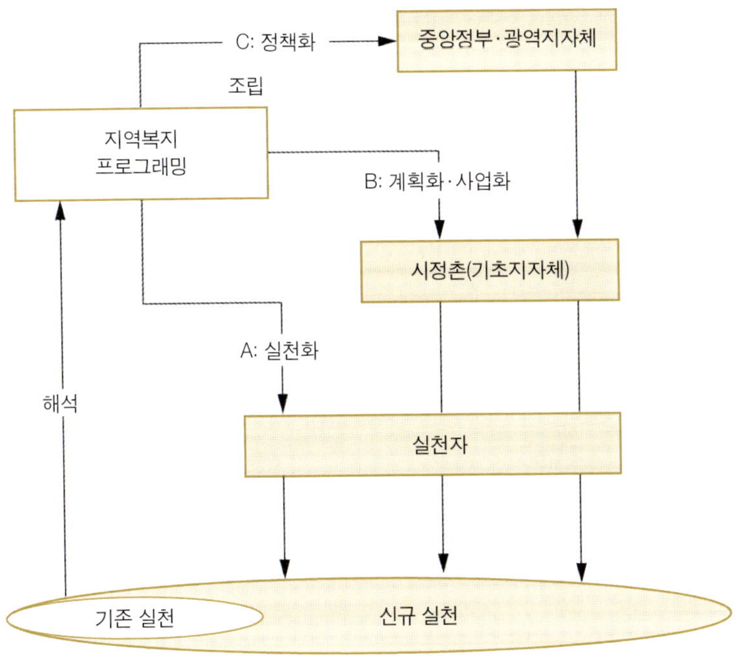

그림 5-2 지역복지 프로그래밍의 방향: 계획화의 위치

발뿐만이 아니라, 지역복지 추진을 위한 조건정비 프로그램을 개발하는 공간도 된다.

조건정비 프로그램과 지역복지 프로그램의 관계

제1장에서 정부의 지역복지 추진을 위한 국고보조를 조건정비보조와 사업보조 두 가지로 나누어 정리하였다. 정부의 국고보조사업에서 지역복지 추진 프로그램으로 평가되는 '후레아이마을만들기사업'은 코디네이터 배치라는 조건정비 프로그램과 노인들의 활동모임과 같은 지역복지 프로그램으로 구성된다. 최근 같은 형식의 프로그램으로

커뮤니티 소셜워커 배치와 지역의 서로 돕기 프로그램을 내용으로 하는 지역복지활성화사업이 등장하였다. 이처럼 국고보조의 조건정비는 지역을 기반으로 한 소셜워커 배치로 시행되어 왔다.

이번에는 국고보조사업이 아니라 지역복지계획 내용의 변화 과정 속에서 조건정비 및 지역복지 프로그램을 살펴본다. 공공행정의 복지계획 수립이 불충분한 1980년대에 사협의 계획으로 등장한 지역복지계획은 일종의 사회행동과 같은 성격을 띠면서 시행되었다. 따라서 사협의 지역복지계획이지만 공공행정이 정리해야 할 서비스 부분과 서비스 개발을 추진하는 커뮤니티워크의 기반 강화 등을 계획의 내용으로 상정하고 있었다. 이 단계의 서비스는 주로 재가복지서비스로, 당시에는 지역복지 프로그램과 명확히 구별되지 않았다. 또한 지역복지 추진을 위한 조건정비 프로그램인 커뮤니티워크의 기반 강화는 사협워커의 인건비 보조로 시행되었다.

1990년대에는 노인보건복지계획이 법정계획으로 정비되면서, 1980년대에 사협이 요구했던 서비스 부분이 지방자치단체의 복지계획 속에 흡수된다. 그 결과, 사협은 주민이 담당하는 지역복지 활동의 계획화인 '지역복지활동계획'을 제시하게 된다. 활동계획의 수립이 추진되는 가운데 커뮤니티워크의 목적 또한 서비스 자원 개발에서 지역주민 복지 활동의 조건정비로 전환된다. 이 시기에 지방자치단체의 복지계획은 대상별 계획이며, 지역복지계획이라고 하면 사협이 추진하는 지역복지활동계획을 가리키게 된다. 지역복지활동계획은 주민주체를 강조하는 지역복지 프로그램으로, 지역복지 프로그램을 지원하는 커뮤니티워크의 조건정비 프로그램은 지역복지활동계획에서는 등한시되었다.

제도와의 협동을 통한 지역복지계획의 구성

2000년대 들어서는 공공행정 영역에서 대상별 복지계획과 다른 지역복지계획 수립이 요청된다. 공공행정의 지역복지계획에서 지역복지 프로그램과 조건정비 프로그램은 어떻게 자리매김 되는가. 대상별 복지 제도와의 관계를 통해 조건정비 프로그램의 내용을 보다 명확하게 구분할 수 있다. 이와 관련해서 대상별 계획과의 관계와 제도 그 자체와의 관계에 대해서도 살펴본다.

[그림 5-3]은 지역복지계획의 범위와 요소를 대상별 복지 제도와의 관계에서 정리한 것이다. 지역복지계획의 계획 항목은 네 가지로 분류할 수 있다. 우선, 광의(広義)의 의미에서 보면, 조건정비 프로그램으로 ① 지역복지 조건정비와 ② 제도 이용자의 이익 보호(권리옹호 및 고충 처리 등 포함)가 있다. 「사회복지법」 제1조에서 ②가 명확히 규정되

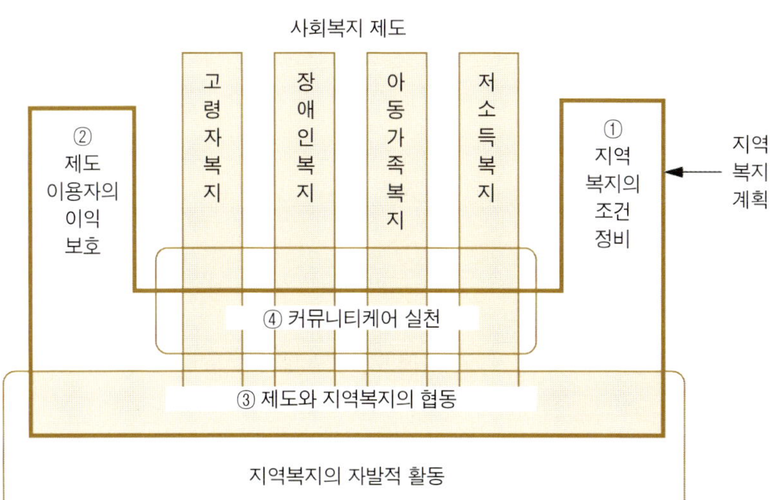

그림 5-3 지역복지계획의 구성: 사회복지 제도와의 관계에서

고 있다. 개호보험 제도 등 계약에 의한 이용 제도가 중심이 되는 가운데, 이용자의 불이익을 방지하기 위한 조건정비가 규정되고 있는 것이다. 그러나 이 항목은 대상별 복지 제도의 조건정비 부분으로 지역복지 추진을 위한 조건정비는 아니다. 그러므로 지역복지계획 항목의 ① 지역복지 조건정비와 ② 제도 이용자에 대한 이익 보호를 구분한다.

지역복지를 위한 조건정비는 법적으로 명확히 규정된 것이 아니므로, 공공행정의 참여 속에서 그 필요성이 인식되는 것이 중요하다. 조건정비 프로그램으로는 지역복지 추진을 지원하는 커뮤니티워커의 배치, 커뮤니티워커를 보좌하는 기능의 지역복지 추진장치(유연한 지역복지 인프라 구조) 정비, 계획공간을 계획의 진행 관리에 활용하는 계획 매니지먼트가 있다.

지역복지 프로그램으로는 ③ 대상별 복지 제도와 지역복지 실천의 협동으로 성립되는 것, ④ 각 사회복지 제도의 일부이지만 지역복지 추진으로 주목되는 커뮤니티케어 실천이 해당된다. ③ 대상별 복지 제도와 지역복지 실천의 협동에는 제도에 포함되지 않은 지역복지 활동의 일부도 포함된다. 이 계획 내용은 제도 외의 지역복지 활동이 전문적·제도적인 실천과 협동하여 새로운 지역복지자원이나 프로그램을 창출하는 것을 의미한다. 제도적인 개호예방 급여와 지역활동사업의 협동적 프로그램 개발이 대표적인 예이다(제6장 참조). 향후 이와 같은 협동 프로그램 개발이 지역복지계획 수립에서 주목된다. 이 점과 관련해서 지역복지의 자발적 활동을 계획에 포함할 필요가 있다는 의견도 있다. 그렇지만 주민의 자발적 활동을 계획 내용으로 한다면, 그 추진을 위한 조건정비 프로그램도 계획화할 필요가 있다.

④ 커뮤니티케어 실천을 보면, 커뮤니티케어는 그 자체가 지역과의 밀착성을 필요로 하는 케어 자원이므로, 그것을 지원하는 역할을 지역

복지 실천이 담당하게 된다. 또한 커뮤니티라는 존재가 커뮤니티케어 제도를 반드시 환영하는 것은 아니다. 그러한 대립과 갈등이 발생하는 커뮤니티에 개입하는 것이 지역복지의 역할이다. 앞서 제시했던 '지역에서의 사회복지 = 대상별 복지 제도의 지역적 보급 × 지역복지'라는 관계도 이를 의미한다.

② 제도 이용자의 이익 보호는 지역복지 조건정비 프로그램에서는 제외하고 있다. 다음에서는 공공행정의 참여라는 실험적 시도를 행한 다카하마시(高浜市) 지역복지계획을 통해 '공공행정 참여' 그 자체의 성패와 함께 ① 지역복지 조건정비에 관한 교훈을 살펴본다.

제2절 지역복지계획 매니지먼트: 다카하마시(高浜市)의 제1차 지역복지계획 사례에서

과정을 중시하는 지역복지계획 수립

다카하마시 지역복지계획에 대해 몇 편의 논문이 있다. 과정을 중시하는 계획 수립에서 각 주체의 역할이 어떻게 변화하였는지에 주목한 논문(荒川·伊藤·平野, 2002), 다카하마시가 계획 수립 시에 취한 방법상의 전략에 대해서 그 효과를 검증한 논문(平野·荒川, 2002) 등이 있다. 이 논문들은 주로 계획 수립의 과정에 초점을 둔 것으로, 계획 수립 이후의 상황이나 매니지먼트 방식에 대해서는 논의가 충분히 이루어지지 못했다. 그래서 지역복지계획의 진행 관리에 대한 논문(平野·榊原·澤田·朴, 2008)에서는 다카하마시 지역복지계획을 활용하여 공공행정의 참여와 계획공간의 매니지먼트에 관한 구체적 방법을 제시하였다.

다카하마시 제1차 지역복지계획의 특징은 과정 중시의 계획 수립이다. 2년이라는 계획 수립의 과정 가운데 만들어진 세 가지 장은 '히로바위원회'[•] '프로젝트회의' '계획수립위원회'다(그림 5-4). 이 모든 장에서 공공행정의 참여라는 행정에 의한 계획 활동이 실시되었다. 이 중 특히 주목되는 것이 주민 참여의 장인 히로바위원회다. 히로바위원회는 2년간 각 그룹별로 평균 30회가 넘는 회의(모임)를 개최하였다. 담당 행정직원은 히로바위원회뿐만 아니라 계획수립위원회, 행정조직 내의 프로젝트회의 등에 총 100여 차례의 회의에 참가하여 주민과 함께 협동 작업을 하였다.

역자주

• 히로바위원회는 지역복지계획 수립에서 중시하는 주민 참여의 계획 워크숍이 행해지는 의견 수렴의 장이다. 히로바위원회의 명칭은 다카하마시의 원스톱서비스 전담창구 역할을 하는 '활력 넘치는 광장'이라는 의미의 '이키이키히로바'라는 건물명에서 유래하고 있다. 또한 히로바(ひろば)는 168이라는 숫자를 의미하는 말로, 실제로 참여한 주민은 146명에 그쳤으나, 계획 수립 워크숍에 168명의 주민 참여를 끌어내겠다는 의지에서 명명되었다.

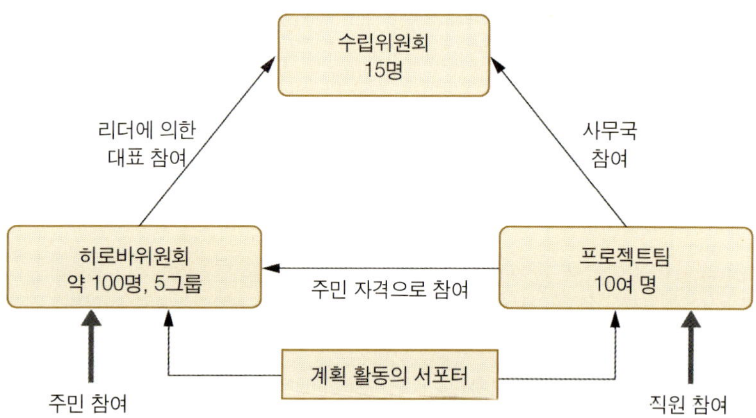

그림 5-4 '행정 참여'의 세 가지 장: 다카하마시의 제1차 지역복지계획

지역복지계획은 임의 계획이며, 실행 사업 등에 정부로부터의 재원 보조가 없는 계획이다. 게다가 주민 참여나 민관 협동을 추진하는 과

정 중시의 계획 수립은 시간·인력·재정 면에서 지방자치단체에 부담을 준다. 그럼에도 지방자치단체 행정이 과정 중시의 계획을 수립하는 것은 지자체 행정이 설정한 목적에 맞는 수단적 합리성이 그 속에 존재하기 때문이라고 볼 수 있다(朴兪美, 2008).

과정 중시 등 다양한 계획 수립의 선택지에 대해 목적－수단 관계로 살펴본다. 대표적인 계획공간은 '지역복지계획수립위원회'다. 이 경우 어떤 계획공간이 설치, 운영되는가는 그 목적에 따라 달라진다. 목적에 따라서 위원회를 어떤 멤버로 할 것인지, 어떤 작업을 행할 것인지가 설정되는데, 그 목적은 대체로 '과정 지향' '계획 지향' '개선 지향'의 세 가지로 나뉜다(岡村重夫, 1987).

과정 지향은 지역사회를 구성하는 각 대표 멤버가 계획 과제에 대해 충분히 발언할 수 있도록 기회를 제공함과 동시에, 자신들의 힘으로 지역복지 활동을 계획적으로 수행해 나갈 수 있도록 하는 역량 함양을 목적으로 한다. 따라서 과정 지향에서는 이제까지의 실천을 평가하고 그 개선을 위한 논의가 이루어질 수 있도록 조건을 정비할 필요가 있다. 그런 의미에서 학습은 위원회 운영에서 중요한 요소이며, 적극적인 커뮤니티 멤버를 많이 참여시킬 필요가 있다. 이러한 과정 지향(과정 중시 계획 수립)을 다카하마시가 선택하게 된 배경에는, 행정과 주민 양쪽 다 지역복지의 실천 경험이 부족하였다는 점이 작용한 것으로 보인다.

계획 지향에서는 지역사회에서 해결해야만 하는 문제를 명확히 하고 유효한 해결책을 협의한다는 목표가 설정되므로, 문제를 과학적으로 분석하는 조사연구 활동이 불가결하다. 이러한 점을 중시해서 전문가 집단이 위원회 멤버로 채용되며, 커뮤니티에서 참여하는 멤버 또한 전문성을 중시해서 구성된다. 개선 지향이라는 것은 계획 수립을 통해 구체적인 개선을 실현하는 것을 중시하는 방법으로, 개선 과제와 관련된 이해관계자를 참여시켜 구체적인 이해관계를 조정하는 작업을 하게 된다. 이때 개선 계획의 실효성을 높이기 위해 유력자(有力者)를 구성 멤버로 선택할 수 있다. 의회에서 의결을 얻는 등, 예산적 뒷받침을 확보하는 것도 중요하다. 구체적인 이해 조정 작업에는 의견 대립이 있는 커뮤니티 멤버들을 참여시킬 필요가 있다.

다카하마시의 경우, 제도와의 협동 등 프로그램 개발의 과제가 명확히 제시되지 않았기 때문에 계획 지향 및 개선 지향을 선택하기보다 과정 지향을 통해 주민 및 행정직원 참여를 중시하게 된 것이다.

다카하마시의 계획공간 매니지먼트

계획수립위원회에서 행정의 역할은 사무국의 성격이 강하므로 공공행정의 참여가 실현되기는 쉽지 않다. 따라서 다카하마시의 경우 수립위원회 외부에 히로바위원회라는 보다 자유로운 공간을 만들어 행정직원의 참여를 시도하였다. 그리고 행정직원이 히로바위원회에 참여할 때는 행정상의 직위나 명칭을 떠나 한 사람의 주민 입장에서 행동하도록 하였다. 다카하마시가 주민들이 참여하는 히로바위원회를 중심으로 계획 수립을 하게 된 배경으로, 다카하마시 사협의 커뮤니티워크에 대한 실천 경험이 미비함을 들 수 있다. 다카하마시는 지구사협 등 소지역 복지의 주민 조직이 형성되지 않은 상태였으며, 사협의 지역복지활동계획이나 발전강화계획 등이 없는 상황이었다. 또한 행정 내에서도 지역복지에 대한 합의나 이해가 충분하지 않았다. 이러한 가운데 주민역량이나 직원역량 향상과 같은 목적이 설정되게 된다. 다카하마시가 추진하는 '복지를 통한 마을만들기'에 필요한 지역

협동의 실험장으로 지역복지계획이 상정된 것이다.

계획수립위원회 이외에도 폭넓은 참여가 가능한 계획공간으로 협의의 장을 만들 필요가 있다. 그리고 이러한 계획공간을 운영할 때는 참여 조직 간 관계 조정이 중요하다. 그런 의미에서 계획수립위원회와 히로바위원회의 관계를 인터그룹 워크(inter-group work)의 관점에서 정리할 필요가 있다. 인터그룹 워크라는 것은 지역 내의 각종 조직이나 단체, 기관들 간 협동을 실현하는 과정에서, 각 단체의 대표자를 대표자 회의나 협의회로 결집시키고 협동하도록 지원하는 것을 의미한다. 계획수립위원회에서 각 집단의 대표자가 모여서 협의하고 결정한 사항을 대표자들 각각의 소속집단이 승인하고, 그 소속집단의 활동 방침으로 수행해야 한다. 이를 위해서는 대표자와 그 소속집단 사이의 협력 관계가 요구된다. 즉, 대표자 회의와 각 참여집단 사이의 관계 유지 및 강화가 필요하다. 따라서 대표력 강화만이 아니라, 대표자 회의의 권한이나 성격을 각 집단에 이해시키고 대표자 회의의 진행 상황에 관한 정보를 각 집단에 제공하는 등의 교류가 필요하다. 특히 각 집단에 다른 집단과 기관의 기능, 입장, 실상 등을 직접 설명하거나 함께 직접적인 협동이나 연대 행동을 시도하는 것도 필요하다(平野隆之, 2002b).

수립위원회와 히로바위원회의 관계에서 다음의 두 가지 성과를 지적할 수 있다. 하나는 히로바위원회의 대표를 가능한 한 계획수립위원회의 위원으로 다수 편성하여 양자의 연계를 꾀하는 연대성 강한 계획공간을 확보한 것이다. 주민이 자유롭게 이야기를 나눌 수 있는 장(월 2회 히로바위원회 개최)에 행정직원이 다수 참여하고, 일종의 커뮤니티워크를 수행하는 '계획 활동 서포터(계획을 연구하는 대학원생 등이 담당)'가 참여하는 방식은 인터그룹인 계획수립위원회의 의견 반영을 돕는 실험적 방법이기도 하였다. 계획수립위원회 운영상의 또 다른 성과는 히로바위원회를 대표해서 참여한 위원들이 계획수립위원회의 내용을 히로바위원회로 피드백하는 역할을 수행한 것이다.

계획 수립으로부터 파급되는 공간 매니지먼트

계획공간 속에서의 다양한 협의가 계획상의 프로그램화를 촉진하는 것에 그치지 않고, 거기에서의 경험을 토대로 파급성을 지니면서 계획화와 관계없이 새로운 프로그램 개발로 이어지는 경우가 있다. 지역복지계획의 계획공간 속에서 활동 주체들 간의 만남이나 협의, 실험적 협동이 시도되므로, 계획 수립이 종료된 후에도 자발적인 협의의 장이 형성되어 프로그램 개발로 이어지게 된다.

오카모토(岡本薫, 2008)는 계획의 매니지먼트 과정을 Plan – Do – Check – Action 또는 Plan – Do – See와 같은 사이클로 정리하는 것은 한계가 있다고 논한 바 있다. 이 사이클은 일의 발생 순서를 단순히 묘사한 것에 지나지 않는 것으로, 최소한 일본에서 매니지먼트를 개선함에 있어서는 무력하다고 지적한다. Plan 단계에서 실패의 원인이 있지 않는가를 분석하는 방법이 중요함에도 그 부분을 간과하고, 실패의 원인은 대부분 Do에 있는 것으로 파악해 왔다. 과정 분석은 '일이 발생한 후' 학술적으로 그 대상을 분석하는 것이 아니라, 매니지먼트를 실천하는 자가 스스로 매니지먼트를 분석하는 실천적인 계획의 매니지먼트를 강조한다. 지역복지계획의 진행 관리를 계획 매니지먼트 과정으로 볼 필요가 있는 것이다. 계획 종료 시점에서 평가가 등장하는 것이 아니라, 계획 실시 과정에서 계획 수정을 포함하여 진행을 매니지먼트하는 새로운 계획공간의 설치 운영이 요구되는 것이다.

이런 관점에서 다카하마시 지역복지계획의 계획공간 매니지먼트를

살펴보자. 다섯 가지 테마별로 논의를 진행한 히로바위원회의 각 그룹은 계획 수립 2년째에 실험사업을 실시하게 된다. 이 실험사업은 '실험'이라는 명칭대로 계획화에 앞서서 지역복지계획의 프로그램을 시행하고 평가하는 것이다. 예를 들면, 히로바위원회의 한 그룹은 장애인이 마음 놓고 활동할 만한 장소가 지역에 없다는 문제를 파악하고는, 장애인이든 아니든 함께 점심을 먹으면서 즐겁게 시간을 보내는 '민나노이에(みんなの家: 모든 이들의 집)'라는 모임을 월 1회 실험사업으로 개시하였다. 그 외에도 자원봉사를 테마로 했던 그룹은 지역형 자원봉사센터 '초코라야',• 아동 그룹은 '중·고생이 갈 만한 장소 만들기' 등 히로바위원회를 모체로 한 다양한 실험사업이 시도되었다. 이러한 시도들은 히로바위원회가 없었다면 불가능한 것으로, '행정에만 맡기는 사고방식'과는 달리 상향식 지역복지 추진을 위한 새로운 자원 창출로 평가된다.

역자주

• '초코라야(ちょっこらや)'는 앞서의 '민나노이에'와 마찬가지로 계획 수립 중 실시된 실험사업의 하나다. "잠시 와 주세요."라는 의미를 지닌 다카하마시의 방언을 그대로 실험사업명으로 차용하였다. 전구 교환이나 나무 가지치기 등 주민 누구나가 경험하는 일상생활에서 약간의 어려움을 주민 자원봉사자들이 나서서 해결한다. 무료로 하면 이용하는 사람도 부담스럽다고 하여 아주 소액의 돈을 받고 있다. 주로 독거노인 등의 이용이 많으며, 이 자원봉사 활동은 NPO법인으로 발전하였다.

진행 관리의 실패

다카하마시(市)에서는 계획 수립 이후에도 히로바위원회를 존속시키기 위해, 실험사업의 스타일을 유지하며 계획을 시행해 간다는 진행 관리의 방법을 구상하였다. 히로바위원회의 각 그룹 리더가 참가하는 '히로바운영위원회'를 설치하고 매년 각 그룹의 실험사업에 대해 협의하고 결정해 가는 것으로 하였다. 그리고 전체적인 지원은 사협이 하는 것으로 하고, 지역복지계획서에 "히로바위원회, 히로바운영위원회, 실험사업의 적극적인 지원은 사협이 책임지고 수행한다."라고 명기했다. 그러나 계획 수립이 끝난 후 히로바위원회나 히로바운영위원회는 유지·발전되지 못하였고, 결과적으로 지역복지계획의 진행 관리도 이루어지지 못하였다.

이렇게 된 것에는 여러 요인이 복잡하게 작용했다고 볼 수 있는데, 가장 큰 요인은 진행 관리의 주체가 명확하지 않았다는 것이다. 히로바위원회 구성이 테마형으로 참여자들의 '협의(協議)'에 대한 관심이 그리 높지 않았던 것도 위원회의 유지를 어렵게 한 요인이었다고 볼 수 있다. 게다가 히로바위원회가 어떤 역할을 수행할 것인가에 대해서도 위원들 간에 명확한 합의가 형성된 것은 아니었다. 또한 계획서에 히로바위원회의 운영 지원을 담당하도록 명시된 사협이 그 역할을 충분히 수행하지 못했다. 또한 지자체의 지역복지계획이라는 점에서 다카하마시 행정의 책임도 적지 않다. 결국 진행 관리를 위한 조건정비 프로그램이 마련되지 못했던 것이다.

또 다른 요인으로 공공행정의 참여가 지속되지 못했다는 점을 들 수 있다. 시 행정 조직이 그룹제를 도입하면서 지역복지계획을 담당해 온 '장애복지과'가 '지역복지 그룹'으로 명칭을 변경하는 움직임은 있었지만, 지역복지 그룹이 중심이 되어 지역복지계획의 진행 관리를 수행하지는 않았다. 즉, 지역복지계획을 통해 생겨난 행정직원의 의식 변화를 정착시키는 시스템이 충분하지 못했다.

과정 중시라는 전략이 히로바위원회를 창출했음에도, 운영위원회의 실패에서처럼 과정 중시를 통한 정보의 축적이나 자립 움직임이 발전하지 못한 이유는 무엇일까. 그 이유로 계획공간에 대한 매니지먼트가 계획 수립의 단계에 그치면서, 진행 관리에까지 이르지 못한 것을 들 수 있다. 그것은 지역복지 추진을 위한 지자체 행정의 주체성이나 계속성이 조직 내부에 형성되지 못한 결과의 표출이기도 하다. 이른바, 과정 중시로 얻은 계획 수립의 효과가 진행 관리에 대한 경시로 인해 소실된 것이다. 이것은 진행 관리의 추진장치가 마련되지 못했다는 조건정비 프로그램의 미비로 볼 수 있다.

이러한 다카하마시 지역복지계획의 '공공행정 참여'라는 실험에서 다음과 같은 내용을 고찰할 수 있다. 첫째, 계획공간의 장은 계획수립위원회만으로는 확대되기 어려우며, 히로바위원회 등의 다양한 참여공간이 형성되지 않으면 공공행정의 참여는 불가능하다. 둘째, 계획공간 속에서 지역복지는 일종의 실험적 복지라고 할 수 있는데, 계획화 및 사업화 이전에 프로그램 내용을 판단하는 실험사업은 공공행정 입장에서도 유효한 것으로 판명된다. 이 점은 계획의 매니지먼트로서 주목되는 부분이다. 셋째, 계획 수립 이후의 진행 관리에서는 계획공간 형성의 새로운 매니지먼트 방법에 대한 검토가 필요하다. 이 점과 관련해 조건정비 프로그램 개발이 중요한데, 이에 대해서는 다음 제3절에서 구체적으로 논의한다.

제3절 계획적 추진의 매니지먼트와 조건정비 프로그램

지역복지 추진 매니지먼트의 조건정비

다카하마시 사례에서는 계획 수립 시 계획공간의 성공이 진행 관리로 지속되지 못했다는 매니지먼트상의 문제를 소개하였다. 이것은 오카모토가 말한 매니지먼트 프로세스의 문제가 반영된 결과로 볼 수 있으며, 다른 한편으로는 계획공간 속에서 지역복지 실천을 연습하는 것만으로는 진행 관리 방법의 습득이 어렵다는 것을 나타낸다고 할 수 있다. 계획공간의 경험만으로는 조건정비 프로그래밍을 위한 기술 습

득이 불충분하므로, 지역복지의 계획적 추진 매니지먼트를 학습하는 것이 필요하다.

다음에서는 지역복지 추진의 매니지먼트를 조건정비 프로그램으로 계획에 반영하기 위한 네 가지 논점을 제시한다.

첫째, 종합상담 시스템으로 대표되는 종합화를 계기로 한 계획적 추진의 매니지먼트에 대한 평가다. 둘째, 비공식적인 지역복지 실천의 형식정비라는 매니지먼트에 대해서다. 셋째, 행정 조직의 조건정비인 지역복지 추진의 체제정비에 대해서다. 넷째, 계획 수립에서 계획공간의 성공을 진행 관리에서 지속시키기 위한 프로그래밍이다.

종합화 프로그래밍의 과제

첫 번째, 지역복지계획에서 종합화라는 계획 목표가 얼마나 공유되고 도입되고 있는가. 비교적 적극적으로 지역복지계획을 수립한 시정촌의 사례를 보면 다음과 같은 상황을 확인할 수 있다(全社協, 2007).

첫째, 계획 수립 당시부터 부서별로 나뉜 대상별 복지서비스들을 종합화하려는 목적을 갖는 경우는 소수에 불과하다. 지역복지계획의 목적을 종합화에 두는 것이 가능하다 해도, 계획을 담당하는 행정직원이 이를 실질적으로 수행하기 위해서는 몇 가지 과제가 도출된다. 특히 시간적으로 지역복지계획의 수립 시기가 다른 대상별 복지계획들보다 후발인 경우, 지역복지계획이 다른 계획에 영향을 미치는 것은 사실상 불가능하다. 지역복지계획이 다른 복지계획에 영향을 미친다 해도, 이념이나 개념 제시 차원에 그칠 가능성이 크다.

둘째, 종합화를 넓은 의미로 해석하면, 다른 부서 직원들도 다 같이 참여하여 각 대상별 분야를 망라하는 지역복지 이념을 형성하는 것이다. 이것은 하나의 조건정비 기능으로, 각 대상별 계획의 이념상의 종합화를 지향하는 방법이 된다. 단, 이념의 공유화 및 명시화가 어느 정도 조건정비 기능을 할 수 있는지는 종합계획에서의 명시 유무에 달려 있다.

셋째, 계획상의 권역 설정을 통한 종합화 모색이다. 일부 시정촌은 권역 설정을 시도하고 새로운 관점에서 대상별 계획을 제시한다. 권역단위에서 대상별 계획 프로그램들을 종합화하는 점에서는 일종의 종합화로 볼 수 있다. 개호보험 제도에서 제시하고 있는 일상생활 권역의 설정도 지역복지계획의 권역 설정에 반영될 수 있다. 권역별로 종합상담 시스템을 도입하는 것도 한 방법인데, 종합상담이 제도권 밖의 욕구나 생활과제와 같은 지역복지의 과제를 지역복지 프로그램 개발로 연결시킬 수 있을지가 과제다.

형식정비로서의 조건정비

두 번째 조건정비 프로그램은 지역복지 실천에서의 형식정비다(平野隆之, 2007c). [그림 5-3]의 지역복지의 자발적 활동을 지원하는 방법 중 하나가 자발적 실천의 형식정비 지원이다.

이제까지 지역복지 실천은 비공식적 복지 활동으로 다루어졌다. 그 이유는 지역복지 실천이 제도의 규칙이 아니라, 지역의 전통이나 관습과 같은 비공식적인 규범(rule)에 의해 이루어진다는 것이다. 즉, 지역복지 활동의 원동력인 자발성은 강제되는 것이 아니라, 자유로운 역할(role)이라는 것이다. 지역에서는 규범이 역할을 규정하지 않으며, 규범과 역할이 상호 자연스럽게 생산적인 관계를 맺으며 효력을 발휘한다.[5] 규범과 역할이 절묘하게 효력을 발휘하고 있는 지역에서는 그러한 관계의 지속 가능성을 위한 조건정비가 필요하다. 이를 위한 방법 중 하나가 형식정비다.

지역복지 추진이 「사회복지법」에 의한 일종의 제도화로 진행되면서, 공공행정의 지역복지 추진 도구(tool)로 지역복지계획이 등장하였다. 지역복지계획 수립에서 주민 참여가 강조되는 가운데, '모두 다 같이'라는 식으로 지역의 동질성을 추구하는 지역복지를 추진하게 되면, 비공식적인 활동이 지니는 자발성의 역할이 사라질지도 모른다. 오늘날 지역의 다양성이나 이질성을 서로 인정하는 것이 중시되는 사회적 배경에서 본다면, 다양성과 이질성이 만나는 계획 수립의 장은 중요한 역할을 한다. 또한 지역복지계획을 통해 전문직, 공공행정, 주민 등의 상호 간 활동 방식(rule)이 서로 부딪히고 대립하는 일종의 긴장관계를 지닌 장을 만드는 것도 중요하다. 자발성을 유지하는 공식화는 이러한 긴장관계를 거쳐 형성되는 것으로, 이를 통해 참여자들은 각자의 역할 분담이나 활동 방식을 서로 이해하게 된다.

비공식적인 활동의 공식화는 지역복지에 공공행정이 참여할 수 있도록 하는 rule의 변경과 함께 진행될 필요가 있다. 공공행정이 자신들의 공식적인 세계와 지역복지 활동을 구별하여 비공식적 복지 활동이라고 하는 이유는, 지역복지 추진으로 자신들의 rule·role·tool이 변경되는 것을 피하려는 것일 수도 있다. 그런 의미에서 공공행정의 참여는 계획공간만이 아니라 지역복지의 rule·role·tool에서도 요구된다.

지역복지의 시대로 접어드는 가운데 비공식적 복지 활동에서 공식적인 활동으로 전환하기 위해서는 공공행정의 의식 전환이 필요하다. 공공행정은 지역복지계획이 종래의 계획 수립과는 다른 양식으로 이루어짐을 숙지하고, 비공식적 영역에서 형성된 규범을 바탕으로 새로운 공공행정의 역할을 제시해야 한다. 그러한 역할이 비공식적 활동의 안정화를 위한 형식정비다.

공공행정 조직의 지역복지 추진체제

세 번째 조건정비 프로그램은 지역복지 추진을 위한 지자체 행정의 조직체제 변화다. 지역복지계획의 내용으로 지역복지 추진을 위한 시정촌 행정의 조직체제를 협의하는 것은 어려운 작업이다. 지역복지로의 공공행정 참여만으로 행정 조직의 협동적 관계 구축이 어렵다고 판단될 때, 조직 개혁에 대한 것을 계획 내용으로 협의하는 것은 자연스러운 선택이다. 공공행정의 참여를 통해 행정 조직이 지역복지 추진주체로 변화하기 위해서는, 그와 같은 참여가 지속될 수 있는 조직 여건을 만들 필요가 있다. 예를 들면, 지역에서 주민간담회를 개최하거나 지역복지 활동에 대응하는 것은 지금까지 행정직원이 개별상담을 통해 복지자원을 연결하는 업무와는 그 성격이 다르다. 어떤 식으로 하면 공공행정이 과중한 업무 부담 없이 지속적으로 참여할 수 있을까. 이것은 지역복지와 제도복지 간의 협동과제가 아니라, 지역복지 추진에서의 주민과 공공행정 간의 협동 조건에 관한 과제다.

이 점에 대해서는 문제 제기 정도로만 하고, 실증적인 작업을 토대로 커뮤니티워크 업무를 담당할 수 있는 행정직원을 어떤 조직체제 속에서 육성할 수 있는지에 대해 검토한다. 광역지방자치단체인 고치현(高知県)은 지역 지원을 업무로 하는 '지역지원기획원'(지역 활력 응원단)을 기초지자체인 시정촌에 주재시키는 제도를 창설하고, 같은 방식을 보건복지 영역에도 도입하여 시정촌의 '서로 돕는 지역 만들기' 지원을 모색하고 있다. 어느 쪽도 지역복지의 틀에 한정된 것은 아니지만, 지역을 지원하기 위해 기존의 업무 편성을 바꾸고 있다는 점은 공통적이다.

공공행정의 또 다른 방식의 조직체제 변화를 위한 시도는, 지역복지 추진을 목적으로 독립된 행정 조직을 구상하는 것이다. 도도부현 지역복지 프로그램에 관한 단독사업 조사(2004년 실시)에서 다음과 같은 결과가 제시된다(平野隆之·榊原美樹 편, 2009). 광역지방자치단체인 도도부현의 지역복지 담당부서를 보면, '과' 차원에서 지역복지 담당 조직을 설치한 곳은 47개 도도부현 중 11곳에 불과했다. 그 설치 형태는 다음 네 가지로 정리된다.

(a) 주관과형: 총무과 등의 주관과의 한 '계'가 지역복지를 담당하는 조직인 형태
(b) 제2 주관과형: 주관과의 기능을 총무 기능에 집중시키고, 별도로 제2 주관과라고 할 수 있는 과를 설치하여 지역복지 담당 조직으로 하는 형태
(c) 지역보건·복지실 내의 지역복지과형: 지역보건 등의 관련 '실' 안에 '지역복지과'가 설치되는 형태
(d) 독립과형: '지역복지과'를 독립된 형태로 설치하는 형태

기초지방자치단체인 시정촌의 경우 전국적으로 '지역복지과'가 단독으로 설치된 곳은 소수에 불과하며, 다른 업무와의 겸무로 담당자가 배치되는 것이 일반적이다. 그러나 최근 복지 분야에서 '지역'이 중시되면서(장애인 분야의 지역 이행, 노인 분야의 지역케어 중시 등), 시정촌 행정이 대상별 복지를 중심으로 지역복지를 추진하는 경향이 있다. 예를 들면, 장애인의 낮시간 활동의 장을 만드는 것이나, 치매노인의

케어체제 구축을 지역복지를 통해 추진하는 것이다.

그동안 시정촌의 복지행정에 관한 조직 개혁이나 계획 추진 등은 노인 분야를 중심으로 시행되어 왔다. 특히, 개호보험 제도 이후 지역복지의 행정 과제는 뒷전으로 밀려나 버렸다. 1980년대에 복지사무소에서 부서별로 단절된 복지행정의 문제를 극복하기 위해 종합상담이 제시되었지만, 1990년대에 노인서비스 조정형의 행정 조직 개혁이 진행되면서 지역복지형 행정에 대한 관심도 흐지부지되었다. 결국 개호보험 제도의 도입으로 복지행정의 '상담'은 케어매니저 방식으로 이행된다.

「사회복지법」 성립으로 시정촌 행정에 지역복지계획 수립이 요청되기는 하지만, 실제 복지행정의 중심 과제는 개호보험이나 지원비 제도 등에서의 공급 주체 다원화와 이용 절차 변경 등으로 주어졌다. 또한 「개호보험법」 시행으로, 노인 분야는 케어매니저 방식이 도입되면서 복지사무소에서는 다루지 않게 되었다. 그 결과, 종합형 상담체제 형성의 계기도 사라져 버렸다. 이러한 복지행정 조직의 전개에서 '지역복지 공백의 10년'이라는 표현도 등장하고 있다.[6]

지역복지 추진의 매니지먼트를 원활히 수행할 시정촌 행정의 조직 기반을 어떻게 형성할 것인지 등에 대해 지역복지계획을 통해 관심을 가질 필요성이 커지고 있다.

지역복지계획 매니지먼트의 계획화

네 번째 조건정비 프로그램은 계획 수립에서 성공한 계획공간을 진행 관리로 지속시키는 프로그래밍이다. 계획 매니지먼트의 조건정비란, 계획수립위원회 등에서 형성된 계획공간을 그 형태 그대로 유지하는 것이 아니다. 계획공간에서 협의를 수행했던 경험은 계획화된 매니지먼트에 반영될 필요가 있다.

'계획화의 협의'와 '협의의 계획화'

제2장의 A ⇒ B ⇒ A′ 모델에서 B의 계획공간에서 이루어지는 협의는 지역복지 실천 A′에 어떤 식으로 활용되는가. 그러한 관점에서 A ⇒ B ⇒ A′ 모델을 묘사한 것이 [그림 5-5]이다. 현재 지역복지 실천의 집합인 A는 활동 주체와 프로그램을 곱한 $S_m \times P_m$으로 표현된다([그림 2-5] 참조). 여기에 협의 기능을 지닌 지역복지계획의 실천(T_m)이 더해져, 계획화된 지역복지의 실천인 A′는 지금까지의 평면적 집합체인 $S_m \times P_m$에서 각각의 화살표 방향으로 $S_n \times P_n$만큼 확장되며, 협의 기능(T_n)을 지닌 입체적 구조 속에 축적되며 확충된다([그림 3-4] 참조).

지역복지계획 과정에서의 긍정적인 협의 경험(T_m)을 통해서, 여태

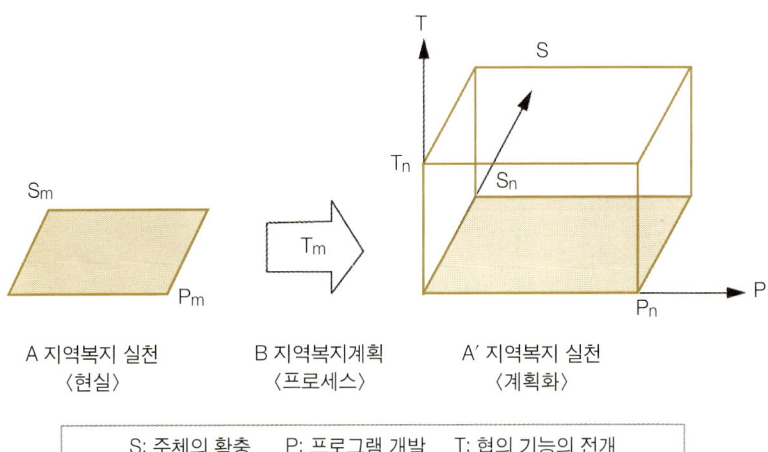

그림 5-5 지역복지계획의 프로세스 기능과 계획화 기능

껏 계획에 활동 주체(S)와 프로그램(P)만을 고려하던 것에서 벗어나 협의 기능(T)도 지역복지계획의 내용으로 포함시킨다. 즉, 지역복지계획의 내용으로 '협의의 장'을 프로그램화하는 것이다(T_n). 그 결과 지역복지 추진을 위한 지역복지계획 내용은 지역복지 실천 $S_n \times P_n$에 T_n을 곱하는 확장 가능성 있는 프로그램이 된다. 이러한 점에서도 대상별 복지계획을 종합화한다는 행정에 의한 복지계획 계보와의 차이를 알 수 있다.

$S_n \times P_n$에 조건정비 프로그램인 T_n을 곱하여 만들어진 지역복지 실천의 축적 구조는 지역복지 용기의 구체적 이미지가 된다. 지역복지의 용기에는 계획 내용으로 하지 않았던 자발적 실천들이 포함된다.

지역복지계획의 평가

앞서 제시한 지역복지계획의 계보를 통해 이 책에서 내린 결론은, 지역복지계획의 세 가지 계보는 다면적인 지역복지계획을 구성하기 위해 각기 유용한 모델로 계승되어야 한다는 것이다. 특히, 세 가지 계보 중 새롭게 제시된 지역복지 실천으로서의 계보가 앞으로도 계승·발전하기 위해서는, 지역복지계획의 평가 자체를 지역복지의 실천으로 시도할 필요가 있다. 지역복지계획의 평가는 협의를 통해 시행되므로 이를 지역복지 실천의 하나로 프로그램화하는 것은 중요하다.

지역복지계획에 대한 평가 방법의 개발은 지역복지계획의 연구에서 중요한 과제다.[7] 행정복지계획의 계보에 의한 지역복지계획의 평가는 다른 계획에서와 마찬가지로 계획된 항목들의 실시가 평가의 중심이 된다. 그에 비해 지역복지 실천으로서의 지역복지계획 평가는, 지역복지계획이 가지는 협의 기능에 대한 평가가 중심이 된다. 지역복지 실천으로서의 지역복지계획에 대한 주요 평가 내용은 다음 세 부분이다. 첫째는, 지역복지계획 수립 과정에서 전개되는 협의에 관한 평가 작업이다. 둘째는, 협의 기능을 지역복지계획에서 어떻게 프로그램화하는가에 대한 평가다. 셋째는, 계획에 협의를 도입한 결과 계획 내용과 관계없이 새로운 실천이 개발되었는지라는 계획의 파급성에 대한 평가다.

먼저, 지역복지계획 수립 과정에서 전개되는 협의에 관한 평가다. [그림 5-5]에서 나타낸 협의 기능의 계획화(T_n)에 영향을 주는 것은 계획 수립 과정에서의 협의 경험(T_m)이다. 그러나 단지 이야기를 나누는 '협의'만을 평가하는 것보다, 협의 이후 프로그램화되는 과정에서 실험적 성격을 지니면서 협동적으로 시행되고 있는가를 평가하는 것이 중요하다. 지역복지계획 수립은 '주민과의 협의'라는 공공행정의 실천의 장이며, 새로운 프로그램 개발의 장이다. 지역복지계획의 협의의 장인 계획공간에서 전개되는 지역복지 프로그램의 개발이라는 실험은 지역복지 실천 그 자체라고 할 수 있다. 이미 다카하마시(高浜市)의 사례를 통해 실현 가능성을 판단하기 위한 실험사업의 시도를 평가하고, 지역복지 = 실험복지라는 의의를 설명한 바 있다. 지역복지의 실천은 원래 실험적이며 개척적인 것으로, 지역복지계획 수립 과정 속에서 그러한 것을 실감할 수 있다. 실험사업의 시행은 지역 거버넌스(local governance)의 추진에서 중요한 도구이며, 지방분권에 의한 사업화에서도 위험(risk) 분산의 방법으로 주목된다.

둘째는 지역복지계획에서 협의 기능의 프로그램화에 관한 평가다. 이것은 조건정비 프로그램에 대한 평가라고 할 수 있다. 가장 대표적인 협의 기능의 계획화 프로그램은 진행 관리를 위한 협의회의 설치 및 운영이다. 진행 관리를 위한 협의가 어떻게 계획의 실효성을 향상시키는지가 평가의 대상이다. 이는 계획 내용을 평가하는 진행 관리의 협의를 그 운영 면에서 평가한다는 약간 복잡한 형식을 취한다.

한편, 공공행정은 지역복지 실천을 위한 재정적 지원을 확보하기 위해 지역복지 실천이 지니는 사회적 유용성을 평가할 필요가 있다. 그런 점에서 진행 관리의 운영에 대한 행정의 참여동기는 높다. 그러나 행정직원이 스스로 계획의 달성 상황을 평가하는 진행 관리의 장에서 참여 주체로 행동하는 것이 가능할까. 이에 대해서는 의문의 여지가 많다. 따라서 지역복지계획의 진행 관리에서는 수립 시의 계획공간과는 다른 새로운 장을 창출하는 것이 필요하다. 예를 들면, '복지마을만들기 포럼'과 같은 협의의 장을 설치 운영하는 것이 필요하다. 이러한 장은 지역복지 실천의 평가를 위한 조직화라 할 수 있다.

셋째는 파급성에 관한 것인데, 지금까지와는 다른 관점에서의 평가 방식을 제시한다. 즉, 계획의 내용이 아니라, 협의의 장에서 프로그램 개발이 파급되는 것을 평가한다. A′에서 계획 내용으로 상정되지 않았던 실천이 협의 프로그램과 어떤 관계 속에서 파급되었는지를 밝힌다. 이러한 평가는 차기 지역복지계획의 수립을 위해서도 중요하다. 지역복지의 추진은 새로운 파급적 실천을 생성하기 위한 '용기'를 만드는 것으로, 용기를 실체화하는 것이 협의의 기능이라 할 수 있다. 지역복지계획이 거버넌스의 실험이라면 협동적 프로그램의 실시에 주목하겠지만, 파급성 평가는 그보다 계획화에서 자발적 협동이 생성되는 협의 메커니즘에 초점을 둘 필요가 있다.

지역복지계획은 각각의 지역복지 실천들과 그 집합적 처리를 위한 정책 사이에 위치한다. 그러한 지역복지계획이 기능하게 되면 수립 과정에 실천 조직의 참여가 중시되고, 그로 인해 새로운 정책 과제가 제시된다. 또한 행정직원과 주민 양측의 주체 형성이 진행되면 원활한 계획 실시로 이어지게 된다. 지역 거버넌스의 실험이라고도 하는 지역복지계획은 정책 결정 과정에 대한 주민 참여와 공공행정 참여의 중요한 기회를 제공한다.

지역복지계획의 용기 형성

지역복지계획 프로그래밍의 다원성으로 지역복지 프로그램과 조건정비 프로그램의 다원화가 주목된다. 이 두 가지 프로그램은 지역복지 추진의 상향식 벡터와 용기의 축적·누적형 벡터라는 두 가지 축과 관련된다. 지역복지 추진의 상향식 벡터는 지역케어를 중심으로 프로그램 개발이 진행되는 영역으로, 지역복지 프로그램의 계획화에 해당한다. 이 장에서는 대상별 복지 제도의 영역에서 추진되는 커뮤니티케어 실천과, 대상별 복지 제도와 지역복지의 협동사업 실천이라는 두 가지 분류를 통해 이를 제시하였다. 실제 프로그램 개발의 내용은 제6장에서 언급하기로 한다.

용기의 축적·누적형 벡터는 계획공간 형성을 시작으로, 추진장치의 계획화 및 계획공간의 조건정비 계획화를 통해 형성된다. 각각이 용기의 특성을 지니므로, 계획화되지 않은 새로운 지역복지 프로그램의 개발이 진행되기도 한다. 지역복지는 이러한 파급적 확대성을 지니는 복지로 존재한다. 지역복지계획의 필요성을 시정촌 행정이 명확하게 인식하지 못하는 상황에서는 어려운 점도 있지만, 제도복지와 지역복지의 협동성, 지역복지의 파급성, 행정 조직의 새로운 협동의 경험과 학습 기회 등을 지역복지계획 수립의 합리성으로 파악해야 한다. 정부의 매뉴얼에 따라 계획 내용이 결정되는 다른 복지계획에서는 이러한 실험적 시도가 불가능하다. 따라서 지역복지계획에만 주어진 가능성을 적극적으로 평가하는 것이 지역 거버넌스를 향한 시정촌 행정의 모색이라 할 수 있다. 지역복지계획의 계획공간이 다양한 형태로 바

꿔면서 파급되는 것이 지역복지 실천으로서 지역복지계획의 합리성을 보장하는 것이다.

원서 후주

1 히라노(平野隆之, 1993)의 'コミュニティワークとしての計画化'『自治型地域福祉の展開』(法律文化社)에서 논하고 있다.

2 다케가와(武川正吾)와 필자의 지역복지계획의 필요성 및 의의에 관한 대담(지역복지계획의 시대가 시작된다: 지방자치의 학교)에서, 필자가 커뮤니티워크 연구의 입장에서 지역복지계획을 지역 속에 축적되어 온 지역복지 실천의 조정 및 발전을 위한 것으로 정리하고 있는 반면, 다케가와는 사회정책연구의 입장에서 제 분야의 개별 계획의 종합화 및 계획 수립·실시에 있어서의 주민 참여를 과제로 하는 행정계획으로서의 지역복지계획을 논하고 있다.

3 히라노(平野隆之, 2007e)의 '地域福祉実践としての地域福祉計画' 牧里毎治·野口定久編『協働と参加の地域福祉計画: 福祉コミュニティの形成に向けて』(ミネルヴァ書房)에서 이 계보를 처음으로 제시하였다.

4 예를 들면, 다카노(鷹野吉章, 2006)에 의한 지금까지의 지역복지계획에 관한 계보 정리에서는 ①과 ②의 흐름을 연대별로 정리하여 연속적으로 다루고 있다. '地域福祉計画の系譜'『地域福祉論』(中央法規).

5 가네코 편저(金子郁容編, 2005)『学校評価: 情報共有のデザインとツール』(ちくま新書)에서 이 점이 해설되고 있으므로 참조하기 바란다.

6 지역복지학회 프로젝트 연구에서 히라오카(平岡公一)가 제시한 것이다.

7 지역복지계획 평가에 대해서는 와케(和気康太, 2007)의 '地域福祉実践研究の方法論的課題: 地域福祉計画の研究·開発と評価研究を中心にして'『日本の地域福祉』(第20巻), (日本地域福祉学会)에서 흥미로운 문제 제기를 하고 있다.

제 6 장

지역케어 프로그래밍과 복지의 지역력

제6장 지역케어 프로그래밍과 복지의 지역력

지역복지계획의 프로그래밍은 사업화를 지향하며 실시되는 것이지만, 실제 사업화의 실현 여부는 명확하지 않다. 이러한 부분이 지역복지계획의 약점이라 할 수 있지만, 프로세스 중시의 계획공간 형성은 계획화와 다른 형식의 사업화로 이어지기도 한다. 여기에 지역복지계획의 매력이 존재한다. 이러한 매력에 초점을 맞추어 제6장에서는 프로그램 보급을 위한 정책적 시도에 대해 언급하며, 그 소재로 지역케어를 채택한다.

제도화되지 않은 지역케어를 새롭게 프로그래밍하는 것은 지역복지 추진에서 중요하다. 이미 제1장에서 대상별 복지 제도의 지역케어 추진이 지역복지 추진이 된다는 가설을 제시하고, 도도부현의 역할을 강조한 바 있다. 이를 위해서는 실천의 해석을 토대로 한 조립이 필요한데, 이 장은 도도부현이 그것을 어떻게 견인하는지에서 시작한다. 다음으로, 시정촌 차원에서는 대상별 복지 제도를 통해 보급되고 있는 지역케어 프로그램에 의해 지역복지를 추진하는 방법에 대해 검토한다.

제1절에서는 제도화되지 않은 새로운 욕구에 대응한 자발적 실천인 지역케어가 어떻게 프로그래밍되는지, 도도부현의 시도를 소개한다. 도도부현은 새롭게 등장하는 지역케어의 자발적 실천을 해석하고 조립하여 보급을 위한 정책화를 시도하기에 이른다. 그러나 도도부현의 정책화는 정부의 정책화와 마찬가지로 지역케어의 지역밀착성을 소멸시킬 수 있다. 이것은 지역케어 프로그래밍과 모순되는 점으로, 그러한 모순을 극복하는 방법으로 지역케어 프로그램인 커뮤니티케어와 커뮤니티액션의 연계를 제안한다.

제2절에서는 1절의 내용을 실현하기 위한 케어워커의 지역적 접근의 필요성을 지적한다. 이것은 '복지의 지역력'이라 할 수 있다. 지역복지를 추진하려면 지역의 복지력 형성만이 아니라, 복지의 지역력 개발이 필요하다. 지금까지 복지의 지역력이라고 하면 커뮤니티워커를 상정해 왔지만, 여기에서는 케어워커에 의한 지역복지의 추진 방법도 함께 언급한다. 제4장에서 커뮤니티워크와 독립된 방법론으로 '추진장치'를 제시한 것처럼, 복지의 지역력도 커뮤니티워커의 이용 방법으로 한정하지 않고, 케어워커가 이용하는 방법으로도 적극적으로 제시한다. 이에 대해서는 지역케어 실천으로 주목되는 '소규모 다기능홈'을 소재로 케어워커의 복지의 지역력 전개를 제시한다.

제3절에서는 대상별 복지 제도에서 제도화된 지역케어(개호보험 제도의 지역지원사업, 장애자자립지원 제도의 지역생활지원사업)를 소재로 지역복지 추진으로 연결하기 위해 시정촌이 취할 수 있는 방법에 대해 검토한다. 이것은 대상별 복지 제도와 지역복지의 협동 프로그램으로 앞으로의 지역복지 추진에서 중요한 프로그래밍 연구 영역이다.

메조(mezzo) 연구로서의 지역복지 추진 방법은 제4장에서 마이크로(micro)를 중심으로 한 메조 전개, 제5장에서 지역복지계획을 중심으로 한 메조 그 자체로서 논하였다. 제6장은 제도 설계라고 하는 매크로(macro)가 반영된 메조 부분이 된다. 제6장의 추진 방법에 대해서는 가설적 수준의 기술이 적지 않다. 현재 실천 사례를 중심으로 연구가 이루어지고 있는 단계로, 검증이라는 과제가 아직 남아 있음을 밝혀 둔다.

제1절 지역케어 프로그래밍: 도도부현의 이니셔티브

1. 지역복지 추진을 위한 지역케어

지역복지 프로그램으로서의 지역케어

지역복지 프로그램으로서의 지역케어는 지역복지 추진에서 중요시된다. 지역케어는 마이크로와 매크로를 연결하는 메조 연구의 중요한 개념이다. 지역복지 프로그램이라는 것은 지역복지의 추진을 목적으로 프로그램화하는 사업으로, 지역복지 추진의 중요한 구성 요소이다.

제3장의 커뮤니티와 복지자원의 교차(그림 3-3)에서, 지역케어의 실천은 전문직 및 기관이 담당하는 커뮤니티케어와 지역주민이 담당하는 커뮤니티액션으로 구성된다고 하였다. 이 장에서는 커뮤니티케어나 커뮤니티액션이 정부나 지방자치단체에 의해 정책적으로 추진되는지 혹은 자발적인지 등을 구분하고, 커뮤니티케어와 커뮤니티액

션의 연계를 지향하는 프로그램을 고려해서, 정책화를 지향하는 지역케어 프로그래밍에 대해 검토한다.

지역케어 프로그래밍의 구체적 예로, 인지증(치매) 고령자에 관한 사례를 들어보자. 일본 각지에서 거의 동시에 나타난 자발적인 택노소(宅老所)의 실천으로, 지역의 실천자 상호 간에 해석이 발생하여 지역밀착형 소규모 다기능 케어가 등장한 경우이다. 이에 주목한 도도부현은 단독 보조사업과 같은 지원책을 조립하여, 지역 내 보급을 실현해 간다. 이러한 과정을 통해 개호보험 제도의 지정서비스인 '소규모 다기능 거택개호'로 제도화된다.

또한 도도부현 단독 보조가 시행될 즈음, '그룹홈'으로의 프로그래밍이 착수된다. 하지만 일본형이라 할 수 있는 택노소가 지니는 다기능성은 도입되지 못하고, 거주만을 위한 단일기능의 제도화에 그치고 만다.[1] 그리고 고령자, 장애인과 같은 대상을 한정하지 않는 공생(共生)케어 프로그램의 실천 또한 전국적 제도화에 이르지 못하고, 도도부현의 프로그램에 그치고 만다. 한편, 공생케어의 경우는 오히려 전국적으로 통일된 방식으로 실시하는 것이 적절한지에 대해 의문의 여지가 있다. 오히려 공생케어는 지방분권의 지역케어 프로그램 개발로 추진하는 것이 바람직할 수 있다. 지역케어라는 새로운 케어 양식에는 다양성이 요구되므로, 그 개발 리스크가 분산되는 것이 비용면에서도 타당하다. 이 점에 대해서는 뒤에서 상세히 언급한다.

지역복지 프로그램에 관한 도도부현 조사

일본복지대학의 지역케어연구추진센터는 도도부현 단독 보조사업에 따른 지역복지 프로그램의 실시 상황을 2년(2003~2004년)에 걸쳐 조사한 바 있다. 이 조사에서는 〈표 6-1〉과 같은 틀을 바탕으로 지역복지 프로그램을 파악하였다. 지역복지 추진을 목적으로 하는 지역복지 프로그램 사업으로, 계획 지원, 복지 활동, 지역케어, 마을만들기라는 네 가지 틀을 제시하고, 이에 해당하는 도도부현 단독 사업을 리스트화하였다.[2] 그중에 '지역케어'에 관한 내용으로 대상 횡단적 상담 시스템, 종합적인 재가생활지원, 지역 이행·다기능 케어, 공생(共生)형 케어, 아동 양육 지원, 지역 특성·제안형의 여섯 가지로 정리하였다.

전체 동향을 보면, 첫째 복지 활동과 지역케어 분야의 사업이 많아 이들 사업이 지역복지 추진 프로그램의 중핵이 되고 있다. 둘째, 지역케어 분야의 지역이행·다기능케어와 공생형, 커뮤니티 비즈니스에서 새로운 사업이 많이 개발되고 있다. 셋째, 광역지방자치단체는 공생형, 커뮤니티 비즈니스, 복지 활동에 관한 프로그램 등에 주목하는 것으로 나타난다.

도도부현이 실시하는 지역복지 프로그램 가운데 신규 개발 비율이 높은 프로그램으로, 공생형 케어사업과 커뮤니티 소셜워커 배치사업을 들 수 있다. 그중에서도 공생형 케어 프로그램이 여러 면에서 주목받고 있다. 공생형 케어사업은 2003년도 조사에서는 12개 사업 가운데 8개, 2004년도 조사에서는 18개 사업 중 8개가 신규사업이었다. 또한 흥미 있는 사업에 대해 질문한 결과, 공생형 케어라는 회답이 가장 많았다. 즉, 도도부현이 신규 추진 사업으로 공생형 케어에 주목하고 있음을 알 수 있다.

공생형 케어가 지니는 세 가지 요소는 ① 지역에서 자연스럽게 생활하기 위한 소규모 장소의 제공, ② 이용에 있어서 고령자, 아동, 장애인과 같은 대상의 제약을 두지 않는 것, ③ 다양한 인간관계가 전개되는 가운데 함께 살아가는 새로운 커뮤니티를 만들어 가는 것으로 설

〈표 6-1〉 지역복지 프로그램 분류

1) 계획 지원: 시정촌의 지역복지계획을 지원하는 사업		
1-1	계획 수립 보조	지역복지계획을 수립하는 시정촌의 계획 수립 경비 일부를 보조하는 사업 또는 현(광역)이 어드바이저를 파견해 간접적으로 계획 수립에 필요한 경비를 일부 보조하는 사업
1-2	지원계획	지역복지지원계획 수립을 위한 사업
1-3	시정촌 연수회	시정촌 행정직원을 대상으로 한 지역복지(계획) 연수회 등, 정보 면에서 지역복지계획 수립을 지원하는 사업
1-4	보급 계발	지역복지계획 및 지역복지지원계획의 필요성, 수립된 계획 내용 등의 보급 및 계발을 위한 사업
2) 복지 활동: 주민·NPO 등 자발적인 복지 활동을 지원하는 사업		
2-1	지역 참여 복지 활동	소지역 복지 활동으로 대표되는 지역주민 참여의 복지 활동에 대한 보조 사업 등
2-2	NPO·자원봉사 그룹 등 지원	NPO 및 자원봉사 그룹 등 기존의 민간단체들이 행하는 지역복지 활동·사업 보조. NPO나 자원봉사 그룹의 사업 제안에 대해 보조하는 사업을 포함
2-3	중간 조직 지원	복지 활동단체를 지원하는 중간(지원) 조직이 행하는 사업을 지원하는 사업. 자원봉사센터 운영비 보조 사업 등
3) 지역케어: 지역케어를 추진하는 사업		
3-1	상담 시스템	고령자, 아동, 장애인 등 대상을 한정하지 않는 대상 포괄적 종합 상담 창구 정비 사업 등. 행정과 관계기관이 지역복지를 추진할 목적으로 네트워크를 형성하는 사업 포함
3-2	재가생활 지원	이용자의 재가생활을 종합적으로 지원하는 사업(고령자 주간보호서비스 등의 단일 서비스 정비사업은 제외)
3-3	지역 이행·다기능 케어	시설에서 지역으로의 이행을 추진하는 사업으로, 일시 귀가 시 이용료 보조 사업, 그룹홈이나 케어가 제공되는 주택 정비 사업, 다양한 주간보호서비스 추진 사업 등. 서비스 자원의 다기능화 및 다기능형 거점 정비 추진 사업 포함
3-4	공생형	고령자, 장애인, 아동 등 대상자를 한정하지 않는 서비스 추진 사업
3-5	아동 양육 지원	아동양육지원사업에서 주민 참여·지역 밀착 지향 사업
3-6	지역 특성·제안형	시정촌이나 광역의 지역사무소 등이 지역 실정에 맞게 종합적으로 복지서비스를 실시할 수 있도록, 시정촌 등의 제안 및 선택을 바탕으로 한 보조 사업
4) 마을만들기: 복지와 마을만들기를 연결해 추진하는 사업		
4-1	커뮤니티 비즈니스	커뮤니티 비즈니스 시행 경비 보조 사업 등, 커뮤니티 비즈니스 진흥을 목적으로 하는 사업
4-2	장벽 제거	장벽 제거 환경 정비 등의 친인간적 마을만들기사업이나 유니버설 디자인에 관한 사업 등
4-3	복지마을만들기	지역을 한정해서 시범적 또는 선도적 복지마을만들기를 행하는 사업
5) 기타		
5-1	기타	1)~4)의 내용에는 해당하지 않지만, 지역복지 추진에 관련되는 것으로 판단되는 사업 및 카테고리에 맞추어 분류하기 곤란한 사업

명된다(平野隆之, 2005). 이 세 가지 요소에 비추어 공생형 케어의 발상지인 토야마현(富山県)의 프로그래밍 과정을 살펴보면, 우선 ①의 소규모 장소라고 하는 하드웨어 측면의 정비를 위해 '토야마형 주간보호서비스시설 지원사업'을 마련하였다. 다음으로 ②의 조건을 확보하기 위해서, 개호보험 제도의 비용 보전으로 해결할 수 없는 고령자의 이용시간 연장이나 숙박과 같은 자주사업 부분에 대해서는 '민간 주간보호서비스 육성사업'으로, 장애인 및 장애 아동의 통소(通所)에 대응하는 비용 보전으로서는 '재가 장애인(아동) 주간보호케어사업'으로 운영비를 보조하였다. ③의 지원이 가장 어려운데, '토야마형 주간보호서비스시설 기업가 육성 강좌' 등과 같은 연수를 통해 소프트웨어 측면을 지원하게 된다.

매력적인 공생형 지역케어를 도도부현이 어떻게 지원할 것인가. 지역복지 프로그램은 한번 개발하면 그것으로 끝나는 것이 아니다. 상황에 맞게 수시로 개선해 갈 필요가 있다. 물론 프로그래밍의 시행착오도 있을 수 있다. 기대했던 양적 보급이 이루어지지 않을 경우에는, 현장의 요망에 응하면서 실시 주체의 범위를 확대하는 등으로 프로그램을 개선해 갈 필요가 있다. 많은 광역지방자치단체들이 시설정비 보조만이 아니라, 프로그램 실시 주체를 대상으로 하는 연수회 실시, 컨설턴트 파견 등과 같은 프로그램 실시의 질을 보장하기 위한 시도를 행하고 있다. 그러나 토야마현과 달리 공생형 케어의 실천 경험이 많지 않은 지자체들의 경우, 프로그램 보급을 위한 실천적 지원은 쉽지 않다.

지역케어 프로그래밍: 도도부현(都道府県)의 정책화

도도부현 프로그래밍의 경우, 담당 직원의 프로그램 개발이 모델사업의 제시 정도에 그치는지, 아니면 양적·질적 보급을 위한 지원 사업까지 포함하는지에 따라 그 차이가 크다. 보급을 위한 사업이 시도되는 경우에는 보조금 지원이 전제되며, 목표치를 설정하는 경우가 많다. 모델 설정만으로는 보급화가 어려우므로, 단순한 '사업화'에 그치지 않는 지역복지 프로그램의 '정책화'가 필요하다. 이는 도도부현의 지역복지지원계획에서 프로그램을 구체화하여 체계화하거나, 종합계획의 중점 시책으로 지역복지 프로그램을 설정하는 사례 등에서 찾아볼 수 있다.

도도부현에 의한 지역케어 프로그래밍에서 정책화를 어떻게 추진할 것인가. 공생케어로 지역복지를 추진한 구마모토현(熊本県)의 예를 통해 정책화의 세 가지 조건을 정리한다.[3]

첫째, 정책화의 출발점에는 지사(단체장)의 주도력과 이를 실현하기 위한 계획화가 필요하다. 구마모토현의 경우, 당시 시오타니(潮谷) 지사의 주도하에 공생케어를 지역복지지원계획의 내용으로 포함하였다.[4] 계획 목표에 '지역공생'을 내걸고 공생형 소규모 다기능 케어의 구체적인 목표수치를 제시하는 등 명확한 추진 방향을 제시하였다. 구체적인 사업으로는 '지역의 엔가와(縁がわ)만들기'[•]를 실시하여, 각 지역에서 다양한 방식으로 다양한 활동들이 전개되도록 하고 있다. 이처럼 현의 지역복지지원계획 속에 '엔가와만들기' '유이(結い)만들기'[••] '역량 키우기'와 같은 세 가지 중점 목표를 설정하여 지역복지를 추진하고 있다.

둘째, 정책화를 위해 현의 단독사업으로 지역케어 프로그램을 구체

역자주

• 구마모토현의 '지역의 엔가와만들기(地域の縁がわづくり)'사업은 2010년 전국지사회(知事会) 주최의 선진정책창조회의에서 우수정책으로 선정될 정도로 구마모토현을 대표하는 정책이다. '엔가와'라는 용어는 툇마루라는 우리말로 해석되는데, 툇마루는 집 안과 집 밖을 연결하는 중간 구조로, 사적 공간과 공적 공간의 중간에 위치하는 부분이다. 즉, 지역에서 사적인 프라이버시를 해치지 않으면서 지역사회와 소통하는, 주민에게 친근한 지역의 거점을 만든다는 것이 엔가와만들기사업의 취지이다.

•• 유이(結い)는 우리나라의 두레와 비슷한 것으로 지역주민의 공동작업을 가리킨다. 유이만들기는 그러한 예전의 지역 상부상조에 바탕을 둔 지역 만들기를 구상한 사업이다.

〈표 6-2〉 구마모토현(熊本県)의 지역복지 관련 사업의 예산 변화 (단위: 千円)

사업명	사업의 개요	2004. 6.	2005	2006	2007
지역의 엔가와(縁がわ) 만들기 추진사업	2005: 소규모 다기능 복지홈, 미니데이, 주민교류살롱, 미니작업소 등 민간단체가 행하는 지역복지 거점 만들기를 지원 2006~2007: 고령자, 장애인, 아동 등의 지역주민 누구나가 언제라도 이용할 수 있는 지역복지의 거점을 설치하는 단체에 보조	6,500	6,456	40,551	31,083
지역의 유이(結い) 만들기 추진사업	2006: 지역에서 주민 서로가 지원하고 지원받는 소지역네트워크 활동이 모든 시정촌에 보급되도록 지원하여, 주민 누구나 지역에서 안심하고 생활할 수 있는 마을만들기를 추진 2007: 지역에서 주민 서로가 지원하고 지원받는 소지역네트워크 활동의 충실, 주민이 상호 접촉하는 후레아이 살롱의 전 시정촌 실시를 통해 누구라도 지역에서 안심하고 생활할 수 있는 마을만들기 추진 ※ 2008: 누구라도 지역에서 안심하고 생활할 수 있는 마을만들기 추진, 소지역복지활성화사업(커뮤니티워커의 배치) 신설 등		10,517	24,517	13,903
지역 역량 키우기 사업	2005: 지역복지학교사업 – 인재 양성의 관점에서 각 지역에 시범적으로 지역복지학교를 만들고, 지역 특성을 살린 복지마을만들기를 지원 2006~2007: 저출산 고령화의 진행에 따라 지역복지 실시 주체가 부족한 현실을 감안해, 지역이 지닌 힘(자원, 인재)을 발굴하여 상호 지원에 활용하는 새로운 체제 만들기 추진		2,388	6,445	2,642
지역복지계획 수립 및 추진 지원사업	2006: 현(광역) 내 모든 시정촌의 지역복지계획 수립 및 그 계획을 바탕으로 지역복지의 계획적 전개를 추진할 수 있도록 연수회 개최, 어드바이저 파견 등 지원 2007: 현 내 모든 시정촌이 지역복지를 계획적으로 추진할 수 있도록, 복지마을만들기 전문 어드바이저 파견 및 지역복지계획 수립연수회, 지역복지추진위원회 개최 등으로 지원		1,691	2,263	1,444
합 계		6,500	21,052	73,776	49,072

적으로 지원한다. 현이 '소규모 다기능홈'• 과 같은 '지역의 엔가와'를 보급하기 위해 지역복지지원계획을 수립한 직후인 2004년도부터 지역의 엔가와만들기추진사업이라는 보조금 사업을 시행하고 있다(표 6-2). '엔가와'라는 사업명은 주민에게 지역복지를 알기 쉽게 설명해 가면서 보급하려는 목적에서, 담당 직원의 전략적 판단에 의해 채택되었다.

이러한 경위를 통해 모델사업으로 시작된 '지역의 엔가와만들기추진사업'은 보조사업에 힘입어 2006년도에는 110개소가 정비되었다. 단, 이 추진 사업은 실시 주체에 대한 현의 직접 보조로 시정촌의 관여가 필요하지 않다. 중도에 그만두는 엔가와도 발생하는 상황에서 시정촌과 엔가와의 연계는 하나의 과제가 되고 있다.

이상의 두 가지 조건이 유기적으로 관련되고 있는 점이 구마모토현의 특징이다. 이러한 관련성을 지역복지 추진을 위한 도도부현의 시정촌 지원 방식과 그 요소의 관계로 나타낸 것이 [그림 6-1]이다. 이

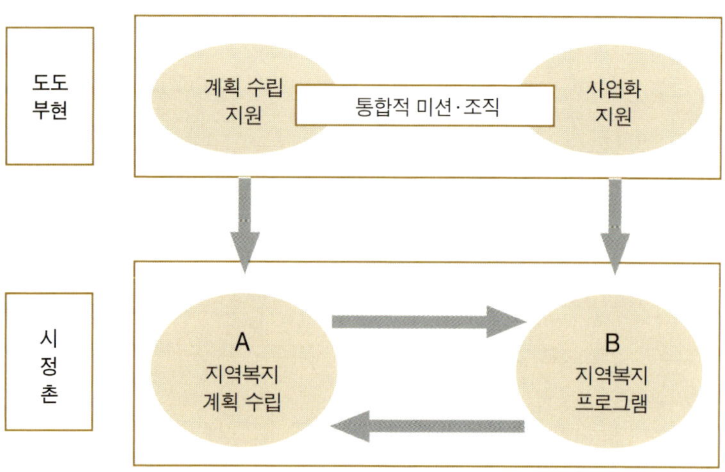

그림 6-1 시정촌 지역복지 추진의 지원 모델

역자주
• '소규모 다기능홈'(공생형 복지홈)의 보급을 위해 "아동, 고령자, 장애인 등 대상자가 한정된 것이 아니라 누구라도 이용할 수 있으며, 여기에 모이는 자원봉사자를 비롯하여 학생이나 지역주민들에게도 열려 있는 '지역공생의 장'이 되도록 지원해 갈 것입니다."라고 지역복지지원계획에 명시되고 있다.

그림은 ① 지역복지 추진을 위해서는 시정촌의 지역복지계획 수립과 프로그램 실시가 순환할 필요가 있으며, ② 그 순환을 위해 도도부현의 계획 수립 지원과 단독 보조 사업 등의 지원이 요청되고, ③ 이러한 지원을 도도부현이 행하기 위해서는 지원계획의 수립 등을 통해 도도부현 행정 내에 미션 설정과 전담 조직을 설치하는 것이 중요하다(伊藤·平野, 2005). 제1장 [그림 1-1]에서 정부의 지역복지 추진 정책의 구조적 문제로 지역복지계획과 국고보조사업의 연동성이 부족함을 지적한 바 있다. 그러나 도도부현이라면 그러한 연동성의 과제를 극복하기 쉬울 수 있다.

셋째, 정책화를 위해 지역을 토대로 한 지역산(産) 또는 지역발(発)의 프로그램을 실현한다. 구마모토현은 현 내의 실천을 면밀하게 해석하고, 그것을 프로그래밍하여 지역의 입장에서 공감하며 실시하였다. 상향식 지역복지 추진의 입장에서 보면, 외부의 지역복지 실천으로 지역복지를 추진하는 것이 아니라, 말 그대로 '지역산' 또는 복지의 자급률을 높이는 방향으로 지역의 내발적 실천을 지원하는 지역복지 프로그램을 개발하고, 지역복지계획을 통해 보급하는 방법이 바람직하다. 지역의 잠재적 실천을 발견하고 그 프로그램 내용을 해석하는 것은 간단한 작업은 아니다. 구마모토현이 작성하는 '지역복지 정보지'는 현 내의 소규모 다기능 케어의 실천이나 장애인 지역생활지원의 실천뿐만 아니라, 다른 현의 선구적인 지역복지 실천 사례들도 소개하고 있다.

2. 도도부현 정책의 새로운 전개

정책화의 탈지역성에 대한 대응: 커뮤니티액션과의 연계

정부에 의한 프로그래밍은 전국 규모의 정책화로 이어지므로 지역복지 프로그램 또한 '탈지역적'이 된다. 도도부현의 프로그래밍을 통한 정책화 과정에서 탈지역 현상을 어떻게 극복할 수 있는가. 이미 구마모토현의 사례에서 보았듯이, 지역산(産) 프로그래밍을 지향하는 한 가지 방법은 주민 참여의 커뮤니티액션을 추진하는 프로그램과 연계하는 것이다.

광역지방자치단체인 토야마현(富山県)은 전문기관에 의한 공생형 케어를 지역복지 프로그램으로 적극 도입하고, 정비 목표 또한 명확히 제시하고 있다. 두 초등학교구당 1개소를 두어 2015년까지 100개소가 설치되는 것을 목표로 설정하였다. 그리고 토야마형 주간보호서비스 시설과 소지역 복지 활동을 연계하기 위해, 소지역 복지 활동의 후레아이형 살롱에다 케어 예방이 필요한 이들에게 개별지원서비스를 제공하는 '케어네트'형의 도입을 제시하고 있다. 이러한 연계가 얼마나 가능할지는 지금까지의 축적된 실천에 달려 있는 부분이 크겠지만, 종합계획에도 명시되는 등 지역의 종합복지 추진 시스템에서 다루어질 전망이다.

오사카부(大阪府)에서는 정부의 국고보조사업(지역복지활성화사업)에 앞서 '커뮤니티 소셜워커 배치사업'을 시행하여 기존의 소지역네트워크사업과 건강복지 안전망 구축의 연계를 기대하고 있다. 이 사업은 요지원자의 '안부 확인, 발견, 상담, 서비스 연결' 등의 기능을 담당하는 커뮤니티 소셜워커가 중학교구 단위로 배치되도록 시정촌을 보조하는 것이다. 보조율은 2분의 1이며, 2004년도부터 5년간 한정된 기간의 보조사업이었다. 2006년 말 현재, 247개 중학교구 중에서 약 반수에 해당하는 122개 중학교구에 커뮤니티 소셜워커가 배치되고 있다. 이들의 소속기관은 사회복지협의회와 사회복지법인이다.

워커의 프로그램 개발에 의한 건강복지안전망형 커뮤니티케어의 추진이 기대되고 있다. 그 과정을 살펴보면, 초등학교구를 단위로 하는 소지역네트워크활동추진사업의 실시 과정에서 파악된 과제가 커뮤니티 소셜워커를 통해 중학교구 단위의 전문기관 네트워크 회의에서 협의되면서, 새로운 욕구에 대응하는 커뮤니티케어의 개발로 이어진다. 2008년도에 등장한 정부의 '지역복지활성화사업'의 커뮤니티 소셜워커 배치가 제대로 기능하기 위해서는 지역에서 실시되는 프로그램이 필요하다. 그러한 조건이 없는 경우에는 커뮤니티 소셜워커의 기능이 충분히 발휘될 수 없다. 워커 배치라는 프로그램은 통상의 지역복지 프로그램을 위한 조건정비 프로그램이라는 것이다. 오사카부의 경우, 기존의 소지역네트워크활동추진사업과 조건정비인 워커배치사업이 적절히 연계되어 있으므로 상향식 지역복지 추진이 가능한 것이다.

도도부현 행정직원의 지역 지원력

탈지역적이 되기 쉬운 정부 프로그래밍에 비해, 도도부현의 경우 지역발(発) 실천의 '해석'과 '조립', 지역과의 '합의 형성' 중시를 통해 지역에 밀착한 프로그래밍이 가능하다. 도도부현이라는 규모의 공간은 선구적인 실천의 해석이나 조립 작업에 적절하며, 합의 형성과 함께 지역발·지역산의 정책화가 가능하다. 지역밀착형 프로그래밍을 위해서는 도도부현 행정직원이 지역에 나가 해석과 합의 형성을 위한 작업을 시도하는 것이 필요하다. 이 자체를 지역복지 추진 프로그램으로 주목하고 있는 곳이 고치현(高知県)이다.

고치현에서는 지역의 활력 응원단으로 현 직원을 지역에 주재시켜 주민과 함께 활동하는 가운데 주민 욕구를 실현해 간다는 '지역지원기획원(地域支援企画員)' 제도가 당시 하시모토 지사의 주도로 2003년부터 시작되었으며, 현재 60명의 지역지원기획원이 30개소의 지역에 배치되어 있다. 지역이 쇠퇴하는 가운데 하드웨어 측면의 정비를 중심으로 시정촌에 자금을 투입하는 종래의 정책만으로는 중산간(中山間) 지역에 활기를 되돌리기 어렵다는 판단에 따라, 행정직원이 지역에 들어가 주민의 소리에 귀를 기울이고, 부서별로 단절된 행정의 조직구조에 얽매이지 않으면서 관계자들을 연결하고, 지역에서의 합의 형성을 위한 장 만들기 등을 지원하는 '지역지원기획원'이 설치된 것이다.

이것이 파생되어 [그림 6-2]와 같이 2005년도부터 현의 보건복지과 내에 '서로 돕는 지역 추진팀(地域支え合い推進チーム)'(전담직원 3명)이 설치된다. 이들은 직접 지역에 나가 시정촌이나 사회복지협의회, 지역지원실(2007년도부터 현 내 5개소의 복지보건소에 설치)과 연계하면서, '서로 돕는 지역 만들기 추진 사업(支え合いの地域づくり推進事業)'을 3년간(2006~2008년) 실시하였다.

2008년도부터 일본복지대학의 COE프로그램을 통해 제창된 '복지사회개발'[5]을 응용·실천하는 연구팀(대표 平野隆之)이 협력하면서, 사회복지협의회의 강화를 통해 서로 돕는 지역 만들기를 추진해 오고 있다. 사회복지협의회 조직 내의 지역복지 부문과 개호보험사업 부문과의 협력관계를 어떻게 할 것인가는 계속 대두되고 있는 과제다. 지역케어의 질(質)에 관한 문제에 있어서도 지역복지와의 협력이 케어

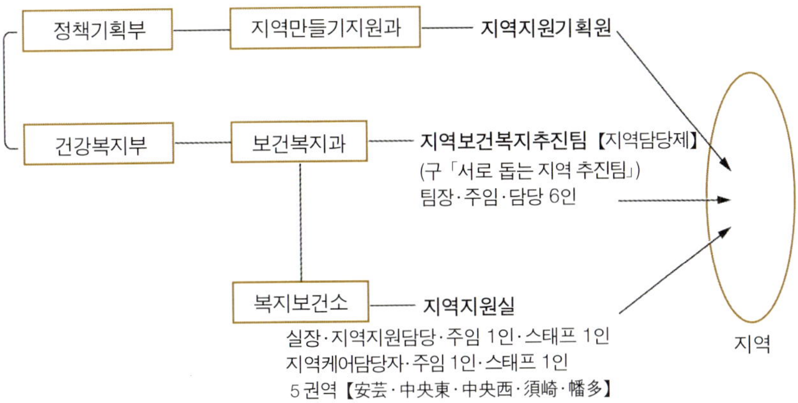

그림 6-2 고치현의 지역 지원 행정직원 배치(2008년도)

의 질 향상에 공헌할 수 있을지에 대한 의문은 남아 있다. 이 부분에 대해 연구팀은 부서별로 단절되어 있는 사협 조직 내의 지역복지 부문과 사업 부문이 중산간 지역에서의 지역케어 실시를 통해 협력관계를 실현하면서 문제가 해결될 수 있다고 본다.

제2절 지역복지 추진에 필요한 복지의 지역력

'지역의 복지력'과 '복지의 지역력'의 합력 모델

2008년 3월에 나온 정부 보고서 '지역에서 새로운 서로 돕기를 추구하며–주민과 공공행정의 협동에 의한 새로운 복지'에서는 현행 제도로서 대응하기 어려운 다양한 생활과제들을 지역주민의 지역복지 활동으로 해결하는 것을 대안으로 제언하고 있다. 보고서는 주민의 지역복지 활동에 대해서 "활동 자체는 주민의 자발적 행위이지만, 이들 활동이 계속될 수 있도록 그 활동 기반을 정비하는 것은 시정촌의 일"이라고 명시하면서 시정촌의 역량이 중요함을 제시하고 있다. 그러나 보고서는 공적인 복지서비스의 제공(시정촌주의)과 지역복지 활동의 조건정비라는 두 가지 시정촌 역할의 합리적인 관련성에 대해서는 명시하지 않고 있다.

제1장 2절에 언급한 것처럼, [그림 1-4]의 지역복지적 관점에 의한 공적 복지서비스의 탄력화에 대해서는 이 책에서 구체적으로 검토하지 않지만, 지역복지의 재원 확보와 관련해 대상별 복지에서 추진되는 지역복지의 운용에서 진전이 있어 보인다. 또한 시정촌에서 지역복지의 행정과제를 지역복지 부서에서 단독으로 생각하는 것은 한계가 있다. 후생노동성에서부터 지역복지과의 소관을 넘어서는 정책 협의를 강화하는 것이 지역복지 추진의 정책 개념을 풍부하게 할 수 있을 것이다(平野隆之, 2008a).

이 책에서는 지역의 복지력과 복지의 지역력의 합력(合力)에 의해 지역복지의 추진력이 형성된다고 제안한다(그림 6-3). 정부 보고서에서 말하는 것처럼 주민과 행정의 협동이 새로운 지역복지라기보다는,

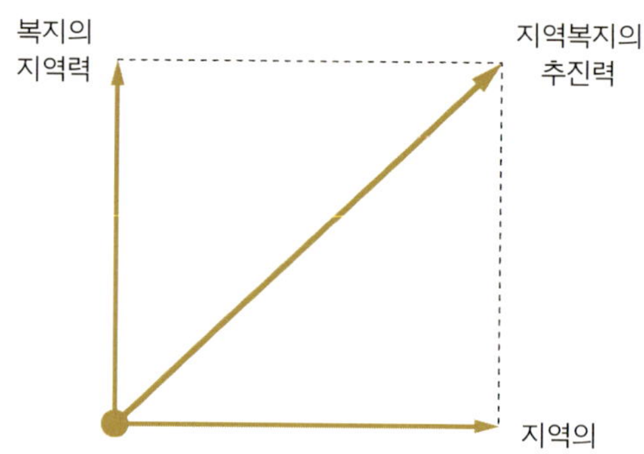

그림 6-3 지역복지의 추진력

지역의 복지력과 복지의 지역력의 협동이 새로운 지역복지라고 보는 것이다. 그 이유는, 시정촌이 정비해야 하는 지역복지의 활동 기반으로 주민뿐만 아니라 전문기관의 기반까지도 같이 생각해야만 지역의 복지력이 지역주민의 부담을 강요하는 슬로건이 되는 것을 피할 수 있기 때문이다. 따라서 복지 전문직이나 행정직원에 의한 지역의 복지력 형성과 함께, 지역의 시도를 신뢰하며 자발적인 활동을 방해하지 않는 복지의 지역력이라는 새로운 관점을 제안한다. 복지의 지역력이라는 것은 복지와 관련된 커뮤니티워커, 케어워커, 상담지원워커, 행정직원 등이 지역 현장에 들어가 지역 나름대로의 방식에 맞게 개입하면서, 지역이 지니는 잠재능력(지역의 복지력)을 살리는 방법을 의미한다. 복지의 지역력 형성이 약한 지역에서는 지역의 복지력 형성도 더디게 진행된다.

복지의 지역력에서 가장 유의해야 할 점은, 전문직이 개입하면서 이전부터 지원해 왔던 이웃이나 친구와의 관계성이 약해지지 않도록 하는 것이다. 지역의 해결력을 감소시키는 것이 아니라, 지역의 복지력을 적극 평가하면서 신뢰하는 자세가 필요한 것이다. 이를 위해서는 전문직의 입장에서 비공식적인 지원을 적절히 활용한다는 것이 아니라, 지역의 비공식적 지원 방식에 맞추어 전문직이 지원한다는 생각의 전환이 필요하다. 지역의 복지력을 담당하는 조직은 복지의 지역력에 의거한 지원을 통해, 지역복지 추진을 위한 공식적인 조직으로 사회에서 계승, 발전되며 지속될 수 있는 것이다.

두 번째 유의점은 지역의 복지력을 '지원하는 쪽의 힘'으로 파악하는 것이 아니라, 지역에서 생활하는 힘, 이른바 생활자의 살아가는 힘들의 집합체로 파악하는 것이다. 예를 들면, 판단능력이 불충분하거나 금전 관리가 불가능하여 생활능력이 저하된 사람들이 전문직의 지원을 받으면서 지역사회에서 일상적으로 생활한다는, 지역생활 형성에 주목해 볼 수 있다. 이와 같은 지역생활이 어느 정도 추진되고 있는지가 해당 지역의 지역복지의 추진력을 계측하는 중요한 지표가 된다.

지역의 복지력이란 생활의 주체성을 복지서비스나 전문가에게 일임하는 것이 아니라, '나다운 삶'을 확보하는 생활력 형성을 주요 목적으로 한다. 이처럼 당사자와 지원자라는 양측의 지역주민이 지역과 교류하는 힘을 통해 지역의 복지력 형성으로 이어진다는 관점에서 지원을 해 나갈 필요가 있다.

복지의 지역력을 확보하는 비용: 커뮤니티워커의 인건비

지역의 복지력을 담당하는 인건비는 어떻게 확보할 수 있을까. 케어워커의 복지의 지역력 담당 비용은 케어 사업 속에 흡수되고 있다. 커뮤니티워커의 인건비는 지역의 복지력 프로그램을 통해 확보해야 하지만, 지역의 복지력 프로그램 자체가 비용 절약적이므로 프로그램으로 인건비를 확보하는 것은 간단하지 않다. 그리고 복지의 지역력에 쓰일 비용 확보를 위해서는 이에 따른 효과를 제시할 필요가 있다.

시가현(滋賀県) 사협과의 공동연구에서는, 커뮤니티워커가 창출하는 지역의 인력을 계측하여 소지역 복지 활동의 성과로 '지역 인력'이라는 지표를 수치화해서, 이를 커뮤니티워커의 비용 확보를 위한 근거로 제시한 바 있다. 지역 인력은 자원봉사자의 활동을 인건비로 환산한 것으로, 자원봉사자의 총활동시간에 최저 임금을 곱하여 산출한 것이다. 예를 들면, 한 지역의 월 2회 정도 실시되는 프로그램에서 자원봉사자의 총활동시간을 그 지역의 지역 인력으로 보고, 지역 인력을 창출하기 위한 커뮤니티워커의 활동을 조사하였다. 그 결과, 커뮤니티

워커의 인건비 상당액이 지역 인력 형성의 활동에 투입되는 것으로 나타났다.[6]

이 조사의 대상이 된 오츠시(大津市) 사협에서는 ① 5~6 학구 권역 단위로 지구담당 커뮤니티워커의 배치, ② 권역 사협이라는 '추진장치'를 설치하여, 초등학교 단위의 추진장치(학교구역사협) 지원, ③ 초등학교 단위의 추진장치를 강화하기 위한 다양한 '장(場)'의 설치 등으로 높은 수치의 지역 인력을 나타냈다.

케어워커에 의한 '복지의 지역력'

복지의 지역력은 커뮤니티워커에 의해서만 형성되는 것은 아니다. 지역케어를 담당하는 케어워커 또한 이를 강화할 수 있다. 복지의 지역력은 케어 지원과 지역 지원의 양면에서 지역(당사자나 활동자)의 상호 교류와 지역의 방식에 맞춘 지원을 전개하는 전문직의 주체적인 지역복지 추진이다. 지금까지 전문직은 전문적 케어만을 강조한 나머지, 지역에 잠재해 있는 지역의 복지력을 경시해 온 경향이 있다. 그러나 최근 들어 케어의 개념에 관계성 지원도 고려되면서, 지역의 복지력에 대한 인식도 향상되고 있다. 특히, 지역케어를 담당하는 케어워커는 케어서비스 이용자의 사회적 관계가 단절되지 않도록 주의하면서 지역생활을 지원할 의무가 강조된다. 즉, 케어워커는 자신이 제공하는 케어 이외에 이용자에 대한 비공식적 케어의 역할도 충분히 인식할 필요가 있다(平野隆之·高橋誠一·奥田佑子, 2007).

이용자의 지역생활이 성립할 수 있도록 지역의 복지력을 평가하여, 지역에서 복지 활동을 담당하고 있는 사람들의 역할을 박탈하지 않고 그러한 활동을 활용할 수 있는 관점이 케어워커에게 요청되는 것이다.

또한 당사자가 지니고 있는 잠재능력을 충분히 사정하고, 당사자가 역할을 할 수 있는 부분에 지원하는 것도 중요하다. 구체적인 생활 장면의 어려움들에 대해서는 일일이 전문적인 지원을 위한 사정으로 대처할 수 없다. 예를 들면, 일상적인 가계의 살림살이나 복잡한 행정 업무의 처리와 같은 일상생활에서 오는 잡다한 생활상 어려움에 대한 지원은 주민의 협력 없이 실현될 수 없다. 따라서 지역주민과 교류하면서 정보를 공유하는 사정의 장이 필요하며, 케어워커는 그러한 장을 확보하기 위해 노력해야 한다. 이러한 지역주민과의 만남을 조직하는 것으로부터 복지의 지역력이 시작된다.

소규모 다기능홈에서의 '복지의 지역력' 전개

지역케어를 담당하는 케어워커에 의한 복지의 지역력 전개를 다음 3단계로 정리한다. 소규모 다기능 케어를 실천하는 거점을 소규모 다기능홈으로 표현하면, 거기에서 전개되는 복지의 지역력은 A 케어 기능을 기본으로 하면서, B 시설을 거점으로 활용하는 기능, C 지역과 협동해서 새로운 프로그램을 실시하는 기능이라는 세 가지 단계를 거치게 된다. [그림 6-4]의 소규모 다기능홈과 지역주민의 협력 및 협동이 교차하는 부분에서 이 세 가지가 전개된다. 이것은 소규모 다기능홈에서 지역주민의 상호 지원과 협동이 이루어지는 것에 대한 사례연구를 통해 정리된 틀이다.[7] 지역생활을 유지하기 위한 지역 만들기를 지향하면서 지역주민의 복지 활동이 소규모 다기능홈으로 전개되는 것은 전국적으로 볼 수 있는 사례이다. 여기에서는 복지의 지역력 전개라는 측면에서 소규모 다기능홈을 통한 지역으로의 전개 방법을 살펴본다.

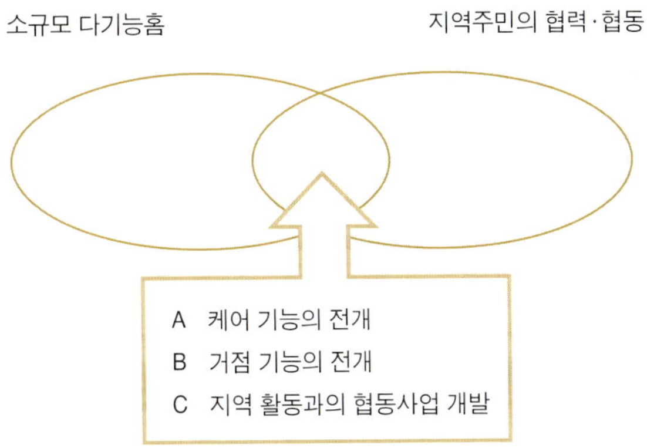

그림 6-4 소규모 다기능홈과 지역주민의 협동

A의 '케어 기능 전개'는 이용자의 지역생활을 지원하는 가운데 이용자를 매개로 지역과 연결되는 것이다. 이용자가 원래 지니고 있던 지역과의 연결이나 이웃과의 연결을 단절시키지 않도록 하기 위한 지원이다. 이러한 기능의 실현은 간단하지 않다. 하지만 이용자의 생활의 질을 위해 지속적으로 지원해 가야 하는 것이다. 이 A를 계기로 B나 C의 전개로 이어지게 된다.

B의 '거점 기능 전개'는 거점이나 장을 통해 지역과 연결되는 것이다. 지역주민과의 만남이나 교류를 지향하며 사업소가 시설의 일부를 지역에 개방하거나, 별도로 장소를 설치해 지역이 사용할 수 있는 활동 거점을 마련한다. 또한 장의 제공만이 아니라 사람을 배치하거나 프로그램을 준비하기도 한다. 이러한 지역주민과의 교류를 위한 장·사람·프로그램을 총칭한 것이 거점 기능이다. 구체적인 예로, 살롱(독거노인 모임, 아동 양육을 위한 어머니 모임), 지역에 개방된 레스토랑, 낮 동안의 이용 공간(누구라도 자유롭게 와서 이야기하며 쉴 수 있는 장) 등이 있다.

C의 '지역 활동과의 협동사업 개발'은 지역복지 추진을 목적으로 적

극적인 지역 교류나 주민과의 협동을 지향하는 것이다. 사업소의 주체성만이 아니라, 지역주민의 주체적인 활동력 강화가 수반되는 것이 특징이다. B에서 사례로 든 '커뮤니티 레스토랑'의 경우, 그 운영에 지역주민이 참여하여 지역과의 교류를 강화하게 된다.

제3절 복지의 지역력 형성과 협동사업 추진: 시정촌의 역할

1. 지역케어 추진과 복지의 지역력 강화

대상별 복지 제도와 지역복지의 협동

시정촌 행정에 의해 대상별 복지 제도와 지역복지의 협동관계를 추진하는 방법을 정리하면, 다음 두 가지 선택지가 있다. 한 가지 방법은 대상별 복지 제도를 활용하면서 지역복지 추진을 강화하는 것으로, 개호보험 제도의 지역밀착형 서비스나 지역지원사업의 활용, 자립지원 제도의 지역생활지원사업의 활용이 있다. 다음에 소개할 오무타시(大牟田市) 사례는 개호보험 제도를 활용하고 있다.

또 한 가지 방법은 지역복지계획을 통해 전문기관의 참여를 중시하면서, 그들이 지닌 복지의 지역력을 활용하여 프로그램을 개발하는 것이다. 이 방법은 케어워커가 자발적인 복지에 참여하는 것인데, 이를 위해서는 제도를 시행하는 전문기관의 합의 형성이 필요하다. 따라서 지역복지계획에 전문기관의 책임자가 참여하여 전문기관 참여에 대한 주민의 기대를 이해할 필요가 있으며, 전문기관의 미션 형성과 직원의 노동 의욕 향상과 같은 자발적 복지로의 참여에 따른 효과도 이해할 필요가 있다. 제5장에서 소개한 다카하마시의 제2차 지역복지계획에서는 지역복지 추진으로의 전문기관 참여에 대한 합의 형성이 과제가 된 바 있다.

오무타시(大牟田市)의 케어커뮤니티 만들기

소규모 다기능홈에서 지역복지와의 협동을 지방자치단체 차원에서 추진하고 있는 사례로,[8] 후쿠오카현(福岡県) 오무타시의 '지역에서 지원하는 인지증(치매)케어' 프로그래밍이 있다. 이 프로그래밍의 조립은 5단계의 과정으로 진행된다.

우선, 기반정비를 위한 3단계가 있다. ① '인지증케어 연구회'라는 주체 만들기에서 시작되어, ② 케어커뮤니티추진사업이라는 프로그램을 개발하는 가운데, ③ 지역 지원을 담당하는 코디네이터가 양성되어, 인력 확보라는 기반 만들기가 실시된다. 이러한 과정을 통해 지역을 기반으로 한 2단계의 프로그램이 전개된다. ① 초등학교구 단위의 모델지역에서 '배회모의훈련'• 이라는 프로그램을 시행하고, 그 성공사례를 다른 지역에 확대하게 된다. 또한 ② 소규모 다기능형 거택개호사업의 거점에서 '지역교류사업'이 실시된다.

이처럼 오무타시에서는 인지증을 키워드로 행정이 계획적으로 케어커뮤니티 만들기를 진행하고 있다. 이는 지역 조직의 형성이나 지역의 거점 정비로 이어지면서 지역복지를 추진하게 된다.

오무타시의 지역케어 실시와 연계한 지역복지 추진의 특징은 다음 두 가지로 정리된다. 하나는 지역케어를 추진하는 개호보험 사업소와 행정의 협동에 따른 지역복지 추진이다. 오무타시는 인구 감소와 고

역자주

• 배회모의훈련(徘徊模擬訓練)이라는 것은 인지증(치매)의 '배회' 증상에 대비해서, 지역주민들이 인지증으로 배회하는 사람들의 존재를 인식하고 그들에게 관심을 가지고, 위험한 상황에 직면하지 않도록 연락체계를 구축하는 훈련이다. 이러한 훈련은 지역복지 실천에서 중시하는 지역주민의 의식계발 및 계몽의 성격을 지니고 있다.

1. '인지증케어 연구회'	조직 만들기	(기반 ①)
⇩		
2. 지역인지증 케어커뮤니티 추진 사업	실시에 대한 인식	(기반 ②)
⇩		
3. 인지증코디네이터 양성 연수	사람 만들기, 양성	(기반 ③)
⇩		
4. 배회모의훈련	지역 만들기 실천	(프로그램 ①)
⇩		
5. 지역밀착형 서비스 '지역교류거점'	지역복지거점 만들기	(프로그램 ②)

그림 6-5 지역케어와 지역복지의 협동 추진 과정: 오무타시(大牟田市) 사례

령화가 진행되고 있으며, 재정적으로도 어려운 지역이다. 행정직원이 지역에 나가 주민 활동을 지원한다고 해도, 직원 수의 부족이나 인사이동의 문제 등 행정만으로는 지원이 어려운 상황이다. 그렇다고 지역주민의 힘을 빌리는 것에도 한계가 있으며, 사회복지협의회의 지역복지 담당 인력에 의존하는 것도 한계가 있다. 이러한 상황에서 오무타시는 개호보험 사업소를 파트너로 생각하고, 인지증의 지역케어를 실시하고 있는 사업소와 협동해서 지역 지원을 실시하고 있다. 인지증케어 연구회를 통해, 인식이 있는 실천자와 행정이 만나서 협동할 수 있는 '협의' 공간이 마련되었다. 게다가 개호보험에 소규모 다기능거택개호가 도입되면서 지역과의 관계가 이제까지보다 더 중시되어, 소규모 다기능홈의 지역 거점으로의 활용이 유효성을 발휘하게 된다. 지역 교류의 거점이 필요하다는 욕구는 이미 지역복지계획 수립 시 지역주민들로부터 분출된 바 있었다. 지역복지계획상의 거점을 확보하

는 의미에서도 소규모 다기능홈에 대한 지역거점으로의 기대는, 단순히 시설과 지역의 원활한 소통이 아닌 지역복지로서의 의미가 부여되고 있다. 거점은 단순히 주민 활동 장소의 제공이라는 의미뿐 아니라, 사업소의 사무국 기능 수행을 통해 지역 조직의 재조직화나 활동의 활성화 등 지역복지 추진의 역할을 하게 된다.

또 하나는, 거점 정비만이 아니라 지역 조직과 연결되는 장치를 마련하는 것이다. 오무타시에서는 거점과 지역과의 접점을 만들기 위해 인지증케어 코디네이터의 배치와 포럼의 개최라는 두 가지 추진장치를 도입하여, 다른 곳에서는 좀처럼 볼 수 없는 세심한 어프로치를 행하고 있다. 그리고 오무타시는 지역의 인지증 이해를 확대하기 위해 양성한 인지증케어 코디네이터를 거점에 배치하고 있다. 일정 금액을 자기부담하면서 연수를 받은 수강자라도 연수 후 바로 지역에서 활동이 가능하지 않다. 이들은 소규모 다기능홈 등의 지역교류의 거점에 배치되어 지역과의 구체적인 접점을 가지게 된다. 오무타시에서는 포럼을 통해서 이 거점이 기능하도록 하고 있다. 일반적으로 거점정비에 의한 지역복지 추진에서는 NPO를 중심으로 한 테마형 활동이 중심이 되나, 오무타시에서는 포럼을 통해 주민들의 소지역 복지와 거점 정비를 연계하고 있다.

커뮤니티케어와 케어커뮤니티의 협동

오무타시의 지역복지 추진은 커뮤니티케어와 케어커뮤니티(커뮤니티액션)의 동시 진행 형태를 취한다. 게다가 인지증 고령자를 지역에서 지원하는 케어커뮤니티 만들기가 양사를 연결하는 개념이 되고 있다. 케어커뮤니티 만들기에는 케어 전문직만이 아닌 지역의 이해와 협력이 불가결하다. 오무타시에서는 인지증케어 연구회를 중심으로 케어 전문직이 지역주민에게 인지증의 문제를 제기하는 등, 자연스럽게 지역주민의 관심을 중증 인지증을 앓는 사람들의 생활로 확대해 갔다. 이러한 실천 사례는 '복지의 지역력'이 발휘된 것으로 평가된다. 막연한 목표가 아니라 '인지증을 앓고 있는 사람들이 안심하고 배회할 수 있는 지역으로 만들자'라는 구체적인 목표의 제시가 주민과 전문 사업소가 협동하여 케어커뮤니티를 추진해 가는 기반이 되고 있다.

오무타시에서는 소규모 다기능 거택개호 등의 사업소에 의무화된 운영추진 회의가 복지의 지역력을 전개하는 장치로 활용되고 있다. 행정직원도 적극 참여하는 운영추진 회의에서는 민생위원이나 지역주민으로부터 지역의 잠재된 문제에 대한 이야기가 나온다. 행정직원은 운영추진 회의를 통해 사업소에서 어떠한 실천이 이루어지고 있는지 파악할 수 있다. 운영추진 회의는 사업소의 질을 확보하는 기회가 됨과 동시에 생활에 대한 종합상담 창구가 된다. 또한 참가한 지역주민의 인지증케어 학습의 장이 되거나 오무타시 행정의 인지증케어 정보 발신의 장이 되고 있어, 지역으로의 파급효과도 기대될 수 있다. 소규모 다기능 거택개호의 사업소에 의무적으로 배치된 인지증케어 코디네이터에 의해 복지의 지역력이 형성되고 있는 것이다. 이러한 방식을 제도적으로 도입한 것이 오무타시가 성공한 이유다.

지역복지계획에 의한 협동 프로그램의 개발

또 한 가지 방법인 지역복지계획에 의한 협동 프로그램화에 대해 언급해 보자. 지역복지계획에 전문기관이 참여하여 그들이 지니는 복지의 지역력을 활용한 지역복지 프로그램을 개발하는 방법이다. 이제까지 지역복지계획이라고 하면 주민 참여가 강조되어 왔지만, 대상별 복지 제도와 지역복지의 협동을 추진하기 위해서는 전문기관의 참여가 불가피하다. 또한 복지의 지역력 형성이 전제된 지역복지계획으로의 참여가 아니라, 지역복지계획으로의 참여를 통한 복지의 지역력 형성을 확보하는 것도 과제가 되고 있다. 이때 주민의 자발적 실천을 통한 '지역의 복지력' 형성이 '복지의 지역력' 형성을 자극하는 효과를 유발할 수 있다. 이것은 합력(合力, 힘 모으기) 모델을 통한 지역복지 추진력 형성이라 할 수 있다. 앞서 소개한 것처럼, 다카하마시에서는 제1차 지역복지계획에서 주민 참여로 형성된 지역의 복지력을 활용해서, 제2차 계획에서는 전문기관의 참여를 촉진하는 방법을 구상하고 있다. 지역복지계획에의 참여를 통해 복지의 지역력을 형성하는 전략인 것이다.

이를 제5장 3절에서 소개한 지역복지계획에의 지역 거버넌스 실험이라는 문맥으로 정리하면 다음과 같다. 복지의 지역력에 요청되는 자발성은 지역복지계획 수립에서 실시되는 전문기관의 실험사업을 통해 실현 가능하며, 그 사업에 주민이 참여할 때 복지의 지역력은 더욱 향상된다. 주민과의 협동은 의무감이 아니라 달성감에 의한 실천의식을 강하게 하기 때문이다. 지역 거버넌스의 유형에는 협동에 의한 네트워크 거버넌스와 커뮤니티의 역량을 강화하는 커뮤니티 거버넌스가 있다(今里佳奈子, 2005). 제1차 계획이 커뮤니티 거버넌스 형성을 지향했다고 한다면, 그러한 성과를 토대로 제2차 계획에서는 협동에 의한 네트워크 거버넌스 형성이 지향되고 있다. 지역복지계획의 장을 이용한 제도복지와 지역복지의 협동사업 개발에서는 이미 형성된 '지역의 복지력'이 하나의 전제조건이 되는 것이다. 이것은 오무타시의 케어커뮤니티 만들기에서 전문기관에 의한 복지의 지역력 형성이 선행된 모델과는 다르다. 지역복지계획에서 전문기관의 참여를 중시하는 방법은 지역케어 프로그래밍의 중요한 선택지가 된다.

2. 제도적 지역케어와 지역복지의 협동

대상별 복지 제도의 지역케어: 지역지원사업·지역생활지원사업

대상별 복지 제도와 지역복지의 협동관계 구조에 대해, 제1장 2절의 [그림 1-4]에서는 개호보험 제도나 장애자자립지원 제도에서 지역케어 추진과 지역복지의 상호작용으로 정리하고 있다. 정상화(normalization) 사상을 토대로 해서 지역생활을 중시하는 지역케어의 추진이 요청되고 있으며, 그와 동시에 지속 가능한 제도의 설계라는 측면에서 재정절약적 정책의 전개가 동반되고 있다. 개별 급여의 팽창을 경감하기 위한 구조로 개호보험의 지역지원사업, 「자립지원법」의 지역생활지원사업이 등장하였으며, 그러한 사업의 비용경감책으로 지역복지의 역할이 기대되고 있다. 이러한 지역복지 추진을 둘러싼 정책 환경의 양면성을 충분히 반영하면서, 지역복지와 제도복지가 협동하는 가운데 제도의 지속성에도 공헌하는 지역복지 추진이 모색될 필요가 있다.

지역복지 추진에도 비용이 든다. 그러므로 비용절약적인 효과만이 아니라, 안정적인 지역복지 추진의 프로그램이 유지되는 조건을 명확히 할 필요도 있다. 이제까지 요개호 상태의 고령자나 장애인의 지역생활은 대부분 가족개호로 지원됐다. 일련의 제도 정비에 의해 개호의 사회화 범위가 확대되고 있지만, 제도적 서비스만으로는 지역생활에 대한 지원은 비용 팽창과 인력 부족이라는 한계에 이를 것으로 예상된다. 대다수의 시정촌은 재원의 제약 속에서 지역복지를 활용한 효율적인 사업 운영을 고려하지 않을 수 없는 상황이다. 이러한 상황에서 '지역지원사업'이나 '지역생활지원사업'은 이 책에서 말하고 있는 지역복지 프로그램으로서의 지역케어의 범위에 해당한다.

오무타시의 사례에서는, 소규모 다기능형 거택개호를 통해 소규모 다기능홈을 거점으로 하는 지역복지 추진에 대해서 언급하였다. 케어워커가 소규모 다기능 케어를 실천하기 위해서는 지역복지의 관점에서 복지의 지역력을 발휘할 필요가 있다. 또한 케어워커가 복지의 지역력 형성이라는 실천 방법만이 아니라 정책 부문까지 시야를 넓히는 것이 실천의 폭넓은 보급을 위해서도 필요하다.

다음에서는 지역복지 추진과 개호보험 제도의 지역지원사업, 장애자자립지원 제도의 지역생활지원사업과의 관련성을 다루는 연구사업을 통해 도출된 정책상의 과제를 정리한다. 전자는 전사협(全社協)에 의한 '사회참가 활동의 개호보험 제도 활용 등에 관한 조사연구'이며, 후자는 후생노동성 장애보건복지 추진사업의 연구조성사업인 '지역복지를 바탕으로 한 지역생활지원'에 관한 조사연구다.[9]

지역복지를 기반으로 한 '지역지원사업'

전사협의 연구회는 개호보험 제도 속에서 지역복지의 개념과 지역지원사업의 개념을 접근시키면 새로운 구조를 만들어 낼 수 있지 않을까라는 문제 제기에서 시작되었다. 이 연구회의 문제의식은 고령자 또는 다양한 연령층의 사회참여 활동이나 자원봉사 활동이 개호보험 제도 자체의 운영 활성화로 이어질 수 있다는 생각에서 비롯된다. 지역복지의 실천 현장에서도 실천자들은 자신들의 활동이 개호보험 제도를 지원하고 있음을 강하게 의식하는 경우가 있다. 이들 활동을 개호예방 활동으로 편입시키면 지방자치단체가 그 활동들을 지역지원사업으로 지원할 수 있다. 그러나 지역지원사업에 지역복지가 편입되면서 활동 자체가 지니는 활력이나 주체성이 박탈되는 경우가 없도록 주의할 필요가 있다. 또한 모든 활동을 지역지원사업의 대상으로 해서도 안 된다. 재정적인 지원 자체가 활동의 자발성에 제약을 줄 수 있음을 인식하고 주의를 기울여야 한다.

연구회의 모델사업을 통해, 주민의 지역복지 활동이 고령자의 사회참여와 생활을 지원하고 있음이 파악되었다. 이로 인해 지역복지의 지역성에 기초한 유연한 실천이 새로운 지역지원사업 프로그램으로 발전될 가능성이 있음을 알 수 있었다. 모델사업 조사를 통해 개호예방의 효과를 유발하는 네 가지 조건이 제시된다.

첫째, 고령자가 지역에서 교류하는 기회를 가지는 것이다. 지역주민들이 계속해서 교류를 권함으로써 집 안에만 은둔하려는 고령자가 밖으로 나오는 계기를 만드는 것이다. 사례조사에서는 집 안에만 있는 고령자의 자택을 지역주민들이 직접 방문하여 교류를 권하거나, 그럼에도 참여를 거부하는 경우에는 안부 확인을 행하는 것이 보고된다.

둘째, 지역에 고령자가 자유롭게 모이는 장소를 확보하여 개호보험의 개호예방서비스를 대신한다. 사례를 보면, 주간보호서비스가 적은 지역에서는 이러한 장소가 중요한 역할을 하는 것으로 보고된다. 주간보호서비스를 이용하기 위해 요개호 인정을 받으려는 욕구가 있는데, 지역에 자유롭게 모일 장소가 있으면 개호 인정을 안 받아도 안심하게 되므로 개호예방서비스를 대신할 수 있을 것으로 기대된다. 외출 지원의 실천 사례를 보면, 아파트 단지에 거주하는 고령자를 대상으로 고령자 본인의 능력이나 의욕을 외출을 통해 끌어내고 향상시킴으로써 일상생활에서 개호예방이 된다.

셋째, 고령자에 대한 일상적 가사 활동의 지원, 안부 확인이나 일상적인 인사 등과 같은 관심 기울이기는, 고령자가 안심하고 재가생활을 계속할 수 있도록 하는 지원이다. 또한 고령자의 상태 변화가 있을 때 조기 대응도 가능하다. 약 복용의 확인, 쓰레기 처리, 장보기 등은 지역주민들이 서로 도우며 해결한다. 이러한 주민 지원으로 지역의 관계성과 관심이 생겨나고, 이를 통해 고령자의 개호도가 중증화되는 것을 예방할 수 있다. 살롱을 기점으로 지역에서의 안부 확인, 약 복용 확인 등의 관심 기울이기 네트워크가 만들어지고 있다.

넷째, 아직 과학적으로 실증된 것은 아니지만, 중장년층이 지역 활동을 통해 보람을 느끼게 되면 결과적으로 자기 자신의 개호예방으로 이어질 수 있다.

모델사업의 검토 결과, 지역지원사업 활용의 유의점을 다음과 같이 지적할 수 있다. 먼저 지방자치단체가 지역지원사업으로 지원하는 경우, 활동의 개성이나 자주성을 존중하고 지속성을 박탈하지 않도록 주체성을 충분히 고려해야 한다. 현재의 활동 형태를 중시하면서, 그 활동이 발전하는 형태로 지원하는 것이 중요하다. 또한 기존의 제도적 서비스에 얽매이지 않는, 주민의 자유롭고 창의적인 사업 개발을 지원하는 것이 중요하다. 사업 운영면에서의 지원체제를 만들 필요가 있으며, 전문기관과의 연계 강화를 통한 지원도 중요하다.

지역복지를 기반으로 한 '지역생활지원사업'

지역복지와의 협동을 통해 지역생활을 지원할 수 있는 가능성을 장애자자립지원 제도의 지역생활지원사업에서 도출한다. 지역생활지원사업에서는 다섯 가지 필수 사업 이외의 사업 시행은 시정촌의 판단에 맡기고 있다. 지역생활지원사업에 정부보조금이 마련된 것은 시정촌이 이를 시행하기 쉬운 조건이 된다. 하지만 지역생활지원사업은 재량적 경비라는 통합보조금 방식을 채용하고 있기 때문에, 그 재원이 반드시 안정적이라고는 할 수 없다. 시정촌이나 정부 입장에서도 지역생활지원사업이 무제한 확대되는 것은 재정적으로 부담이 크다. 그런 의미에서 모두를 사업화하기보다, 지역에서의 상호 지원이나 비공식적 지원에 기대하고 있는 상황이다. 지역의 상호 지원이나 비공식적 지원은 전문직 일변도로 진행되어 온 지역생활에 대한 지원 방식을 바꾼다는 점에서 중요하다. 주민이 참여함으로써 장애인의 지역생활 범위는 확대되며 질적으로도 향상된다.

한편, 일반적으로 지역주민의 관심은 자신들의 생활과 밀접한 고령자 지원이나 아동 양육에 대한 지원이 되기 쉽다. 그러한 주민의 관심을 장애인들에 대한 생활지원으로 돌리는 것은 간단하지 않다. 행정이 주민의 관심을 강요하는 것은 절대적으로 피해야 하는 것이지만, 지역생활지원사업에서는 주민의 활동 범위가 장애인 지원으로까지 확대되도록 자발적 실시의 조직화를 유도하는 것도 배제하지 않는다.

그러한 실천의 사례연구로서 NPO법인의 사업에 주목해 본다. 사업자 지정의 기준이나 구체적 사업 내용이 시정촌 재량에 의해 판단되는 지역생활지원사업은, NPO가 신규로 참여하기 쉬운 조건이 된다. 다만, NPO 활동 전부를 지역생활지원사업의 틀에 넣는다는 것은 아니다. '주민 참여'나 '마을만들기' 같은 NPO 본래의 역량 발휘를 기대하는 것이며, 이것이 제도와 지역복지의 협동이 되는 것이다.

전형적인 사례로 장애아동 아버지의 모임에서 시작된 NPO를 소개한다. 여기서는 아이들에게 많은 체험의 기회를 주기 위해 장애 유무를 떠나 모두 함께 즐길 수 있는 이벤트를 기획하였다. 지역 내 기업으로부터 토마토 모종을 제공 받고 마을의 밭을 빌려 아이들이 직접 재배하도록 하였다. 또한 지역주민이 참여하는 '토마토 수확제'를 기획하여 많은 주민이 함께하는 지역복지를 시도하였다. 나아가 이것만으로는 실현되지 않는 지역생활의 지원을 위해 비인가 작업소를 개설하게 된다. 후에 이 작업소는 「자립지원법」의 지역생활지원사업의 하나인 '지역활동지원센터'로 지정 받아 운영 기반을 안정시키게 된다. 이 NPO는 농업을 축으로 한 사업을 전개하면서, 다른 마을만들기 NPO와 협동하여 모종 판매나 재배, 방목 등도 하게 된다. 이러한 사업이 반드시 임금 형태로 연결되는 것은 아니지만, 지역 공헌을 통해 지역과의 관계성이 확대되고 있다. 이러한 관계성의 확대가 지역복지가 계속해서 발전하는 형태라 할 수 있다. 지역주민의 공감을 불러일으키면서 새로운 참여를 촉진하는 구조가 되는 것이다.

이 사례에서는 자발적 실천이 제도에 앞서 확대·발전된다는 지역복지 실천의 요소가 평가되어, 그러한 시도의 일부를 시정촌이 지역생활지원사업으로 채용하고 있다. 이를 위해 지방자치단체가, 사업자들이 추진하는 지역복지 실천과 협동 가능한 지자체의 미션을 명확히 제시할 필요가 있다. 제도복지로서의 기능에 한정하는 것이 아니라, 지역복지라는 폭넓은 맥락 속에서 지역케어 제도를 통한 지역복지와 제도복지의 협동을 촉진할 수 있는 것이다.

이상에서 제시한 장애인 분야의 지역생활지원사업뿐 아니라, 고령자의 지역지원사업을 활용한 지역복지 추진 프로그래밍도 착수될 수 있다. 이제까지 소개한 실천 사례에서처럼, 이들 실천 영역에서 제도적인 지역케어와 협동하는 지역복지 프로그램을 기대할 수 있다. 이처럼 지역에서의 실천을 거듭하며 경험을 쌓아 가면, 그러한 토대 위에 새로운 지역복지의 추진으로 이어지는 제도복지와 지역복지의 협동을 위한 정책적 틀이 형성될 수 있는 것이다.

원서 후주

1 히라노 외(平野隆之·高橋誠一·奥田佑子, 2007)『小規模多機能ケア実践の理論と方法』(CLC)에서 이러한 프로그래밍에 대해 정리한다. 또한 최초의 프로그래밍 연구의 시도는 히라노 편(平野隆之編, 2000)『宅老所·グループホームの現状とその支援: 全国調査からさぐる小規模ケアのあり方』(CLC)이다.

2 이 조사에서의 도도부현 단독사업이라는 것은 '도도부현의 시정촌에 대한 보조사업' '도도부현의 사회복지협의회, NPO 등에 대한 보조·위탁사업' 및 '도도부현이 직접 행하는 사업'의 세 가지를 포함한다.

3 구마모토현 이외에 시가현(滋賀県)과 나가노현(長野県)의 시도에 주목할 수 있다. 시가현에서는 2000년부터 공생케어 프로그램화를 모색하여 공생형 마을만들기로 확대하고 있다. 처음 시행한 '후레아이 데이서비스·그룹홈 사업'(2000년)에서는 장애인과 고령자가 서로 교류하는 주간보호서비스를 목적으로 하였지만, 정책 의도대로 되지는 않았다. 제2단계의 '따뜻한 가정 만들기 사업(あったかほーむづくり事業)'(2003년)에서는 폭넓은 지역의 욕구를 대상으로 공생케어를 실현하고자 하였다. 지역과의 관계를 조정하는 코디네이터를 배치하는 등 다양한 방식을 동원하였다. 제3단계의 '따뜻한 마을만들기 사업(あったかタウンづくり事業)'에서는 거점을 중심으로 기존의 사협이 행해 온 소지역 지원 활동을 도입하여 지역복지를 실현하고자 하였다. 2002년에 시작된 '소규모 케어시설 지원사업(小規模ケア施設(宅幼老所)支援事業)'은 민간 등 기존 시설을 활용하여 고령자나 아이들이 모이는 장소를 초등학교구에 1개소씩 설치하는 것을 시도하였다. 2005년도부터는 '코몬즈하우스 지원사업(コモンズハウス(宅幼老所)支援事業)'으로 명칭을 바꾸어, 주민이 복지에 참여하는 지역복지 거점을 기대하였다. 이렇듯 수가 증가하는 가운데 질을 확보하기 위한 연수나 어드바이저 파견 등의 지원 시책이 전개되고 있다.

4 당시의 시오타니(潮谷)지사가 炭谷, 潮谷, 和田의 좌담회에서 구마모토현의 지역복지 추진의 시행 상황에 대해 정리하고 있다. 스미타니(炭谷茂, 2004)『社会福祉の原理と課題』(社会保険研究所).

5 일본복지대학 COEプログラム(2003~2007년)의 성과로, 2005년에 출판된『福祉社会開発学の構築』과 2008년의『福祉社会開発学』(ミネルヴァ書房)이 있다.

6 滋賀県市町社会福祉協議会会長会·滋賀県社会福祉協議会·日本福祉大学地域ケア研究推進センター(2008)『社会福祉協議会の基盤強化にむけて: 社協実践と地域福祉推進の'見える化'のススメ』을 참조할 것.

7 소규모 다기능홈과 지역주민의 서로 돕는 활동과의 연계에 관한 연구회(위원장 平野隆之) 『小規模多機能ホームにおける地域福祉拠点づくりの理論と方法』에서 소개하고 있다.

8 오무타시(大牟田市) 사례연구는 앞서의 연구회 조사에서 행해진 것으로 오쿠다 유코(奥田佑子) (日本福祉大学地域ケア研究推進センター研究員)가 중심이 되어 정리한 것이다.

9 사회 참여 활동의 개호보험 제도로의 활용 등에 관한 조사연구위원회(2008)는 『介護保険制度への住民参加の考え方と方法』 (全国社会福祉協議会), 日本福祉大学地域ケア研究推進センター(2008) 『地域福祉に根ざした地域生活支援: 実践と運営支援の事例集』의 보고서를 발행하였다.

인용·참고문헌

일문

ア(아)행

阿部志郎編(1986)『地域福祉の思想と実践』海声社.

荒川孝之·伊藤美樹·平野隆之(2002)「住民参加による計画活動実践におけるプロセス研究－高浜市地域福祉計画策定モデル事業の事例から」『日本の地域福祉』第16巻, 日本地域福祉学会, 41–52.

池上淳·林健久·淡路剛久編(1991)「宮本憲一教授に聞く『容器の経済学』の体系化をめぐって」『二十一世紀の政治経済学』有斐閣.

伊丹敬之(2005)『場の論理とマネジメント』東洋経済新報社.

伊藤美樹·長谷川宜史(2003)「福祉でまちづくり－高浜市地域福祉計画の方法とその成果」『地域政策研究』第24号, 地方自治研究機構, 46–52.

伊藤美樹·平野隆之(2005)「市町村地域福祉推進における都道府県行政のイニシアティブ」『地域福祉研究』第32巻, 日本生命済生会, 62–77.

今里佳奈子(2005)「社会福祉におけるガヴァナンス」『季刊社会保障研究』第41巻 第3号, 国立社会保障·人口問題研究所, 238–247.

今田高俊(2005)『自己組織性と社会』東京大学出版会.

岩崎普也(1999)「グループホーム、里親」平岡公一·平野隆之·副田あけみ編『社会福祉キーワード』有斐閣.

岩田正美(1995)「現代の生活問題と社会福祉政策」一番ヶ瀬康子編『21世紀社会福祉学－人権·社会·福祉·文化』有斐閣.

岩田正美(2007)「『パラダイム転換』と社会福祉の本質」『社会福祉研究』第100号, 鉄道弘済会, 19–25.

岩田正美·小林良二·中谷陽明·稲葉昭英編(2006)『社会福祉研究法－現実世界に迫る14レッスン』有斐閣.

上野谷加代子(2000)「地域の福祉力形成活動」右田紀久恵·上野谷加代子·牧里毎治編『福祉の地域化と自立支援－21世紀への架け橋』中央法規出版.

上野谷加代子(2007)「『地域福祉の時代』における地域支援の方略」『社会福祉研究』第100号, 鉄道弘済会, 129-135.

上野谷加代子·杉崎千洋·松端克文編(2006)『松江市の地域福祉計画』ミネルヴァ書房.

右田紀久恵編(1993)『自治型地域福祉の展開』法律文化社.

右田紀久恵編(1995)『地域福祉総合化への途－家族·国際化の視点をふまえて』ミネルヴァ書房.

右田紀久恵(2005)『自治型地域福祉の理論』ミネルヴァ書房.

右田紀久恵·上野谷加代子·牧里毎治編(2000)『福祉の地域化と自立支援－21世紀への架け橋』中央法規出版.

右田紀久恵·住谷馨(1973)『現代の地域福祉』法律文化社.

内田義彦(1974)『学問への散策』岩波書店.

内田義彦(1985)『読書と社会科学』岩波書店.

内田義彦(2003)「社会科学の視座」『ことばと社会科学』藤原書店.

遠藤功(2005)『見える化－強い企業をつくる「見える」仕組み』東洋経済新報社.

大澤隆(1988)「地域福祉行政の問題点」福武直·一番ヶ瀬康子編『明日の福祉⑦ 都市と農村の福祉』中央法規出版.

太田義弘(1992)『ソーシャル·ワーク実践とエコシステム』誠信書房.

大橋謙策(1989)『地域福祉の展開と福祉教育』全国社会福祉協議会.

大橋謙策(1999)『地域福祉論』放送大学教育振興会.

大橋謙策(2002)『地域福祉』放送大学教育振興会.

大橋謙策·千葉和夫·手島陸久·辻浩編(2000)『コミュニティソーシャルワークと自己実現サービス』万葉舎.

大橋謙策·原田正樹編(2001)『地域福祉計画と地域福祉実践』万葉舎.

大橋謙策·宮城孝編(1998)『社会福祉構造改革と地域福祉の実践』勁草書房.

大森彌編(2000)『分権改革と地域福祉社会の形成』ぎょうせい.

大森彌(2002a)「自治体計画の課題転換」松下圭一·西尾勝·新藤宗幸編『岩波講座 自治体の構想3 政策』岩波書店.

大森彌編(2002b)『地域福祉と自治体行政』ぎょうせい.

大森彌·山下茂·後藤春彦·小田切徳美·内海麻利·大杉覚(2008)『実践まちづくり読本 自立の心·協働の仕掛け』公職研.

小笠原浩一·平野方紹『社会福祉政策研究の課題－三浦理論の検証』中央法規出版.

岡村重夫(1970)『地域福祉研究』柴田書店.

岡村重夫(1974)『地域福祉論』光生館.

岡村重夫(1983)『社会福祉原論』全国社会福祉協議会.

岡村重夫(1987)「地域福祉研究課題の回顧と展望」『日本の地域福祉』第1巻, 日本地域福祉学会.

岡本栄一(1981)「地域福祉の考え方の発展」福祉士養成講座編集委員会編『新版 社会福祉士養成講座7 地域福祉論』中央法規出版.

岡本薫(2006)『日本を滅ぼす教育論議』講談社.

岡本薫(2008)『Ph.Pマネジメントプロセス分析』商事法務.

カ(카)행

加藤春恵子(2004)『福祉市民社会を創る コミュニケーションからコミュニティへ』新曜社.

金子郁容(2004)「ソーシャル·キャピタルはコミュニティの『資本』となりうるか」丸山真人·内田隆三編『〈資本〉から人間の経済へ』新世社.

金子郁容編(2005)『学校評価 －情報共有のデザインとツール』筑摩書房.

金子郁容·松岡正剛·下河辺淳(1998)『ボランタリー経済の誕生』実業之日本社.

金子勇(1993)『都市高齢社会と地域福祉』ミネルヴァ書房.

金子勇(1997)『地域福祉社会学－新しい高齢社会像』ミネルヴァ書房.

金子勇(1998)『高齢社会とあなた－福祉資源をどうつくるか』日本放送協会.

金子勇(2000)『社会学的想像力』ミネルヴァ書房.

金子勇(2007)『格差不安時代のコミュニティ社会学－ソーシャル·キャピタルからの処方箋』ミネルヴァ書房.

加納恵子(2000)「地域福祉とケアの思想 －ケアの社会化の意味するもの」右田紀久恵·上野谷加代子·牧里毎治編『福祉の地域化と自立支援－21世紀への架け橋』中央法規出版.

加納恵子(2003)「コミュニティワーク·イメージ －その『わかりにくさ』と『おもしろさ』」高森敬久·高田眞治· 加納恵子·平野隆之著『地域福祉援助技術論』相川書房.

加納恵子·平野隆之(1989)「社協におけるコミュニティ·ワーカー養成の現状と課題」『研究紀要』大阪市立大学社会福祉研究会, 27－39.

岸本和行(2002)「地域福祉計画策定の意義」『厚生』2002年6月号, 厚生問題研究会, 16－19.

木原孝久(1995)『「わかるふくし」の発想』ぶどう社.

黒川記章(1996)『新共生の思想－世界の新秩序』徳間書店.

桑子敏雄(1998)『空間と身体－新しい哲学への燈』東信堂.

桑子敏雄(2001)『感性の哲学』日本放送出版協会.

桑子敏雄(2003)『理想と決断 －哲学の新しい冒険』日本放送出版協会.

小泉潤二·志水宏吉編(2007)『実践的研究のすすめ －人間科学のリアリティ』有斐閣.

厚生省児童家庭局障害福祉課監修(1991)『精神薄弱者の地域生活援助』日本児童福祉協会.

厚生省社会·援護局 社会的な援護を要する人々に対する社会福祉のあり方に関する検討会(2000)『社会的な援護を要する人々に対する社会福祉のあり方に関する検討会報告書』.

厚生労働省社会·援護局 これからの地域福祉のあり方に関する研究会(2008)『地域における「新たな支え合い」を求めて－住民と行政の協働による新しい福祉』.

小林良二(2007)「地域福祉計画の対象と方法」牧里毎治·野口定久編著『協働と参加の地域福祉計画－福祉コミュニティの形成に向けて』ミネル

ヴァ書房.

サ(사)행

榊原美樹(2006)『自治体行政における地域福祉の計画的推進に関する研究－「地域福祉行政」の展開過程の分析から』(日本福祉大学大学院社会福祉学研究科後期博士課程博士請求論文).

榊原美樹(2007)「都道府県地域福祉支援計画の全国動向とその課題」牧里毎治·野口定久編『協働と参加の地域福祉計画－福祉コミュニティの形成に向けて』ミネルヴァ書房.

坂田周一(2003)『社会福祉における資源配分の研究』立教大学出版会.

佐々木毅·金泰昌編(2002)『中間集団が開く公共性』東京大学出版会.

定藤丈弘·岡本栄一·北野誠一編(1993)『自立生活の思想と展望－福祉のまちづくりと新しい地域福祉の創造をめざして』ミネルヴァ書房.

定藤丈弘·坂田周一·小林良二(1996)『社会福祉計画』有斐閣.

真田是(1997)『地域福祉と社会福祉協議会』かもがわ出版.

沢田清方編(1998)『住民と地域福祉活動』ミネルヴァ書房.

滋賀県市町社会福祉協議会会長会·滋賀県社会福祉協議会·日本福祉大学地域ケア研究推進センター(2008)『社会福祉協議会の基盤強化にむけて－社協実践と地域福祉推進の「見える化」のススメ』日本福祉大学地域ケア研究推進センター.

柴田謙治(2007)『貧困と地域福祉活動－セツルメントと社会福祉協議会の記録』みらい.

白澤政和(1992)『ケースマネージメントの理論と実際』中央法規出版.

社会福祉法令研究会編(2001)『社会福祉法の解説』中央法規出版.

社会保障審議会福祉部会(2002)『市町村地域福祉計画及び都道府県地域福祉計画支援計画策定指針の在り方について(一人ひとりの地域住民への訴え)』厚生労働省.

杉万俊夫編(2006)『コミュニティのグループ·ダイナミックス』京都大学学術出版部.

鈴木五郎(1983)『増補 地域福祉の展開と方法－地域福祉活動実践の手びき』

筒井書房.

炭谷茂(2004)『社会福祉の原理と課題』社会保険研究所.

全国社会福祉協議会(2005a)『平成17年度地域福計画に関する調査研究報告 地域福祉計画による社会福祉の総合化をめざして』 全国社会福祉協議会.

全国社会福祉協議会(2005b)『「地域福祉型福祉サービス」のすすめ』全国社会福祉協議会.

全国社会福祉協議会 社会参加活動の介護保険制度への活用等に関する調査研究委員(2008)『介護保険制度への住民参加の考え方と方法』全国社会福祉協議会.

全国社会福祉協議会 地域の福祉力の向上に関する調査研究委員会(2007)『地域福祉をすすめる力~育てよう、活かそう「地域の福祉力」』全国社会福祉協議会.

全国社会福祉協議会 地域福祉計画に関する基礎的な調査研究委員会(2001)『地域福祉計画の策定に向けて－平成12年度報告書』全国社会福祉協議会.

全国社会福祉協議会 地域福祉計画に関する基礎的な調査研究委員会(2002)『地域福祉計画·支援計画の考え方と実際－平成13年度地域福祉計画に関する調査研究事業報告書』全国社会福祉協議会.

タ(타)행

田尾雅夫(1999)『ボランタリー組織の経営管理』有斐閣.

田尾雅夫(2007)『セルフヘルプ社会－超高齢社会のガバナンス対応』有斐閣.

高澤武司(2000)『現代福祉システム論－最適化の条件を求めて』有斐閣.

高澤武司(2005)『福祉パラダイムの危機と転換』中央法規出版.

高田眞治(2003)『社会福祉内発的発展論－これからの社会福祉原論』ミネルヴァ書房.

高森敬久·高田眞治·加納恵子·定藤丈弘(1990)『コミュニティワーク－地域福祉の理論と方法』海声社.

高森敬久·高田眞治·加納恵子·平野隆之(2003)『地域福祉援助技術論』相川

書房.
鷹野吉章(2006)「地域福祉計画の系譜」社会福祉士養成講座編集委員会編『地域福祉論』中央法規出版.
武川正吾編(2005)『地域福祉計画－ガバナンス時代の社会福祉計画』有斐閣.
武川正吾(2006)『地域福祉の主流化－福祉国家と市民社会Ⅲ』法律文化社.
武川正吾(2008a)『承認と連帯－グローバル化と個人化のなかの福祉国家』東京大学出版会.
武川正吾(2008b)「地域福祉の主流化とローカル·ガバナンス」『地域福祉研究』第36巻, 日本生命済世会, 5-15.
田島良昭編(1999)『ふつうの場所でふつうの暮らしを－コロニー雲仙の挑戦①くらす篇』ぶどう社.
田中英樹(2001)『精神障害者の地域生活支援 －統合的生活モデルとコミュニティソーシャルワーク』中央法規出版.
田端光美(1997)「地域福祉の構成要件」日本地域福祉学会編集『地域福祉事典』中央法規出版.
田端光美(2003)『イギリス地域福祉の形成と展開』有斐閣.
地域福祉研究会編(2002)『地域福祉計画を創る－地域福祉計画の基本的考え方』中央法規出版.
茅野市の21世紀の福祉を創る会·日本地域福祉研究所編(2003)『福祉21ビーナスプランの挑戦－パートナーシップのまちづくりと茅野市地域福祉計画』中央法規出版.
栃本一三郎(2002)「社会福祉計画と政府間関係」三浦文夫·高橋紘士·田端光美·古川孝順編『戦後社会福祉の総括と二一世紀への展望 Ⅲ 政策と制度』ドメス出版.
栃本一三郎(2006)「地域福祉政策と地域社会の再構築」大森彌·松村祥子編『福祉政策Ⅰ 福祉政策の形成と実施』放送大学教育振興会.

ナ(나)행

内閣府(2004)『平成16年版 国民生活白書 人のひろがりが変える暮らしと地域－新しい「公共」への道』.

永田幹夫(1981)『地域福祉組織論』全国社会福祉協議会.

永田幹夫(1985)『改訂 地域福祉組織論』全国社会福祉協議会.

永田幹夫(1988)『地域福祉論』全国社会福祉協議会.

永田幹夫(1993)『改訂 地域福祉論』全国社会福祉協議会.

中邨章(2003)『自治体主権のシナリオーガバナンス·NPM·市民社会』芦書房.

二木立監修(2008)『福祉社会開発学』ミネルヴァ書房.

日本ソーシャルインクルージョン推進会議編(2007)『ソーシャルインクルージョン －格差社会の処方箋』中央法規出版.

日本地域福祉学会編(1997)『地域福祉事典』中央法規出版.

日本地域福祉学会編(2006)『新版 地域福祉事典』中央法規出版.

日本地域福祉学会地域福祉計画研究プロジェクト(2005)『地域福祉計画研究プロジェクト中間報告集－協働と参加による市町村地域福祉計画のシステム形成および評価に関する実証的研究』文部科学省科研費.

日本地域福祉研究所編(1997)『地域福祉実践の課題と展開』東洋堂企画出版社.

日本福祉大学COE推進委員会編(2005)『福祉社会開発学の構築』ミネルヴァ書房.

野内良三(2000)『レトリックと認識』日本放送出版協会.

野口定久(2008)『地域福祉論－政策·実践·技術の体系』ミネルヴァ書房.

ハ(하)행

橋本正己(1955)『公衆衛生と組織活動』誠信書房.

橋本正己·三浦文夫(1973)『地域活動論 －保健と福祉のコミュニティ·ワーク』全国社会福祉協議会.

原田正樹(2008)「地域福祉計画の策定とローカル·ガバナンス－地域住民の参加と協働から」『地域福祉研究』第36巻, 日本生命済世会, 16-27.

朴兪美(2008a)「韓国と日本の地域福祉計画比較」『社会福祉論集』特集号, 日本福祉大学社会福祉学部·日本福祉大学福祉社会開発研究所, 63-80.

朴兪美(2008b)『日本の地域福祉計画の韓国への応用に関する研究』(日本福

祉大学大学院社会 福祉学研究科後期博士課程博士請求論文).
パールマン, ロバート=アーノルド·グリル (岡村重夫監訳)(1980)『コミュニティ·オーガニゼーションと社会計画』全国社会福祉協議会.
兵庫県社会福祉協議会(1994)『在宅福祉サービスの開発·推進と社会福祉協議会』(委員長平野隆之).
平岡公一(2003)『イギリスの社会福祉と政策研究』ミネルヴァ書房.
平岡公一(2006)「岐路に立つ日本の介護保険制度」武川正吾/イ·ヘギョン編『福祉レジームの日韓比較－社会保障·ジェンダー·労働市場』東京大学出版会.
平岡公一(2007)「政策としての地域福祉計画」牧里毎治·野口定久編著『協働と参加の地域福祉計画－福祉コミュニティの形成に向けて』ミネルヴァ書房.
平岡公一·平野隆之·副田あけみ編(2002)『社会福祉キーワード[補訂版]』有斐閣.
平野隆之(1986)「都市における要援護老人と在宅ケアー『把握』と『参加』による接近」『地域福祉研究』第15巻, 日本生命済生会, 49-59.
平野隆之(1993)「コミュニティ·ワークとしての『計画化』」右田紀久恵編著『自治型地域福祉の展開』法律文化社, 131-148.
平野隆之(1994)「老人介護者 (家族) の会活動と在宅ケア効果」『日本の地域福祉』第8巻, 日本地域福祉学会, 92-113.
平野隆之(1996)「在宅ケア診断の実践的方法について」名城大学都市情報学部『都市情報学研究』(創刊号).
平野隆之(1997) 「コミュニティワークの援助技術」 松永俊文·野上文夫·渡辺武男編『現代コミュニティワーク論』中央法規出版.
平野隆之(2000a) 「『地域介護様式』 の選択と介護保険制度」 社会政策学会編『社会政策と国家と地域』第44集, 93-106.
平野隆之編(2000b)『宅老所·グループホームの現状とその支援』CLC.
平野隆之(2001)「地域福祉の概念」精神保健福祉士養成セミナー編集委員会編『地域福祉論 (改訂)』へるす出版.
平野隆之(2002a)「コミュニティワークの援助技術」松永俊文·野上文夫·渡

辺武男編『新版現代コミュニティワーク論』中央法規出版.

平野隆之(2002b)「地域福祉計画をどう『編集』するか」『社会福祉研究』第84号, 鉄道弘済会, 2-12.

平野隆之(2003)「『地域分散型サテライトケア』とは何か」『総合ケア』第13巻第7号, 医歯薬出版, 6-9.

平野隆之編(2005)『共生ケアの営みと支援－富山型「このゆびとーまれ」調査から』CLC.

平野隆之(2006a)「計画研究 －地域福祉のフィールドから」岩田正美·小林良二·中谷陽明·稲葉昭英編『社会福祉研究法－現実世界に迫る14レッスン』有斐閣.

平野隆之(2006b)「地域ケアと地方財政」宮本憲一·遠藤宏一編『セミナー現代地方財政Ⅰ』勁草書房.

平野隆之(2007a)「地域福祉推進研究のための分析枠組み」『日本の地域福祉』第20巻, 日本地域福祉学会, 5-14.

平野隆之(2007b)「地域福祉計画の系譜」牧里毎治·野口定久編著『協働と参加の地域福祉計画－福祉コミュニティの形成に向けて』ミネルヴァ書房.

平野隆之(2007c)「インフォーマルな福祉活動の広がりと課題」『月刊福祉』第90巻 第8号, 全国社会福祉協議会, 12-16.

平野隆之(2007d)「『地域福祉めがね』をかけてごみ屋敷をみる」全国コミュニティライフサポートセンター編 『校区の時代がやってきた－住民が築く17の小地域福祉活動』 全国コミュニティライフサポートセンター.

平野隆之(2007e)「地域福祉実践としての 地域福祉計画」牧里毎治·野口定久編 『協働力と参加の地域福祉計画－福祉コミュニティの形成に向けて』ミネルヴァ書房.

平野隆之(2008a)「ボトムアップの政策協議を期待する」『月刊福祉』第91巻第9号, 全国社会福祉協議会, 18-19.

平野隆之(2008b)「地域ケアシステムと『地域の福祉力』」原田正樹監修·伊賀市社会福祉協議会編集『社協の底力－地域福祉実践を拓く社協の挑戦』中央法規出版.

平野隆之(2008c)「日韓地域福祉計画における共同研究の意義と可能性」『社会福祉論集』特集号, 日本福祉大学社会福祉学部·日本福祉大学福祉社会開発研究所.

平野隆之(2008d)「コミュニティと福祉資源」平野隆之·宮城孝·山口稔編『コミュニティとソーシャルワーク (新版)』有斐閣.

平野隆之·荒川孝之(2002)「地域福祉計画策定の戦略－高浜市の取り組みから」『厚生』平成14年6月号, 厚生問題研究会.

平野隆之·岡知史·町野宏·赤阪由紀夫(1987)『父子家庭』ミネルヴァ書房.

平野隆之·榊原美樹(近刊)『地域福祉プログラムの開発と推進』ミネルヴァ書房.

平野隆之·榊原美樹·澤田和子·朴兪美(2008)「高浜市地域福祉計画の検証－『福祉まちづくり』の視点から」『社会福祉論集』第119号, 日本福祉大学社会福祉学部·日本福祉大学福祉社会開発研究所.

平野隆之·高橋誠一·大橋美幸他(1999)「痴呆高齢者等の小規模多機能型ケアの革新性」『日本の地域福祉第13巻』日本地域福祉学会.

平野隆之·高橋誠一·奥田佑子(2007)『小規模多機能ケアの理論と実践』CLC.

平野隆之·武川正吾(2003)「〈対談〉地域福祉計画の時代はじまる」『地域政策研究』第24号, 地方自治研究機構.

平野隆之·原田正樹(2007)「地域福祉計画研究の論点整理」牧里毎治·野口定久編『協働と参加の地域福祉計画－福祉コミュニティの形成に向けて』ミネルヴァ書房.

平野隆之·町野宏(1988)「社会福祉協議会とネットワーク」日本地域福祉学会『日本の地域福祉』第2巻, 40-63.

平野隆之·宮城孝·山口稔編(2002)『コミュニティとソーシャルワーク』有斐閣.

平野隆之·和田敏明(2000)「対談 新しい福祉サービスの質が生まれる, 地域福祉の器づくり」『月刊福祉』第84巻 第1号, 全国社会福祉協議会, 74-81.

平野方紹(2005)「社会福祉法施行の5年間を振り返って－社会福祉基礎構造改革を中間評価してみる」『社会福祉研究』第93号, 鉄道弘済会, 2-9.

平野方紹(2007)「地域福祉推進のための計画と財政」『社会福祉研究』第99号, 鉄道弘済会, 44-50.

広井良典(2000a)『ケア学ー越境するケアへ』医学書院.

広井良典(2000b)『持続可能な福祉社会ー「もう1つの日本」の構想』筑摩書店.

藤井博志(2007)「コミュニティワーク実践の分析と記録化の視点」『日本の地域福祉』第20巻, 日本地域福祉学会, 31-42.

藤村正之(1992)「自治体福祉政策の実施構造ー多元的に錯綜化する組織間関係」社会保障研究所編『福祉国家の政府間関係』東京大学出版会.

藤村正之(2004)「福祉の価値空間の社会学ーその序論的検討」『福祉社会学研究』第1号, 福祉社会学会, 84-97.

古都賢一(2003)「計画策定の要点」生活福祉研究機構『わがまちの地域福祉計画づくりー地域福祉推進実践集』中央法規出版.

古川孝順(2004a)『社会福祉学の方法ーアイデンティティの探究』有斐閣.

古川孝順(2004b)『社会福祉の運営(補訂)』有斐閣.

古川孝順·庄司洋子·三本松政之編(1993)『社会福祉施設ー地域社会コンフリクト』誠信書房.

北海道立太陽の園·伊達市立通勤センター旭寮編(1993)『施設を出て町に暮らすー知的障害をもつ人たちの地域生活援助の実際』ぶどう社.

マ(마)행

牧里毎治(1986)「地域福祉の概念構成」右田紀久恵·高田真治編『地域福祉講座① 社会福祉の新しい道』中央法規出版.

牧里毎治(1992)「市町村地域福祉計画と住民参加」古川孝順編『社会福祉供給システムのパラダイム転換』誠信書房.

牧里毎治·野口定久編(2007)『協働と参加の地域福祉計画ー福祉コミュニティの形成に向けて』ミネルヴァ書房.

牧里毎治·野口定久·武川正吾·和気康太編(2007)『自治体の地域福祉戦略』学陽書房.

松岡正剛(2001)『知の編集工学』朝日新聞社.

三浦文夫(1985)『社会福祉政策研究ー社会福祉経営論ノート』全国社会福祉

協議会.

三浦文夫·右田紀久恵·大橋謙策編(2003)『地域福祉の源流と創造』中央法規出版.

水口憲人(1995)「市民運動と行政」『講座行政学6 市民と行政』有斐閣.

宮垣元(2003)『ヒューマンサービスと信頼』慶応義塾大学出版会.

宮城孝(2008)「2006年度学界回顧と展望 地域福祉部門」『社会福祉学』第48巻第3号, 日本社会福祉学会, 213-219.

宮本憲一(1976)『社会資本論 [改訂版]』有斐閣.

宮本憲一(1980)『都市経済論』筑摩書房.

宮本憲一(1999)『都市政策の思想と現実』有斐閣.

宮本憲一·遠藤宏一編(1998)『地域経営と内発的発展－農村と都市の共生をもとめて』農文協.

メレディス, バーバラ(杉岡直人·平岡公一·吉原雅昭訳)(1997)『コミュニティケアハンドブック』ミネルヴァ書房.

森裕之(2008)『公共事業改革論－長野県モデルの検証』有斐閣.

森本佳樹(2005)「地域福祉計画－地域福祉活動計画の中のコミュニティワーク人材」『地域福祉研究』第33巻, 日本生命済世会, 42-50.

ヤ(야)행

山口稔(2000)『社会福祉協議会理論の形成と発展』八千代出版.

山口定(2004)『市民社会論』有斐閣.

山本隆(2005)「地域福祉計画と財政」武川正吾編『地域福祉計画－ガバナンス時代の社会福祉計画』有斐閣.

山本隆(2006)「地域福祉計画とガバナンス」山口定編『新しい公共性－そのフロンティア』有斐閣.

吉原雅昭(1995)「社会福祉の分権化と自治体の「選択」－地域福祉行政の今日的課題」右田紀久恵編『地域福祉総合化への途－家族·国際化の視点をふまえて』ミネルヴァ書房.

吉原雅昭(2003)「ローカルイニシアティブの可能性－発展し続ける右田地域福祉理論に何を付け加えることができるか」『社会問題研究』(大阪市

立大学) 第52巻 第2号, 43-174.

ラ(라)행

ロッシ, ピーター·H.=マーク·W.リプセイ=ハワード·E.フリーマン(大島巌·平岡公一·森俊夫·元永拓郎監訳)(2005)『プログラム評価の理論と方法ーシステマティックな対人サービス·政策評価の実践ガイド』日本評論社.

ワ(와)행

和気康太(1996)「社会福祉計画の歴史」定藤丈弘·坂田周一·小林良二編集『社会福祉計画』有斐閣.

和気康太(2004)「地域福祉計画策定の全国動向ー『地域福祉計画策定状況に関する実態調査の分木斤を通しこ』」『月刊自治研』第46巻 第8号, 自治研中央推進委員会, 26-33.

和気康太(2007)「地域福祉実践研究の方法論的課題ー地域福祉計画の研究·開発と評価研究を中心にして」『日本の地域福祉』第20巻, 日本地域福祉学会, 15-30.

和田敏明(2005)「地域福祉の新しい展開ー地域福祉型福祉サービスの可能性と課題」『社会福祉研究』第93号, 鉄道弘済会, 38-45.

和田敏明(2008)「地域福祉計画と地方自治体 ー生活支援システムのあり方」『社会福祉研究』第100号, 鉄道弘済会, 52-59.

渡邉洋一(2000)『コミュニティケア研究ー知的障害をめぐるコミュニティケアからコミュニティ·ソーシャルワークの展望』相川書房.

영문

Alan, T. (2002) *Community Work*(3rd ed.). Palgrave Macmilian. (2006, 杉本敏夫訳『コミュニティワーク』久美株式会社)

Esther, S. (ed.) (1998) *Embodying the Social: constructions of difference.* Routledge.

Keith, P. (1995) *Analysing Community Work: Its Theory and Practice.* Open University Press.

Murray, H., Geraint, H., & Janie, Percy-Smith (1994) *Community Profiling: Auditing Social Needs.* Open University Press.

Sarah, B., Hugh B., Paul H., & Jim R. (eds.) (2003) *Managing Community Practice.* The Policy Press.

Stephen, B., John, F., & Tom, S. (eds.) (2000) *Social Capital: Critical Perspectives.* Oxford.

찾아보기

인명

내용

저자 소개

히라노 타카유키(平野隆之: HIRANO TAKAYUKI)

사회복지학 박사
일본복지대학(日本福祉大学) 사회복지학부 교수
동 대학 지역케어연구추진센터장
일본지역복지학회 부회장 (2011년 현재)
특정비영리활동법인 '전국커뮤니티라이프서포트센터(CLC)' 이사

지역복지 연구로서는 '커뮤니티워크'와 '커뮤니티케어'에 관한 연구를 시작으로 지역복지계획 및 지역복지행정, 그리고 최근에는 지역복지정책을 연구해 오고 있다. 필드로서는 도시부를 중심으로 하면서도 중산간 지역 등의 지역복지에도 개입 연구를 진행하고 있다. 정부의 연구위원회 위원으로는 2000년 후생성의 '사회적 원호를 필요로 하는 사람들에 관한 검토회', 2007년 전국사회복지협의회의 '지역의 복지력 향상에 관한 조사연구 위원회' 위원장 등을 역임한 바 있다.

역자 소개

김영종

사회복지학 박사 (The University of Texas at Austin)
경성대학교 사회복지학과 교수 (1990~현재)
일본복지대학 아시아복지사회개발연구센터 객원연구원 (2010)

지역복지 체계에 대한 관심은 현재 사회복지 전달체계의 구조적 한계를 극복하기 위한 대안 모색에서 중요하다는 입장이다. 한국의 지역사회복지협의체, 지역사회복지계획 수립 등에 관한 정부 정책에 참여해 왔으며, 일본의 히라노 교수와 함께 '한·일지역복지연구회' 대표로 활동하고 있다.

박유미

사회복지학 박사 (일본복지대학)
일본복지대학 아시아복지사회개발연구센터 주임연구원 (2008~현재)

일본복지대학 COE프로그램의 일환으로 이루어진 '한·일지역복지연구회'에 참여하면서 양국의 지역복지를 비교 연구해 왔다. 특히, 지역복지계획을 연구의 중심 소재로 삼고 있다.

일본의 지역복지: 정책 및 방법

(地域福祉推進の理論と方法)

2012년 5월 1일 1판 1쇄 인쇄
2012년 5월 10일 1판 1쇄 발행

지은이 • 平野隆之
옮긴이 • 김영종·박유미
펴낸이 • 김진환
펴낸곳 • (주) 학지사
121-837 서울특별시 마포구 서교동 352-29 마인드월드빌딩 5층
대표전화 • 02)330-5114 팩스 • 02)324-2345
등록번호 • 제313-2006-000265호

홈페이지 • http://www.hakjisa.co.kr
커뮤니티 • http://cafe.naver.com/hakjisa

ISBN 978-89-6330-893-7 93330

정가 16,000원

역자와의 협약으로 인지는 생략합니다.
파본은 구입처에서 교환해 드립니다.